普通高等学校规划教材

Gonglu Gongcheng Jiliang yu Jiesuan
公路工程计量与结算

何寿奎 主编
周安峻 周 琰 付弘扬 副主编

人民交通出版社股份有限公司
China Communications Press Co., Ltd.

内 容 提 要

本教材以《公路工程标准施工招标文件》(2018年版)和《公路工程预算定额(上、下册)》(JTG/T 3832—2018)、《公路工程建设项目概算预算编制办法》(JTG 3830—2018)为基础,介绍工程计量依据与程序、公路工程工程量清单计量规则、清单计价方法,阐述清单工程量与定额工程量的区别与联系,主要讲解路基工程计量与计价、路面工程计量与计价、桥梁与涵洞工程计量与计价、隧道工程计量与计价、安全设施及预埋管线工程计量与计价、绿化及环境保护工程计量与计价;公路工程费用结算、公路工程中期支付程序与结算方法、公路工程中期支付与案例分析、公路工程交工结算与竣工结算。将公路工程计量与计价的核心内容和工程造价管理实践前沿的问题融入例题与思考题,帮助学生提高工程计量与结算实际操作能力。

本教材可用于高等院校工程造价、工程管理本科专业的教学,也可以作为高职院校土木工程专业及相关专业的教材或参考书。

图书在版编目(CIP)数据

公路工程计量与结算 / 何寿奎主编. — 北京：人民交通出版社股份有限公司, 2019.9
ISBN 978-7-114-15821-6

Ⅰ. ①公… Ⅱ. ①何… Ⅲ. ①道路工程—工程造价—教材 Ⅳ. ①U415.13

中国版本图书馆 CIP 数据核字(2019)第 190926 号

普通高等学校规划教材

书　　名	公路工程计量与结算
著 作 者	何寿奎
责任编辑	郭红蕊　卢　珊
责任校对	孙国靖　扈　婕
责任印制	刘高彤
出版发行	人民交通出版社股份有限公司
地　　址	(100011)北京市朝阳区安定门外外馆斜街3号
网　　址	http://www.ccpcl.com.cn
销售电话	(010)59757973
总 经 销	人民交通出版社股份有限公司发行部
经　　销	各地新华书店
印　　刷	北京虎彩文化传播有限公司
开　　本	787×1092　1/16
印　　张	15.75
字　　数	393千
版　　次	2019年9月　第1版
印　　次	2024年1月　第3次印刷
书　　号	ISBN 978-7-114-15821-6
定　　价	39.00元

(有印刷、装订质量问题的图书由本公司负责调换)

前 言

本教材依据《公路工程工程量清单计量规则》(2018年版),解读工程量清单编制与公路工程定额应用的内在联系,将工程计量、工程计价、工程结算与合同管理相关原理有机结合,形成从工程计量基础、分部工程工程清单计量与计价到项目竣工结算完整的工程造价管理知识体系与方法体系。本教材主要有如下特点:

1. 以工程量计算规则为基础、工程实例为依托,根据工程量清单计量规则和定额工程量计算规则对工程量清单工程量、公路概预算工程量计算进行详细讲解,从根本上帮助学生解决实际问题,提高工程识图算量能力和清单报价编制能力。

2. 详细解读工程量清单计量规则与使用难点。对工程量清单编制重点、难点、易错项,定额工程量和清单工程量的区别进行了详细说明或者小注,切合实际地做到一问题一解决。

3. 例题丰富,图文并茂,简单易学。例题按照工程量清单第100章~第700章的顺序和《公路工程预算定额》(JTG/T 3832—2018)所设置的定额编号排列,紧密结合工程实践,配有丰富的图表,围绕定额工程量计量规则与清单工程量计量规则对相关知识点进行解读,并与每个知识点对应,使学生系统学习工程量计量规则及其应用。

4. 在注重原理与方法介绍的同时,强调与实际问题的结合。在教材编写中加入较多数量的例题,图文并茂,明晰计量与计价的关系;在例题和思考题中融入工程造价核心内容和工程造价前沿问题,以帮助学生提高工程计量与结算实际操作能力为出发点。

5. 结构清晰、层次分明、内容丰富、覆盖面广、实用性与应用性强,是初学公路工程造价编制人员理想的教材和参考书。

本教材编写分工为:何寿奎(第1章、第5章、第10章);周安峻(第2章、第3章、第6章);周琰、姚海星(第4章、第8章),王娅、付弘扬(第7章、第11章);李坡(第9章)。

本教材在编写过程中,参阅了同类教材的相关案例,引用了部分专家、学者论著中的相关资料,并得到人民交通出版社股份有限公司的大力支持和帮助,在此一并表示感谢。

由于编者水平有限,书中难免存在疏漏和不妥之处,恳请广大读者批评指正,以便今后进一步修改完善。

编　者
2019年6月

目 录

Contents

第1章　工程计量基础 ·· 1
 1.1　工程计量的概念和作用 ·· 1
 1.2　工程计量的类型与计量依据 ······································ 2
 1.3　工程计量程序 ·· 4
 1.4　工程计量基本方法 ·· 5
 1.5　工程量计算基本公式 ··· 6
 思考题 ·· 20

第2章　总则计量与计价 ·· 21
 2.1　总则计量规则 ·· 21
 2.2　总则计量与计价 ·· 24
 2.3　例题分析 ·· 27

第3章　路基工程清单计量与计价 ··· 29
 3.1　路基工程清单计量基本规则 ······································ 29
 3.2　路基土石方清单计量与计价 ······································ 30
 3.3　特殊地区路基处理工程清单计量与计价 ·························· 37
 3.4　排水工程清单计量与计价 ·· 48
 3.5　边坡防护及挡土墙工程清单计量与计价 ·························· 54
 3.6　例题分析 ·· 71
 思考题 ·· 78

第4章　路面工程清单计量与计价 ··· 80
 4.1　路面工程清单计量基本规则 ······································ 80
 4.2　路面垫层清单计量与计价 ·· 81
 4.3　路面基层清单计量与计价 ·· 83
 4.4　路面面层清单计量与计价 ·· 89
 4.5　路面及中央分隔带排水计量与计价 ······························ 95
 思考题 ·· 100

第5章 桥梁与涵洞工程清单计量与计价······101
5.1 桥梁涵洞工程清单计量基本规则······101
5.2 桥梁钢筋工程清单计量与计价······103
5.3 基础挖方清单计量与计价······106
5.4 混凝土灌注桩及沉井清单计量与计价······109
5.5 结构混凝土工程定额工程量计量规则、清单计量与计价······120
5.6 预应力钢材及混凝土清单计量与计价······129
5.7 砌石工程清单计量与计价······134
5.8 桥面铺装清单计量与计价······135
5.9 涵洞工程清单计量与计价······140
5.10 通道工程清单计量与计价······144
思考题······148

第6章 隧道工程清单计量与计价······151
6.1 隧道工程清单计量基本规则······151
6.2 隧道洞口、明洞工程清单计量与计价······154
6.3 隧道洞身开挖与支护工程清单计量与计价······159
6.4 隧道洞身衬砌工程清单计量与计价······163
6.5 隧道防水与排水工程清单计量与计价······168
6.6 隧道洞内防火涂料和装饰工程清单计量与计价······171
6.7 隧道监控量测工程清单计量与计价······173
6.8 特殊地质地段施工与地质预报清单计量与计价······174
6.9 洞内机电设施预埋件和消防设施清单计量与计价······175
思考题······177

第7章 安全设施及预埋管线工程清单计量与计价······178
7.1 安全设施及预埋管线工程清单计量基本规则······178
7.2 护栏工程清单计量与计价······179
7.3 隔离设施清单计量与计价······184
7.4 道路交通标志工程清单计量与计价······185
7.5 道路标线工程清单计量与计价······188
7.6 管线预埋工程清单计量与计价······191
7.7 收费设施及地下通道工程清单计量与计价······193

第8章 绿化及环境保护工程清单计量与计价······196
8.1 绿化及环境保护工程清单计量基本规则······196
8.2 公路撒播草种和铺草皮清单计量与计价······197

  8.3 人工种植乔木灌木清单计量与计价 ………………………………………… 199
  8.4 声屏障清单计量与计价 …………………………………………………… 201

第9章 公路工程费用结算 ……………………………………………………… 203
  9.1 公路工程费用结算的作用与编制依据 …………………………………… 203
  9.2 公路工程费用结算项目 …………………………………………………… 205
  思考题 ……………………………………………………………………………… 208

第10章 公路工程中期支付 …………………………………………………… 209
  10.1 中期支付程序和支付常用表格 ………………………………………… 209
  10.2 公路工程清单内费用支付项目支付 …………………………………… 212
  10.3 公路工程清单以外、合同以内费用项目支付 ………………………… 214
  10.4 例题分析 ………………………………………………………………… 230
  思考题 ……………………………………………………………………………… 234

第11章 公路工程交工结算与竣工结算 ……………………………………… 236
  11.1 公路工程交工结算及编制 ……………………………………………… 236
  11.2 公路工程竣工结算及编制 ……………………………………………… 236
  11.3 例题分析 ………………………………………………………………… 239
  思考题 ……………………………………………………………………………… 240

参考文献 ……………………………………………………………………………… 242

第1章 工程计量基础

1.1 工程计量的概念和作用

1.1.1 工程计量的含义

工程计量是按照《公路工程标准施工招标文件》(2018年版)之"技术规范"所规定的方法对承包人符合要求的已完成工程的实际数量进行测量、计算、核查和确认的过程。计量是监理工程师的基本职责和基本权利。没有准确、合理的计量,就会破坏工程承包合同中的经济关系,影响承包合同的正常履行。

工程计量的任务是确定实际工程数量的多少。工程量有预估工程量和实际工程量之分,工程量清单的工程量仅仅是估算工程量,不能作为承包人应予以完成的工程之实际和确切的工程量。实际工程量的多少只有通过计量才能确定。按实际完成的工程量付款可以减小工程量的估计误差带给双方的风险,增强工程费用结算结果的公平性,这正是单价合同的优点之一。

工程计量必须以净值为准,计量采用国家法定的计量单位。工程量清单中各个子目的具体计量方法按合同文件技术标准或技术规范中的规定执行。

计量必须准确、真实、合法、及时。准确计量指计量结果是正确地按照规定的计量方法和工程计算原则得出的,方法正确、结果准确无误,使已完成的实际数量得到正确计量,没有漏计和错计;真实计量指被计量的工程内容真实、可靠,没有虚假的部分,即被计量的工程中没有质量不符合要求的,也没有重复计量,隐蔽的工程数量没有弄虚作假,工程量中没有虚报成分;合法计量指计量按规定的程序合法进行;及时计量指计量必须按照合同规定的时间进行,不得无故推延。

1.1.2 工程计量的作用

工程计量是编制概预算的重要环节。工程概预算编制的主要根据是工程量、定额消耗量、工料机单价。直接费就是依据工程量和预算定额确定的工料机消耗量与工料机单价汇总的结果,而以工程量为基础的定额直接费又是措施费和企业管理费的计算基础。

工程量的正确计量是发包人向承包人支付合同价款的前提和依据。无论采用何种计价方式,其工程量必须按照现行国家计量规范规定的工程量计算规则计算。采用全国统一的工程量计算规则,有利于规范工程建设各方的计量计价行为,对有效减少计量争议具有重要意义。

工程计量也是发包人和承包人统计工程完成情况,进行工程进度管理的重要手段。同时也是施工企业进行生产经营管理的重要依据,是编制施工组织计划、安排作业进度、组织材料供应计划、进行统计工作和实现经济核算的前提条件。

工程计量是基本建设项目管理的重要依据,是编制建设计划、筹集资金、安排工程价款的拨付和结算、进行财务管理和核算的前提条件。

总之,工程计量在工程项目管理与造价管理中占有重要的地位,要在实践中不断学习工程计量方法,为确保工程的顺利进行打下坚实的基础。

1.1.3 清单工程量计量规则

清单工程量计量规则,指按照"净值、成本"的计算原则,根据设计图纸确定最终完成的工程数量的一种方法。该方法一般应统一,具有一定强制性。我国公路工程的工程量清单计量规则目前依据《公路工程标准施工招标文件》(2018年版)之"技术规范"中各个分部分项工程的计量与支付规则。目前,湖南、广东、浙江、云南等省编制了公路工程工程量计价规则,该工程量清单计量规则由项目划分和编码、项目名称、项目特征、计量单位、工程量计算规则和各工程子目所包含的工程内容等构成,在各省辖区区域范围内的二级及二级以上公路和大型桥梁、隧道等建设项目中应用,是编制工程量清单的依据。其他地区公路的工程量清单计量规则一般隐含在项目招标文件技术规范中,其中包括两部分:一是《公路工程标准施工招标文件》(2018年版)中的"计量与支付"规则;二是根据公路建设项目的实际情况,以《公路工程标准施工招标文件》(2018年版)中技术规范为基础补充修改的"项目专用技术规范"中的计量与支付规则。实际工作中应将二者结合起来理解和使用。

1.2 工程计量的类型与计量依据

1.2.1 工程计量的类型

1)工程计量的组织类型

工程计量一般有三种组织类型,即监理工程师单独计量、承包人单独计量和建立工程师与承包人联合计量。这三种计量各有特点,但无论如何,计量必须符合合同要求,其结果必须由监理工程师确认。

(1)监理工程师单独计量

计量工作由监理工程师单独承担,然后将计量的记录报承包人。此种计量方式可以由监理工程师完全控制被计量的部位,质量不合格的工程肯定不会被计量,也很少出现多计的情况,能够确保计量结果的准确性,但由于其程序复杂,占用了监理工程师大量的时间。

(2)承包人单独计量

计量工作由承包人对已完成的工程量进行计量,然后将计量的记录以及有关资料报监理工程师核实确认。此种方式可以减轻监理工程师的工作量,使其有时间进行计量分析和计量管理,监理工程师要对计量结果的准确性和测量方法及计算规则进行严格审查。

(3)监理工程师与承包人联合计量

计量工作由监理工程师与承包人共同承担。在进行计量前,由监理工程师通知承包人计量时间与工程部位,然后由承包人派人同监理工程师共同计量,计量后双方签字认可。这种联合计量的方式有利于消除双方的疑虑,可当场解决分歧,减少争议,又能较好地保证计量结果的公正性和准确性,大大简化了程序,节约了时间。因此,在我国公路工程合同中主要采用由监理工程师和承包人联合计量的方式。

2)不同清单子目的计量

公路工程的工程量清单第 100 章~第 700 章清单子目包括以物理计量单位标明的单价子目(含暂定工程量子目)和以"总额"为单位标明的总价子目(含暂估价子目)两类。计量方法和要求有所不同。

(1)单价子目的计量

已报价工程量清单中的单价子目工程量为估算工程量。结算工程量是指承包人实际完成的并按合同约定的计量方法进行计量的工程量。

承包人对已完成的工程量进行计量,向监理人提交进度付款申请单、已完成工程量报表和有关计量资料。

监理工程师对承包人提交的工程量报表进行复核,以确定实际完成的工程量。对数量有异议的,可要求承包人按第 8.2 款"施工测量"约定进行共同复核和抽样复测。承包人应协助监理工程师进行复核并按监理人要求提供补充计量资料。承包人未按监理工程师要求参加复核,监理人复核或修正的工程量视为承包人实际完成的工程量。

监理工程师认为有必要时,可通过承包人共同进行联合测量、计量,承包人应遵照执行。

承包人完成工程量清单中每个子目的工程量后,监理工程师应要求承包人派员共同对每个子目历次计量报表进行汇总,以核实最终结算工程量。监理人可要求承包人提供补充计量资料,以确定最后一次精度付款的准确工程量。承包人未按监理工程师要求派员参加的,监理工程师最终核实的工程量视为承包人完成该子目的准确工程量。

监理工程师应在收到承包人提交的工程量报表后的 7d 内进行复核,监理工程师未在约定时间内复核的,承包人提交的工程量报表中的工程量视为承包人实际完成的工程量,据此计算工程价款。

承包人未在已标价工程量清单中填入单价或总额价的工程子目,将被认为其已包含在本合同的其他子目的单价和总额价中,发包人不另行支付。

(2)总价子目的计量

除专用合同条款另有约定外,总价子目的分解和计量按照下述约定进行:

总价子目的计量和支付应以总价为基础,不因物价波动引起的价格调整的因素而进行调整。承包人实际完成的工程量,是进行工程目标管理和控制进度支付的依据。

承包人在合同约定的每个计量周期内,对已完成的工程量进行计量,并向监理工程师提交进度付款申请单、专用合同条款约定的合同总价支付分解表所表示的阶段性或分项计量的支持性资料,以及所达到的工程形象目标或分阶段需完成的工程量和有关计量资料。

监理工程师对承包人提交的上述资料进行复核,以确定分阶段实际完成的工程量和工程形象目标。对其有异议的,可要求承包人按"施工测量"有关条款约定进行共同复核和抽样复测。除按照合同专用条款中约定的变更外,总价子目工程量是承包人用于结算的最终工程量。

1.2.2 工程计量依据

计量的依据一般有质量合格证书,工程量清单前言,合同条件中的"计量支付"条款,技术规范中有关计量支付的内容(或独立的计量支付说明)和设计图纸及各种测量数据。也就是说,计量时必须以这些资料为依据。

1)质量合格证书

计量的基本条件和前提条件是质量合格,质量不合格部分不予以计量。因此,计量工程师进行计量时,一定要同质量监理工程师配合,只有通过了质量监理,由质量监理工程师签发了质量合格证书的工程内容,才能进行计量。

2)清单前言和技术规范

工程量清单前言和技术规范中的"计量支付"规定了清单中每一项工程的计量方法,同时还规定了按规定的计量方法确定的单价及包括的工作内容和范围。

工程量清单的数量是该工程的估算工程量,但是被计量的工程数量,并不一定是承包人的实际施工的数量,如路基宽填不计量,因为计量的几何尺寸应当以设计图纸为准。

3)测量数据

与计算有关的测量数据有原始地面线工程的测量数据、土石分界线的测量数据、基础高程的测量数据、竣工测量数据等,测量数据的准确性严重影响计量结果的准确性。

1.3 工程计量程序

1.3.1 计量的时间

工程计量由承包人向监理工程师提出并附有必要的中间交工验收资料或质量合格证明。监理工程师对工程的任何部分进行计量时,应事先通知承包人或承包人的代表,承包人或承包人的代表应立即委派合格人员前往协助监理工程师进行计量工作,还应提供必要的人员、设备和交通工具。计量工作可以由监理工程师和承包人双方委派合格人员在现场进行,也可以采用记录和图纸的方式在室内按计量规则进行计算,其结果都必须经监理工程师和承包人双方同意,签字认可。

如果对永久工程采用记录和图纸的方式计量,则监理工程师应准备该工程项目的图纸和记录。当承包人被通知要求参加此项计量时,应在通知发出7d内同监理工程师一道查阅和确认记录和图纸,并经双方取得同意在上面签字;如果承包人不参加或不委派人员参加上述记录和图纸的审查与确认,则应认为这些记录和图纸是正确无误的。

1.3.2 计量的程序和结果

计量根据时间、要求不同可分中间计量与完工计量。工程计量一般按实地测量与勘查、室内按图计算、依据现场"收方"记录等方式进行。

1)中间计量

中间计量是为期中支付进度款而进行的计量,一般要求在月底进行,经过有关程序确认承包人截至本月所完成的合格工程量。结果汇总于中间计量证书。其中,每一子目计量的计算在各相应中间计量计算单中。中间计量程序如图1-1所示。

图1-1 中间计量程序

2)完工计量

完工计量是竣工决算的依据,由于中间计量要求时间仓促,有些子目计量精度不高,又在中间计量时因各方意见不统一,部分子目仅按暂定的数量进行计量。工程竣工后,为准确确定竣工造价,需要对中间计量进行最后的审核与确定,作为竣工结算的依据。有时,完工计量在各分部工程完工后进行。完工计量按图1-2所示的程序进行。结果汇总于完工计量证书中。其中,每一子目计量的计算在各相应中间计量计算单中。

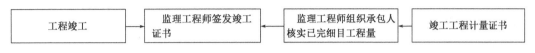

图1-2 完工计量程序

1.4 工程计量基本方法

1.4.1 计量基本方法

1)均摊法

所谓均摊法,就是对清单中合同价按合同工期每月平均计量。其特点是在合同工期内每月都发生,因此可采用均摊法。

2)凭据法

所谓凭据法,是根据合同中要求承包人提供的票据进行计量支付。

3)估价法

估价法多用于清单第100章中购置仪器设备的项目。工程项目中往往要购置几种仪器设备,当承包人购置项目中的一种或几种仪器设备时,采用估价法计量的过程是:可根据市场的物价情况对清单中购置的仪器设备进行估价;可按估价公式进行计量支付,计算公式为:

$$F = A \cdot B/D \tag{1-1}$$

式中:F——计量支付的金额;

A——清单中所列该项的单价金额;

B——该项实际完成的金额;

D——该项全部设备估算的总金额。

应该说明的是,上述公式仅是对该项支付的一种控制手段,如果承包人按合同要求完成了该项工作,则应将其清单中所报金额[即根据式(1-1)中的计算金额]全部支付给承包人。

4)综合法

在第100章的项目中,有的项目包括的工作内容既有每月发生的费用,又有购进设备的费用。还有些项目虽然没有购置设备的费用,只有每月发生的费用,但每月发生的费用并不均衡。对这类项目的费用应采用估价法和均摊法进行计量支付,这种方法称为综合法。

5)断面法

断面法主要用于计算取土坑和路堤土方的计量。在土方施工前每50m测出一个地形断面,然后将路堤设计断面画在地形断面上,每次计量时测出完成的路堤顶高程,据此,在断面图上计算完成的工程数量。

6）图纸法

对某些根据图纸进行计量的项目,如混凝土的体积、钢筋长度、钻孔桩的桩长等都应按图纸法计量。对于采用图纸法计量的项目,必须进行现场量测。量测的目的是检查结构物几何尺寸的偏差是否在规定允许的误差范围内,达到规范标准的项目或部位才予以计量。

7）钻孔取样法

钻孔取样法主要用于道路面层结构的计量。工程量清单前言规定,路面结构层的计量应保证结构层的设计厚度,因此采用钻孔取样法确定结构层的厚度。隧道工程拱圈衬砌厚度也用钻孔法确定。

8）分项计量法

所谓分项计量法,就是根据工序或部位将一个项目分成若干子项,对完成的各子项进行计量支付。子项计量支付的金额,根据估算的子项支付金额占总项的比例确定。各子项合计的支付金额应等于项目规定的总金额。

1.5 工程量计算基本公式

1.5.1 土石方工程数量计算

1）横断面法

土石方工程数量计算通常有横断面法和方格网法,前者用于长度方向的量值完全大于横断面横向尺寸的量值,如路基土石方数量的计算。此法虽然较为简便,但精确度较差。其基本原理如下:

(1)按勘测(初步设计阶段、施工图设计阶段或施工复测)资料绘制路基横断面的原地面线,其横断面间距按不同阶段设计规程确定,地形复杂或地形变化大的地段应对地形变化点加密。

(2)按路线设计纵、横关系与路基标准断面绘出路基设计横断面图,俗称戴帽。

(3)按以下公式计算路基土石方数量。原地面线在设计线以上的断面面积为挖方;原地面线在设计线以下的横断面面积为填方;填、挖方应分别计算,路基土、石方量应该分别计算,设计时根据钻探资料和地质调查,确定土石比例,按比例分别计算挖、填的土方和石方数量;有的在施工中要依开挖后的土、石分界线绘制横断面后,按横断面法分别计算挖、填的土方和石方数量;全线路基土、石方量为各断面间挖、填方体积之和。

$$V = \frac{F_1 + F_2}{2} \times L \tag{1-2}$$

式中:F_1、F_2——路基相邻横断面的面积;

L——路基相邻横断面之间的距离。

横断面法计算步骤见表1-1。

横断面法计算步骤　　表1-1

划分横截面	根据地形图(或直接测量)及竖向布置图,将要计算的场地划分为横截面 A-A'、B-B'、C-C'……划分原则为垂直等高线,或垂直主要建筑物边长,横截面之间的距离可不等,地形变化复杂的间距宜小一些,反之宜大一些,但最大不宜大于100m
画截面图形	按比例绘制每个横截面的自然地面和设计地面的轮廓线之间的部分,即为填方和挖方的截面
计算横截面面积	按表1-2的面积计算公式,计算每个截面的填方或挖方截面面积

常用横截面面积计算公式　　　　　　　　　表1-2

图　例	面积计算公式
(梯形，高h，底b，边坡$1:n$)	$F = h(b + nh)$
(梯形，高h，底b，左$1:m$右$1:n$)	$F = h\left[b + \dfrac{h(m+n)}{2}\right]$
(不等高梯形，h_1、h、h_2，底b'，两侧$1:n$)	$F = h\dfrac{h_1 + h_2}{2} + nh_1h_2$
(不规则折线断面，$h_1\sim h_4$，底$a_1\sim a_5$)	$F = h_1\dfrac{a_1+a_2}{2} + h_2\dfrac{a_2+a_3}{2} + h_3\dfrac{a_3+a_4}{2} + h_4\dfrac{a_4+a_5}{2}$
(等分断面，$h_0,h_1,\cdots,h_n$，间距a)	$F = \dfrac{1}{2}a(h_0 + 2h + h_n)$ $h = h_1 + h_2 + h_3 + \cdots + h_{n-1}$

【例题 1-1】 根据某丘陵地段场地平整(图1-3)，已知 $A\text{-}A'$、$B\text{-}B'\cdots\cdots E\text{-}E'$ 截面的填方面积分别为 $47m^2$、$45m^2$、$20m^2$、$5m^2$、$0m^2$，挖方面积分别为 $15m^2$、$22m^2$、$38m^2$、$20m^2$、$16m^2$，试求该地段的总填方和挖方量。

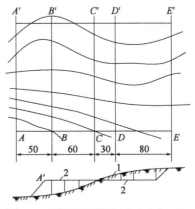

图 1-3　画横截面示意图(尺寸单位:m)
1-自然地面；2-设计地面

解:根据图 1-3 所示的各截面间距,用公式计算各截面间土方量,并加以汇总(表 1-3)。

土方工程量计算汇总表 表 1-3

截　面	填方面积(m²)	挖方面积(m²)	截面间距(m)	填方体积(m³)	挖方体积(m³)
A-A′	47	15			
			50	2300	925
B-B′	45	22			
			60	1950	1800
C-C′	20	38			
			30	375	870
D-D′	5	20			
			80	200	1440
E-E′	0	16			
合计			220	4825	5035

2)方格网法

在较为平坦的大面积场地上计算土石方量或特定情况下计算工程量(如软基处理中的换填量),多采用方格网法。其具体方法是:

(1)在地图上划分方格网,方格大小视地形复杂程度及计算精度的不同而定,一般为 20m×20m 或 10m×10m(甚至更少)。然后按设计要求在方格网角点上标出设计高程与原地面之差,即施工高差。正(+)值为挖方,负(-)值为填方。

(2)当方格网相邻两角一方为填方、一方为挖方时,应计算出不填不挖之零点位置,并标于方格边上,然后将各零点连接起来,就得到许多面积不同的计算图形。零线两边的场地,分别被划为填方区和挖方区。这些方格分别划为三角形、梯形、五边形等不同图形。

(3)根据不同图形,分别计算其挖、填方体积并加以汇总。

零点线位置以图 1-4 所示的方格为例说明其原理。

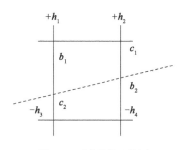

图 1-4 零点线位置举例

计算公式:

$$b_1 = \frac{ah_1}{h_1 + h_3} \quad (1\text{-}3)$$

$$c_1 = \frac{ah_2}{h_2 + h_4} \quad (1\text{-}4)$$

$$b_2 = \frac{ah_4}{h_2 + h_4} = a - c_1 \quad (1\text{-}5)$$

$$c_2 = \frac{ah_3}{h_1 + h_3} = a - b_1 \quad (1\text{-}6)$$

式中: a——方格的边长;
h_1、h_2、h_3、h_4——角点的施工高度,填方(负值)要用绝对值带入公式。

零点线不通过的方格,土方的数量为平均施工高度(四角点施工高度的平均值)乘以方格面积。被零点线分割的方格按被分割后的几何图形面积(如上例的方格被分割为两块梯形)乘以该图形的平均施工高度得到土方工程数量。应该注意的是,得到的土方工程数量上方梯形部分应该为挖方,下方部分应该为填方,零点线位点的施工高度为零(不填不挖)。

其具体计算过程及细节如下：

(1)根据需要平整区域的地形图(或直接测量地形)划分方格网。方格的大小视地形变化的复杂程度及计算要求的精度不同而不同，一般方格的大小为20m×20m(或10m×10m)。然后按设计(总图或竖向布置图)，在方格网上套划出方格角点的设计高程(即施工后需达到的高度)和自然高程(原地形高度)。设计高程与自然高程之差即为施工高度，"+"表示挖方，"-"表示填方。

(2)当方格内相邻两角一方为填方、一方为挖方时，应按比例分配计算出两角之间不挖不填的零点，用直线连起来，就可将建筑场地划分为填、挖方区。

(3)土石方工程量的计算公式可参照表1-4。如遇陡坡等突然变化起伏地段，由于高低悬殊，采用本方法也难计算准确时，就视具体情况另行补充计算。

方格网点常用计算公式 表1-4

图　示	计　算　方　式
	方格内四角全为挖方或填方 $$V = \frac{a^2}{4}(h_1 + h_2 + h_3 + h_4)$$
	三角锥体全为挖方或填方 $$F = \frac{a^2}{2}$$ $$V = \frac{a^2}{6}(h_1 + h_2 + h_3)$$
	方格网内，一对角线为零线，另两角点一方为挖方、一为填方 $$F_{挖} = F_{填} = \frac{a^2}{2}$$ $$V_{挖} = \frac{a^2}{6}h_1, V_{填} = \frac{a^2}{6}h_2$$
	方格网内，三角为挖(填)方，一角为填(挖)方 $$b = \frac{ah_4}{h_1 + h_4}, c = \frac{ah_4}{h_3 + h_4}$$ $$F_{填} = \frac{1}{2}bc, F_{挖} = a^2 - \frac{1}{2}bc$$ $$V_{填} = \frac{h_4}{6}bc = \frac{a^2 h_4^3}{6(h_1 + h_4)(h_3 + h_4)}$$ $$V_{挖} = \frac{a^2}{6}-(2h_1 + h_2 + 2h_3 - h_4) + V_{填}$$

续上表

图　　示	计　算　方　式
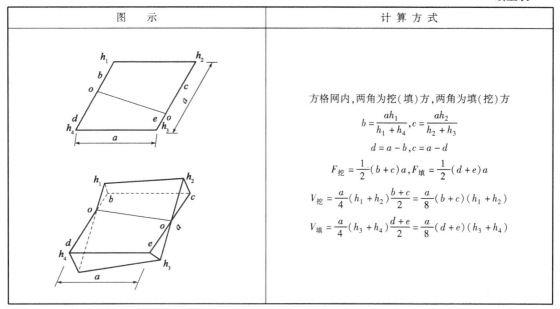	方格网内，两角为挖(填)方，两角为填(挖)方 $$b = \frac{ah_1}{h_1 + h_4}, c = \frac{ah_2}{h_2 + h_3}$$ $$d = a - b, e = a - d$$ $$F_{挖} = \frac{1}{2}(b+c)a, F_{填} = \frac{1}{2}(d+e)a$$ $$V_{挖} = \frac{a}{4}(h_1+h_2)\frac{b+c}{2} = \frac{a}{8}(b+c)(h_1+h_2)$$ $$V_{填} = \frac{a}{4}(h_3+h_4)\frac{d+e}{2} = \frac{a}{8}(d+e)(h_3+h_4)$$

(4) 将挖方区、填方区所有方格计算出的工程量列表汇总，即得该建筑场地的土石方挖、填工程总量。

【例题 1-2】 某工程场地方格网的一部分如图 1-5 所示，方格边长为 20m×20m，试计算挖、填土方总量。

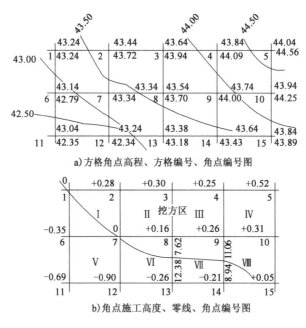

a) 方格角点高程、方格编号、角点编号图

b) 角点施工高度、零线、角点编号图

图 1-5　某工程场地方格网

解：

(1) 划分方格网，计算角点施工高度角点 5 的施工高度，为 44.56 - 44.04 = 0.52(m)，其余类推。计算零点位置：由图 1-5 可知，8~13、9~14、14~15 三条方格边两端的施工高度符号不同，表明在这些方格边上有零点存在。

$$x_1 = \frac{h_1}{h_1 + h_2}a$$

(2) 由公式求得：

$8 \sim 13$ 边：$b = \frac{0.16}{0.16 + 0.26} \times 20 = 7.62(\mathrm{m})$

$9 \sim 14$ 边：$b = \frac{0.26}{0.26 + 0.21} \times 20 = 11.06(\mathrm{m})$

$14 \sim 15$ 边：$b = \frac{0.21}{0.21 + 0.05} \times 20 = 16.15(\mathrm{m})$

将各零点标于图上，并将零点线连接起来。

(3) 计算土方量，见表1-5。

方格网土方量计算法　　　　表1-5

方格编号	底面图形及编号	挖方(+)(m³)	填方(-)(m³)
Ⅰ	三角形1、2、7 三角形1、6、7	$\frac{0.28}{6} \times 20 \times 20 = 18.67$	$\frac{0.35}{6} \times 20 \times 20 = 23.33$
Ⅱ	正方形2、3、7、8	$\frac{20 \times 20}{4} \times (0.28 + 0.30 + 0.16 + 0) = 74.00$	
Ⅲ	正方形3、4、8、9	$\frac{20 \times 20}{4} \times (0.30 + 0.25 + 0.16 + 0.26) = 97.00$	
Ⅳ	正方形4、5、9、10	$\frac{20 \times 20}{4} \times (0.25 + 0.52 + 0.20 + 0.31) = 134.00$	
Ⅴ	正方形6、7、11、12		$\frac{20 \times 20}{4} \times (0.35 + 0 + 0.69 + 0.90) = 194$
Ⅵ	三角形7、8、0 梯形7、0、12、13	$\frac{0.16}{6} \times (7.62 \times 20) = 4.06$	$\frac{20}{8} \times (20 + 12.38) \times (0.90 + 0.26) = 93.90$
Ⅶ	梯形8、9、0、0 梯形0、0、13、14	$\frac{20}{8} \times (7.62 + 8.94) \times (0.16 + 0.26) = 17.39$	$\frac{20}{8} \times (12.38 + 11.06) \times (0.26 + 0.21) = 27.54$
Ⅷ	三角形0、14、15 五角星9、10、0、0.15	$\left(20 \times 20 - \frac{16.15 \times 11.06}{2}\right) \times \left(\frac{0.26 + 0.31 + 0.05}{5}\right) = 38.53$	$\frac{0.21}{6} \times 11.06 \times 16.15 = 6.25$
小计		383.65	

1.5.2 基坑开挖土石方工程数量计算

基坑开挖土石方工程数量按基坑容积计算时，一般可分为基槽和基坑，应分别采用不同的公式计算基坑容积，后者指基坑的长和宽的比值大于3∶1的情况。在计算之前应明确以下几点：

(1) 施工方法。基坑开挖施工方法不同，其工程数量计算要求和选套的定额不同。根据施工组织设计，明确人工开挖或机械开挖、垂直开挖或放坡开挖、支挡土板或打钢板桩开挖、单面留工作面或双面留工作面、选用正铲挖掘机或反铲挖掘机以及抽水方法等。

(2)基顶高程。
(3)土壤类别。
(4)地下水位高程。
(5)土壤湿度。
(6)放坡系数。在定额中均有相应规定,当施工组织设计文件中没有相应规定时,可参照表1-6。

挖土深度在 5m 以内的放坡系数 K 　　　　表1-6

土　类	人工挖土	机械挖土	
		机械在槽底、坑内	机械在槽边
一、二类土	1:0.50	1:0.50	1:0.75
三类土	1:0.33	1:0.25	1:0.67
四类土	1:0.25	1:0.10	1:0.33

注:$K = D/H$,其中 D 为边坡水平投影宽度,H 为边坡高度。

如果在同一基坑内遇到几种土层,采用不同的放坡系数时,可以按不同的放坡系数与相应的高度计算综合坡度系数:

$$K = \frac{H_1K_1 + H_1K_1 + \cdots + H_nK_n}{H} = \frac{\sum_{i=1}^{n}H_iK_i}{H} \tag{1-7}$$

式中:K——综合放坡系数;
　　H_i——某土层厚度;
　　K_i——某土层综合放坡系数;
　　H——基坑总深度。

1)基槽容积计算公式
(1)不放坡和不支挡土板、不设工作面的基槽

$$V = LaH \tag{1-8}$$

式中:V——基槽容积(m^3);
　　L——基槽长度(m);
　　a——基槽宽度(m);
　　H——基槽深度(m)。

(2)不放坡和不支挡土板、设工作面的基槽

$$V = L(a + 2c)H \tag{1-9}$$

式中:c——工作面宽度;
　　其他符号意义同前。
设工作面的基槽如图 1-6 所示。
(3)放坡又设工作面的基槽

$$V = L(a + 2c + KH)H \tag{1-10}$$

式中:K——土壤放坡系数或综合放坡系数;
　　其他符号意义同前。
放坡又设工作面的基槽如图 1-7 所示。

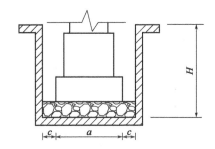
图1-6 设工作面的基槽剖面图

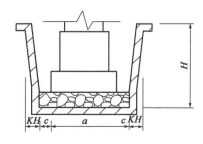
图1-7 放坡又设工作面的基槽剖面图

(4)支挡土板又设工作面的基槽

$$V = L(a + 2c + 2D)H \tag{1-11}$$

式中：D——单侧支挡土板所需宽度(m)；

其他符号意义同前。

2)基坑容积计算公式

(1)放坡又加宽工作面的矩形基坑,如图1-8所示。基坑容积为：

$$V = (a + 2c)(b + 2c)H + (a + 2c)KH^2 + (b + 2c)KH^2 + \frac{4}{3}K^2H^3$$

$$= (a + 2c + KH)(b + 2c + KH)H + \frac{1}{3}K^2H^3 \tag{1-12}$$

式中各符号意义同前。式中$\frac{1}{3}K^2H^3$为基坑四个角锥中一个角锥的体积,为简化计算,可以从表1-7中查得。

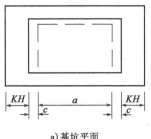
a)基坑平面

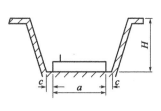
b)基坑剖面

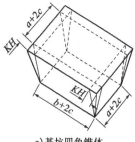
c)基坑四角锥体

图1-8 矩形基坑示意图

基坑放坡时四角的角锥体积(m³) 表1-7

系数K	坑深H(m)											
	1.2	1.3	1.4	1.5	1.6	1.7	1.8	1.9	2.0	2.1	2.2	2.3
0.10	0.01	0.01	0.01	0.01	0.01	0.02	0.02	0.02	0.03	0.03	0.04	0.04
0.25	0.04	0.05	0.06	0.07	0.09	0.10	0.12	0.14	0.17	0.19	0.22	0.25
0.33	0.06	0.08	0.10	0.12	0.15	0.18	0.21	0.25	0.29	0.34	0.39	0.44
0.50	0.14	0.18	0.23	0.28	0.34	0.41	0.49	0.57	0.67	0.77	0.89	1.01
0.67	0.26	0.33	0.41	0.51	0.61	0.74	0.87	1.03	1.20	1.39	1.59	1.82
0.75	0.32	0.41	0.51	0.63	0.77	0.92	1.09	1.29	1.50	1.74	2.00	2.28
1.00	0.58	0.73	0.91	1.13	1.37	1.64	1.94	2.29	2.67	3.09	3.55	4.06

续上表

系数 K	坑深 H(m)											
	2.4	2.5	2.6	2.7	2.8	2.9	3.0	3.1	3.2	3.3	3.4	3.5
0.10	0.05	0.05	0.06	0.07	0.07	0.08	0.09	0.10	0.11	0.12	0.13	0.14
0.25	0.29	0.33	0.37	0.41	0.46	0.51	0.56	0.62	0.68	0.75	0.82	0.80
0.33	0.50	0.57	0.64	0.71	0.80	0.89	0.98	1.08	1.19	1.30	1.43	1.56
0.50	1.15	1.30	1.46	1.64	1.83	2.03	2.25	2.48	2.73	2.99	3.28	3.57
0.67	2.07	2.34	2.63	2.95	3.28	3.65	4.04	4.46	4.90	5.38	5.88	6.42
0.75	2.59	2.93	3.30	3.69	4.12	4.57	5.06	5.59	6.14	6.74	7.37	8.04
1.00	4.61	5.21	5.86	6.56	7.31	8.13	9.00	9.93	10.92	11.98	13.13	14.29

(2)放坡圆形基坑容积

$$V = \frac{1}{3}\pi H(R_1^2 + R_2^2 + R_1 R_2) \tag{1-13}$$

式中：R_1——坑底半径(m)；

R_2——坑口半径(m)，$R_2 = R_1 + KH$。

1.5.3 实体结构物工程数量计算

实体结构物一般具有较规则的形体，或者可以将其分解为由简单的几何图形组成的图形，在计算工程数量时，就可以通过简单几何图形来计算其面积或体积。在计算钢筋混凝土数量时，按其几何形状计算体积，不扣除钢筋所占体积。

1.5.4 钢筋工程量计算

1)钢筋用量的含义

单位工程钢筋用量通常有以下三种含义，并用于不同的造价编制中。

(1)定额钢筋用量

在编制定额的每个钢筋混凝土工程子目时都综合了类似的且具有代表性的钢筋混凝土构件，通过工程分析计算，汇总求得钢筋总用量作为定额钢筋用量，包括了定额的操作损耗，主要作用是作为调整定额钢筋含量的基础数据。

(2)钢筋预算用量

根据设计图纸、施工技术规范和验收规范的要求，以及建筑定额的操作损耗率，汇总求得单位工程钢筋总用量。它和建筑工程定额用量内容口径一致，也是用作调整定额钢筋用量的差额的依据。

(3)钢筋配料用量

施工单位根据设计图纸的要求和施工技术措施而制定出钢筋材料的总用量，包括了钢筋弯曲、延伸、短料利用以及备用钢筋等因素，是施工单位内部生产管理的计划数据。

编制造价时，钢筋混凝土构件按图示计算的钢筋总用量(包括2.5%的损耗)与定额用量相差在3%以上时就需要调整，并有相应的调整方法。

公路工程定额中，所有钢筋混凝土结构和预应力钢筋混凝土结构项目中均列有钢筋、预应力钢筋或钢绞线子目，在编制公路工程造价时，只需要套用相应的定额乘以设计图纸钢筋数量便可得出预算基价和工、料、机消耗数量。其中钢筋消耗量只包含了规定的损耗量。

2) 钢筋混凝土构件设计图示钢筋用量的计算

(1) 计算步骤

钢筋混凝土构件设计图示钢筋用量计算按以下步骤进行:

①分别计算不同类别及不同直径的钢筋长度。

钢筋长度 = 构件图示尺寸 – 保护层厚度 + 转弯及弯钩增加长度 + 图纸注明的搭接长度

②计算钢筋质量。

钢筋质量 = 钢筋长度 × 钢筋每米质量(应按不同类别、不同直径分别计算)

③汇总得出钢筋总用量。

钢筋图示尺寸是指构件沿钢筋方向的结构尺寸。

(2) 保护层厚度

保护层厚度是指钢筋外表至构建外表面间的混凝土层厚度。设置保护层的主要目的是防止钢筋锈蚀。设计规范对各类钢筋混凝土构件的保护层厚度有具体要求,设计图纸上一般也有说明。表1-8为混凝土保护层的最小参考值。

混凝土保护层的最小厚度　　　　　　　　　　　　　　表1-8

项　　目		保护层厚度(mm)
墙与板	厚度≤100mm	10
	厚度>100mm	15
梁和柱	受力钢筋	25
	箍筋和构造钢筋	15
基础	有垫层	35
	无垫层	70

(3) 钢筋的弯钩、转弯

①弯起钢筋长度。

弯起钢筋长度值见表1-9。

弯　起　钢　筋　长　度　　　　　　　　　　　　　　表1-9

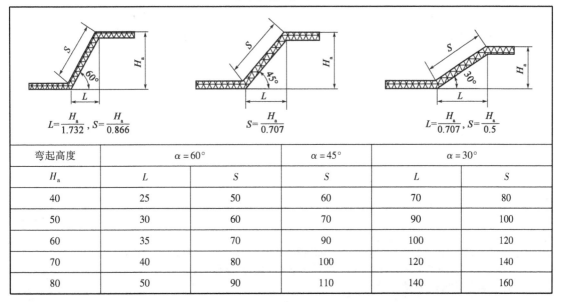

弯起高度	$\alpha = 60°$		$\alpha = 45°$		$\alpha = 30°$	
H_a	L	S	S	L	S	
40	25	50	60	70	80	
50	30	60	70	90	100	
60	35	70	90	100	120	
70	40	80	100	120	140	
80	50	90	110	140	160	

续上表

弯起高度	α=60°		α=45°		α=30°	
H_a	L	S	L	S	L	S
90	55	100	130	130	160	180
100	60	120	140	140	170	200
110	65	130	160	160	190	220
120	70	140	170	170	210	240
……	……	……	……	……	……	……
续上表

弯起高度	α=60°		α=45°	α=30°	
H_a	L	S	S	L	S
90	55	100	130	160	180
100	60	120	140	170	200
110	65	130	160	190	220
120	70	140	170	210	240
……	……	……	……	……	……

② 钢筋标准弯钩尺寸。

为了保护钢筋在混凝土中有效地锚固,使受力钢筋与混凝土共同受力,应将受力钢筋末端弯钩或弯折。标准弯钩形式及尺寸见表 1-10。

钢筋标准弯钩尺寸　　　　表 1-10

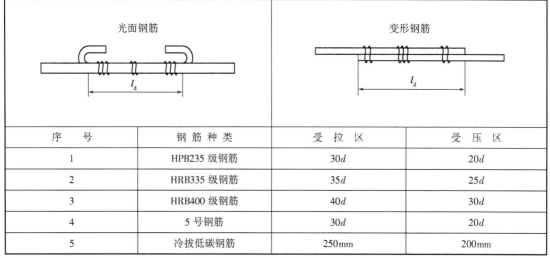

① 钢筋弯钩形式		
半 圆 钩	直 弯 钩	斜 弯 钩
② 增加长度		
6.25d	3.9d	5.9d

注:d 为钢筋直径。

③ 搭接长度。

受力钢筋需要做绑扎接头的最小搭接长度见表 1-11,非受力钢筋最小搭接长度见表 1-12。

钢 筋 搭 接 长 度　　　　表 1-11

序 号	钢筋种类	受 拉 区	受 压 区
1	HPB235 级钢筋	30d	20d
2	HRB335 级钢筋	35d	25d
3	HRB400 级钢筋	40d	30d
4	5 号钢筋	30d	20d
5	冷拔低碳钢筋	250mm	200mm

注:1. 当钢筋直径 d 大于 25mm 时,不易采用绑扎的搭接接头。在轴心受拉区和小偏心受拉构件主筋中均不绑扎接头。

2. 在构件上的搭接接头应予以错开,同一截面接头面积不应大于全部钢筋面积的 25%。

3. l_d 为绑扎接头搭接长度。

钢筋最小搭接长度（mm） 表 1-12

项 次	钢筋种类	钢筋直径	
		≥10	>10
1	分布钢筋	100	
2	架立钢筋	100	150
3	构造钢筋		

注：1. 按受力计算不需要配置或按最小配筋率配置的受力钢筋的搭接长度，按受力钢筋考虑。
  2. 按构造配置，但承受一定外力的钢筋搭接长度，按受力钢筋考虑。
  3. 本表不适于承受动力荷载的设备基础。

④公路工程定额中关于施工操作损耗和搭接长度数量计算的规定。

"钢筋工程量为钢筋设计质量，定额中已计入施工操作消耗"是指定额中已将各种规格的钢筋按出厂定尺长度的每根钢筋质量以及其他操作损耗，按设计质量的 2.5% 的损耗量计入定额中，因此一般钢筋因接长所需增加的质量已包括在定额中，钢筋设计质量也不应包括这部分搭接钢筋的质量。

"施工中钢筋因接长所需搭接长度的数量，定额中不应计入，应在钢筋的设计质量内计算"是指某些工程（如高桥墩），其主筋不可能按钢筋出厂定尺长度全部采用闪光对焊接长到结构需要的长度（高度），必须在施工过程中根据施工分段搭接接长时，其搭接长度的钢筋质量未包括在定额中，应计入钢筋设计质量内。这是由于这部分钢筋质量受设计要求、工程部位、施工条件的影响较大，在定额中难以用占钢筋设计质量的百分比或其他方式予以定量，因此根据设计要求、工程部位和施工条件将设计图纸中的那些不可能采用对焊接长而必须在施工过程中采用现场搭接接长的钢筋质量，逐渐统计出来计入钢筋质量中，而不应笼统地按钢筋质量的百分比来加大钢筋设计质量。

钢筋每米长度质量，圆钢筋及螺纹钢筋计算质量均可采用表 1-13 所列数据。

钢筋的直径、横截面面积及质量 表 1-13

公称直径（mm）	公称横截面面积（mm²）	公称质量（kg/m）
6	28.3	0.222
8	50.27	0.395
10	78.54	0.617
12	113.1	0.888
14	153.9	1.21
16	201.1	1.58
18	254.5	2.00
20	314.2	2.47
22	380.1	2.98
……	……	……

1.5.5 钢结构工程量计算

技术结构制作的工程量，按设计图纸各构件的几何尺寸，以吨为单位分别计算各类型钢和钢板的质量，均不扣除孔眼、切肢和切边质量，但应扣除直径大于 50cm 的孔洞质量。在计算钢板质量时，四边钢板按矩形计算；多边形钢板按长边，以矩形计算。

钢结构焊接、铆接式栓接应分别采用相应的定额子目。

钢板的理论质量见表1-14。

钢板的理论质量   表1-14

厚度(mm)	理论质量(kg/m²)	厚度(mm)	理论质量(kg/m²)	厚度(mm)	理论质量(kg/m²)
0.20	1.570	2.8	21.98	22	172.70
0.25	1.963	3.0	23.55	23	180.60
0.27	2.210	3.2	25.12	24	188.40
0.30	2.355	3.5	27.48	25	196.30
0.35	2.748	3.8	29.83	26	204.10
0.40	3.140	4.0	31.40	27	212.00
0.45	3.533	4.5	35.33	28	219.80
0.50	3.925	5.0	39.25	29	227.70
0.55	4.318	5.5	43.18	30	235.50
0.60	4.710	6.0	47.10	32	251.20
0.70	5.495	7.0	54.95	34	266.90
0.75	5.888	8.0	62.80	36	282.60
0.80	6.280	9.0	70.65	38	298.30
0.90	7.065	10	78.50	40	314.00
1.00	7.850	11	86.35	42	329.70
1.10	8.635	12	94.20	44	345.40
1.20	9.420	13	102.10	46	361.10
1.25	9.813	14	109.90	48	376.80
1.40	10.99	15	117.80	50	392.50
1.50	11.78	16	125.60	52	408.20
1.60	12.56	17	133.50	54	423.90
1.80	14.13	18	141.30	56	439.60
2.00	15.70	19	149.20	58	455.30
2.20	17.27	20	157.00	60	471.00
2.50	19.63	21	164.90		

钢材的规格表示及理论质量换算公式见表1-15。

钢材的规格表示及理论质量换算公式   表1-15

名称	横断面形状及标注方法	各部分名称及代号	规格表示方法(mm)	理论质量换算公式
圆钢、钢丝	⌀d	d-直径	直径 例:ϕ25	$W = 0.00617 \times d^2$

续上表

名称	横断面形状及标注方法	各部分名称及代号	规格表示方法(mm)	理论质量换算公式
方钢		a-边宽	边长 例:50^2或50×50	$W=0.00785\times a^2$
六角钢		a-对边距离	对边距离 例:25	$W=0.0068\times a^2$
六角中空钢		d-心孔直径; D-内切圆直径	内切圆直径 例:25	$W=0.0088D^2-0.00617d^2$
扁钢		δ-厚度; b-宽度	厚度×宽度 例:6×20	$W=0.00785\times b\times\delta$
钢板			厚度或厚度×宽度×长度 例:9或$9\times1400\times1800$	$W=7.85\times\delta$
工字钢		h-高度; b-腿宽; d-腰厚; N-型号	高度×腿宽×腰厚 或以型号表示 例:$100\times68\times4.5$或10号	(1) $W=0.00785\times d\times[h+3.34(b-d)]$ (2) $W=0.00785\times d\times[h+2.65(b-d)]$ (3) $W=0.00785\times d\times[h+2.26(b-d)]$
槽钢		h-高度; b-腿宽; d-腰厚; N-型号	高度×腿宽×腰厚 或以型号表示 例:$100\times48\times5.3$或10号	(1) $W=0.00785\times d\times[h+3.26(b-d)]$ (2) $W=0.00785\times d\times[h+2.44(b-d)]$ (3) $W=0.00785\times d\times[h+2.24(b-d)]$
等边角钢		b-边宽; d-边厚	边宽²×边厚 或边宽×边厚 例:$75^2\times10$或75×10	$W=0.00795\times d\times(2b-d)$

续上表

名称	横断面形状及标注方法	各部分名称及代号	规格表示方法(mm)	理论质量换算公式
不等边角钢		B-长边宽度； b-短边宽度； d-边厚	长边宽度×短边宽度×边厚 例：$100 \times 75 \times 10$	$W = 0.00795 \times d \times (B+b-d)$
无缝钢管或电焊钢管		D-外径； t-壁厚	外径×壁厚×长度-钢号 或外径×壁厚 例：$102 \times 4 \times 700$-20号 或 102×4	$W = 0.02466 \times t \times (D-t)$

注：1.钢的相对密度为7.85。
2.W为每米长度（钢板公式中每平方米）的理论质量（kg）。
3.螺纹钢筋的规格以计算直径表示，预应力混凝土用钢绞线以公称直径表示，水、煤气输送钢管及套管以公称口径或英寸[1]表示。
4.换算公式中(1)、(2)、(3)分别表示a、b、c型工字钢或槽钢理论质量的计算公式。

思考题

1.简述工程计量的含义、工程计量的原则。
2.简述公路工程招标文件工程量计量规则与预算工程量计算规则之间的关系。
3.在单价合同计价方式下，分析清单工程量、预计计量工程量和预算工程量（或预计施工工程量）的相互关系。
4.在单价合同计价方式下，指出计价工程子目综合单价的含义。
5.从发包人和承包人的不同角度，简要分析公路工程工程量清单计价的主要流程。

---
[1] 1英寸=0.0254m，下同。

第2章 总则计量与计价

2.1 总则计量规则

根据《公路工程标准施工招标文件》(2018年版),总则包括保险费、竣工文件、施工环保费、安全生产费、信息化系统(暂估价)、临时工程与设施、承包人驻地建设、施工标准化等费用。

2.1.1 基本规则

(1)保险费分为建筑工程一切险和第三方责任险。

建筑工程一切险是为永久工程、临时工程和设备及已运至施工工地用于永久工程的材料和设备所投的保险。

第三方责任险是对因实施本合同工程而造成的财产(本工程除外)的损失和损害或人员(建设单位和承包人雇员除外)的死亡或伤残所负责任进行的保险。

保险费率按议定保险合同费率办理。

(2)竣工文件编制费是承包人对承建工程在竣工后按交通运输部发布的《公路工程竣工验收办法》的要求,编制竣工图表、资料所需的费用。

(3)施工环保费是承包人在施工过程中采取预防和消除环境污染措施所需的费用。

(4)临时道路(包括便道、便桥、便涵、码头)是承包人为实施与完成工程建设所必须修建的设施,包括工程竣工后的拆除与修复。

(5)临时用地费是承包人为完成工程建设,临时占用土地的租用费。工程完工后,承包人应自费负责恢复到原来的状况,不另行计量。

(6)临时供电设施、电信设施费是承包人为完成工程建设所需要的临时电力、电信设施的架设与拆除的费用,不包括使用费。

(7)承包人的驻地建设费是指承包人为工程建设必须临时修建的承包人住房、办公房、加工车间、仓库、试验室和必要的供水、卫生、消防设施所需的费用,包括拆除与恢复到原来的自然状况的费用。

2.1.2 总则工程量清单计量规则

工程量清单中总则计量规则见表2-1。

总则工程量清单计量规则　　　　表2-1

子目号	子目名称	单位	工程量计量	工程内容
101	通则			
101-1	保险费			

续上表

子目号	子目名称	单位	工程量计量	工程内容
-a	按合同条款定,提供建筑工程一切险	总额	1.承包人按照合同条款约定的保险费率及保费计算方法办理建筑工程一切险,根据保险公司的保单金额以总额为单位计量; 2.保险期为合同约定的施工期及缺陷责任期; 3.承包人施工机械设备保险和雇用人员工伤事故保险费、人身意外伤害保险费由承包人承担	根据合同条款办理建筑工程一切险
-b	按合同条款规定,提供第三者责任险	总额	1.承包人按照合同条款约定的保险费率及保费计算方法办理第三者责任险,根据保险公司的保单金额以总额为单位计量; 2.保险期为合同约定的施工期及缺陷责任期	根据合同条款办理第三者责任险
102	工程管理			
102-1	竣工文件	总额	以总额为单位计量	按《公路工程竣(交)工验收办法》《公路工程竣(交)工验收办法实施细则》及合同条款规定进行编制
102-2	施工环保费	总额	以总额为单位计量	按招标文件技术规范102.11小节及合同条款规定落实环境保护
102-3	安全生产费	总额	按投标价的1.5%(若招标人公布了最高投标限价,则按最高投标限价的1.5%)以总额为单位计量	按招标文件技术规范102.13小节及合同条款规定落实安全生产
102-4	信息化系统(暂估价)	总额	以暂估价的形式按总额计量	1.工程信息化系统的配置、维护、备份管理及网络构筑; 2.系统操作人员培训、劳务
103	临时工程与设施			
103-1	临时道路修建、养护与拆除(包括原道路的养护)	总额	以总额为单位计量	按招标文件技术规范103.03小节及合同条款规定完成临时道路的修建、养护与拆除
103-2	临时占地	总额	1.以总额为单位计量; 2.取、弃土(渣)场的绿化、结构防护及排水在相应章节计量	1.按招标文件技术规范103.04小节及合同条款规定办理及使用临时占地,并进行复垦; 2.临时占地范围包括承包人驻地的办公室、食堂、宿舍、道路和机械设备停放场、材料堆放地、弃土(渣)场、预制场、拌和场、仓库、进场临时道路、临时便道、便桥等

续上表

子目号	子目名称	单位	工程量计量	工程内容
103-3	临时供电设施架设、维护与拆除	总额	以总额为单位计量	按招标文件技术规范103.02小节及合同条款规定完成临时供电设施架设、维护与拆除
103-4	电信设施的提供、维修与拆除	总额	以总额为单位计量	按招标文件技术规范103.02小节及合同条款规定完成电信设施的提供、维修与拆除
103-5	临时供水与排污设施	总额	以总额为单位计量	按招标文件技术规范103.02小节及合同条款规定完成临时供水与排污设施的修建、维修与拆除
104	承包人驻地建设			
104-1	承包人驻地建设	总额	以总额为单位计量	1. 承包人驻地建设包括：施工与管理所需的办公室、住房、工地试验室、车间、工作场地、预制场地、仓库与储料场、拌和场、医疗卫生与消防设施等；2. 驻地的建设、管理与维护；3. 工程交工时，按照合同或协议要求将驻地移走、清除、恢复原貌
105	施工标准化			
105-1	施工驻地	总额	以总额为单位计量	按招标文件技术规范第105节施工标准化的内容和要求执行
105-2	工地试验室	总额	以总额为单位计量	按招标文件技术规范第105节施工标准化的内容和要求执行
105-3	拌和站	总额	以总额为单位计量	按招标文件技术规范第105节施工标准化的内容和要求执行
105-4	钢筋加工场	总额	以总额为单位计量	按招标文件技术规范第105节施工标准化的内容和要求执行
105-5	预制场	总额	以总额为单位计量	按招标文件技术规范第105节施工标准化的内容和要求执行
105-6	仓储存放地	总额	以总额为单位计量	按招标文件技术规范第105节施工标准化的内容和要求执行
105-7	各场(厂)区、作业区连接道路及施工主便道	总额	以总额为单位计量	按招标文件技术规范第105节施工标准化的内容和要求执行

2.2 总则计量与计价

2.2.1 保险费

1）一般要求

(1)承包人按合同条款办理的建筑工程一切险和第三方责任保险,按总额计量。

①建筑工程一切险。

保险金额:工程量清单第 100 章~第 700 章的合计金额(不含建筑工程一切险及第三者责任险的保险费)为基数,乘以招标文件规定的保险费率计算总额。

保险费率:在项目专用条款数据表中约定。一般情况下,保险费率为 2.5‰,独立特大桥、隧道保险费率为 3.5‰~4‰。概预算编制办法中工程保险费费率为 4‰。

保险期限:开工日起直至本合同工程签发缺陷责任期终止证书(即合同工期+缺陷责任期)。

②第三者责任险。

保险费率及保险金额:在专用的合同条款中约定相关内容。一般情况下,100 万元起保,保险费率为 3‰~5‰,常用取值为 3‰。

(2)承包人应缴纳的所有税金(包括营业税、城市维护建设税和教育费附加)和工伤事故保险费、人身意外伤害险费以及施工设备险保险费,由承包人摊入各相关工程子目的单价和费率之中,不单独计量。

2）支付子目

保险费支付子目见表 2-2。

保险费支付子目　　　　　　　　　　　表 2-2

子目号	子目名称	单位
101-1	保险费	
-a	按合同条款规定,提供建筑工程一切险	总额
-b	按合同条款规定,提供第三方责任险	总额

2.2.2 工程管理

1）一般要求

(1)竣工文件的工作内容及与此有关的一切作业经监理人审查批准后,以总额计量。

(2)环境保护节的工作内容包括施工场地砂石化、控制扬尘、降低噪声、合理排污等一切与此有关的作业经监理人检查验收后,以总额计量。

(3)施工安全生产费用,应用于施工安全防护用具及设施的采购和更新、安全施工措施的落实、安全生产条件的改善,不得挪作他用。施工安全设施费及与此有关的一切作业经监理人对工程安全生产情况审查批准后,以总额计量。如承包人在此基础上增加安全生产费用以满足项目施工需要,则承包人应在本项目工程量清单其他相关子目的单价或总额价中予以考虑,发包人不再另行支付。

(4)信息化系统费由发包人估定,以暂估价的形式按总额计入工程总价内。其费用包括系统操作人员的培训、劳务和计算机配置、维护、备份管理及网络构筑等一切与此相关的费用。

2) 支付子目

工程管理支付子目见表2-3。

工程管理支付子目　　表2-3

子目号	子目名称	单位
102-1	竣工文件	总额
102-2	施工环保费	总额
102-3	安全生产费	总额
102-4	信息化系统（暂估价）	总额

2.2.3 临时工程与设施

1) 一般要求

(1) 临时工程与设施应包括为实施永久性工程所必需的各项相关的临时性工作，如临时道路、桥涵的修建与维护，临时电力、电信线路的架设与维护，临时供水、排污系统的建设与维护，以及其他相关的临时设施等。承包人应按不同的类型和需要，对临时工程与设施进行设计。

(2) 承包人在进行临时工程与设施的设计和施工时，应遵守当地运输管理、公安、供电、电信、供水、环保等有关部门的要求和规定。

(3) 除非合同另有规定，按本节提供的全部临时工程与设施的费用，应被认为已包括了有关永久工程中所需要的所有临时工程与设施的全部费用。

(4) 承包人应将临时工程的设计与说明书以及监理人认为需要的详细图纸，在开工前至少21d报监理人审批。没有监理人的批准，承包人不得在现场开始进行任何临时工程的施工。

(5) 监理人应在收到承包人报送的临时工程和设计图纸后的7d内完成审批并通知承包人。这种批准是对于该项临时工程与设施开工的书面同意。

(6) 各项临时工程开工之前，承包人应取得当地有关管理部门及其他当事人的同意，并取得书面协议。监理人将据此作为审批开工的条件。

(7) 除非另有协议，当永久性工程完工后，承包人应移去、拆除和处理好全部临时工程与设施，并将临时工程所占用的区域进行清理或恢复原貌后，报监理人检查验收。

2) 支付子目

临时工程与设施支付子目见表2-4。

临时工程与设施支付子目　　表2-4

子目号	子目名称	单位
103	临时工程与设施	
103-1	临时道路修建、养护与拆除（包括原道路的养护）	总额
103-2	临时占地	总额
103-3	临时供电设施架设、维护与拆除	总额
103-4	电信设施的提供、维护与拆除	总额
103-5	临时供水与排污设施	总额

2.2.4 承包人驻地建设

1）一般要求

(1) 承包人应按改善提高作业人员的工作环境与生活条件,保护生态环境,促进安全生产及文明施工的总体要求,合理规划、布置和建造驻地设施。

(2) 承包人应建立、配备施工与管理所需的办公室、住房、医疗卫生、车间、工作场地、仓库与储料场及消防设施。

(3) 驻地由承包人自行选择地质条件好、不受自然灾害的地方,但应服从合同条款的有关规定。

(4) 驻地建设的总平面布置包括防护、围墙、临时便道和安全、环保、防火安排,应经监理人事先批准。

(5) 驻地建设的管理与维护,应满足科学管理、文明施工的要求。工程交工之后,承包人应将驻地恢复原貌,并经监理人验收合格,但交工时双方另有协议者除外。

2）支付子目

承包人驻地建设支付子目见表2-5。

承包人驻地建设支付子目 表2-5

子 目 号	子 目 名 称	单 位
104-1	承包人驻地建设	总额

2.2.5 施工标准化

1）一般要求

(1) 对于高等级公路路基、路面、桥涵、隧道工程的施工,承包人应充分发挥工厂化、集约化施工的优势,按标准化、规范化、精细化的要求组织施工;对于一级及一级以下公路路基、路面、桥涵、隧道工程的施工,承包人可参照本节的标准化要求执行。

(2) 施工标准化应始终贯穿于整个施工周期,承包人应加强对设施的维护与管理,确保各种设施始终保持良好的状况。

(3) 各种标志标牌、展板及图表应统一设计、制作,规范布置。

(4) 标准化设施应符合合同约定。

2）支付子目

施工标准化支付子目见表2-6。

施工标准化支付子目 表2-6

子 目 号	子 目 名 称	单 位
105	施工标准化	
105-1	施工驻地	总额
105-2	工地试验室	总额
105-3	拌和站	总额
105-4	钢筋加工场	总额
105-5	预制场	总额
105-6	仓储存放地	总额
105-7	各场(厂)区、作业区连接道路及施工主便道	总额

2.3 例题分析

【例题 2-1】 关于竣工文件编制费用计算方法(参考浙江省交通运输厅工程造价管理站文件),问第 200 章~第 700 章合计 7 亿,竣工文件费计多少?

解:费用范围:最低不宜低于 1 万元,最高不宜高于 50 万元。

计算方法:分档累进办法计列(竣工文件费率表,见表 2-7)。

计算基数:第 100 章以外各清单预算合计额(第 200 章~第 700 章)。

竣工文件编制费费率表   表 2-7

第 100 章以外各章清单预算合计额(万元)	费率(‰)	算例(万元)	
		清单预算合计额	竣工文件费
1000 及 1000 以下	2.0	1000	1000 × 2.0‰ = 2.0
1001~5000	1.5	5000	2.0 + 4000 × 1.5‰ = 8.0
5001~20000	1.0	20000	8.0 + 15000 × 1.0‰ = 23.0
20000 以上	0.5	50000	23.0 + 30000 × 0.5‰ = 38.0

解:竣工文件费 = 23.0 + 50000 × 0.5‰ = 48.0(万元)

【例题 2-2】 施工环保费的具体计算方法是怎样的?

解:费用范围:最低不宜低于 2 万元,最高不宜高于 60 万元。

计算方法:宜按工程规模大小和规定要求的不同计列相应费用:

土建主体工程(含房建)可按第 100 章以外各清单预算合计额的 1.0‰~2.0‰ 计列;

交通安全、机电、绿化等附属工程可按 0.5 万~2 万元/每标段计列;集中处理要求的,按所需处理的泥浆数量及当地远运集中处理单价按实另行计算确定,一并纳入施工环保费中。

【例题 2-3】 安全生产费包括哪些内容?计算方法是怎样的?

解:安全生产费包括完善、改造和维护安全设施设备费用,配备、维护、保养应急救援器材、设备费用,开展重大危险源和事故隐患评估和整改费用,安全生产检查、评价、咨询费用,配备和更新现场作业人员安全防护用品支出,安全生产宣传、教育、培训费用,安全设施及特种设备检测检验费用,施工安全风险评估、应急演练等有关工作及其他与安全生产直接相关的费用。

安全生产费按建筑安装工程费乘以安全生产费费率计算,费率按不少于 1.5% 计取。

【例题 2-4】 某项目的建设期为 14 个月,需修建一条长 800m、宽 4.5m 的汽车便道,求清单工程量(组价时需要考虑的相关定额)。

解:清单子目见表 2-8。

清单子目   表 2-8

子目号或定额号	子目名称或定额名称	单位	工程量	定额调整
103-1	临时道路修建、养护与拆除(包括原道路的养护费)	总额		
-a	修建临时便道	km	0.8	

定额组价见表2-9。

定 额 组 价 表2-9

子目号或定额号	子目名称或定额名称	单位	工程量	定额调整
103-1-a	修建临时便道	km	0.8	
7-1-1-4	汽车便道山重区路基宽4.5m	km	0.8	
7-1-1-6	汽车便道天然砂砾路面宽3.5m	km	0.8	
7-1-1-8	便道养护路基宽4.5m	1km·月	0.8×14	

第3章　路基工程清单计量与计价

3.1　路基工程清单计量基本规则

根据《公路工程工程量清单计量规则》(2018年版),路基工程包括清理与挖除、路基挖方、路基填方、特殊地区路基处理、排水设施、边坡防护、挡土墙、挂网坡面防护、预应力锚索及锚固板、抗滑桩、河床及护坡铺砌工程。

3.1.1　路基工程清单计量规则

(1)路基石方的界定。用不小于165kW(220马力)推土机单齿松土器无法松动,须用爆破、钢楔大锤或用气钻方法开挖,且体积大于或等于1立方米的孤石为石方。

(2)土石方体积用平均断面积法计算。但与似棱体公式计算方式计算结果比较,如果误差超过5%,则采用似棱体公式计算。

(3)路基挖方以批准的路基设计图纸所示界限为限,均以开挖天然密实体积计算。其中包括边沟、排水沟、截水沟、改河、改渠、改路的开挖。

(4)挖方作业应保持边坡稳定,做到开挖与防护同步施工,如因施工方法不当,排水不良或开挖后未按设计及时进行防护而造成的塌方,则塌方的清除和回填由承包人负责。

(5)借土挖方按天然密实体积计量,借土场或取土坑中非适用材料的挖除、移运及场地清理、地貌恢复、施工便道便桥的修建与养护、临时排水与防护作为借土挖方的附属工程,不另行计量。

(6)路基填料中石料含量大于或等于70%时,按填石路堤计量;小于70%时,按填土路堤计量。

(7)路基填方以批准的路基设计图纸所示界限为限,按压实后路床顶面设计高程计算。应扣除跨径大于5m的通道、涵洞空间体积,跨径大于5m的桥则按桥长的空间体积扣除。为保证压实度两侧加宽超填的增加体积,零填零挖的翻松压实,均不另行计量。

(8)桥涵台背回填只计按设计图纸或工程师指示进行的桥涵台背特殊处理数量。但在路基土石方填筑计量中应扣除涵洞、通道台背及桥梁桥长范围外台背特殊处理的数量。

(9)回填土指零挖以下或填方路基(扣除10~30cm清表)路段挖除非适用材料后好土的回填。

(10)填方按压实的体积以立方米为单位计量,包括挖台阶、摊平、压实、整型,其开挖作业在挖方中计量。

本章项目未明确指出的工程内容,如养护、场地清理、脚手架的搭拆、模板的安装和拆除及场地运输等均包含在相应的工程项目中,不另行计量。

排水、防护、支挡工程的钢筋、锚杆、锚索除锈制作安装运输及锚具、锚垫板、注浆管、封锚、护套、支架等,包括在相应的工程项目中,不另行计量。

取弃土场的防护、排水及绿化工程在本章的相应工程中计量。

3.1.2 路基工程定额计量规则

本章定额包括路基土、石方工程,特殊路基处理工程,排水工程和防护工程等项目。

本章定额按开挖的难易程度将土壤、岩石分为六类。

土壤分为三类:松土、普通土、硬土。

岩石分为三类:软石、次坚石、坚石。

本章定额土、石分类与六级土、石分类和十六级土、石分类对照表见表3-1。

土、石分类与十六级土、石分类对照　　　　　　表3-1

本章定额分类	松 土	普通土	硬 土	软 石	次坚石	坚 石
十六级分类	Ⅰ~Ⅱ	Ⅲ	Ⅳ	Ⅴ~Ⅵ	Ⅶ~Ⅸ	Ⅹ~ⅩⅥ

3.2 路基土石方清单计量与计价

3.2.1 路基土石方定额工程量计量规则

(1)"人工挖运土方""人工开炸石方""机械打眼开炸石方""抛坍爆破石方"等定额中,已包括开挖边沟消耗的人工、材料和机械台班数量,因此,开挖边沟的数量应合并在路基土、石方数量内计算。

(2)各种开炸石方定额中,均已包括清理边坡工作。

(3)机械施工土、石方,挖方部分机械达不到需由人工完成的工程量由施工组织设计确定。其中,人工操作部分,按相应定额乘以1.15的系数。

(4)抛坍爆破石方定额按地面横坡坡度划分,地面横坡变化复杂,为简化计算,凡变化长度在20m以内,以及零星变化长度累计不超过设计长度的10%时,可并入附近路段计算。

(5)自卸汽车运输路基土、石方定额项目和洒水汽车洒水定额项目,仅适用于平均运距在15km以内的土、石方或水的运输。当平均运距超过15km时,应按社会运输的有关规定计算其运输费用。当运距超过第一个定额运距单位时,其运距尾数不足一个增运定额单位的半数时不计,等于或超过半数按一个增运定额运距单位计算。

(6)路基加宽填筑部分如需清除时,按刷坡定额中普通土子目计算;清除的土方如需远运,按土方运输定额计算。

(7)下列数量应由施工组织设计提出,并入路基填方数量内计算:

①清除表土或零填方地段的基底压实、耕地填前夯(压)实后,回填至原地面高程所需的土、石方数量。

②因路基沉陷需增加填筑的土、石方数量。

③为保证路基边缘的压实度须加宽填筑时,所需的土、石方数量。

(8)工程量计算规则:

①土石方体积的计算。

除定额中另有说明者外,土方挖方按天然密实体积计算,填方按压(夯)实后的体积计算;石方爆破按天然密实体积计算。当以填方压实体积为工程量,采用以天然密实方为计量单位的定额,如路基填方为利用方时,所采用的定额应乘以土石方换算系数,如路基填方为借方时,则应在土石方换算系数基础上增加0.03的损耗。土石方换算系数见表3-2。

土石方换算系数　　　　　　　　　　　　　　　　　　　　　　　表3-2

公路等级＼土类	土 方				石 方
	松 土	普 通 土	硬 土	运 输	
二级及二级以上等级公路	1.23	1.16	1.09	1.19	0.92
三、四级公路	1.11	1.05	1.0	1.08	0.84

②零填及挖方地段基底压实面积等于路槽底面宽度和长度的乘积。
③抛坍爆破的工程量,按抛坍爆破设计计算。
④整修边坡的工程量,按公路路基长度计算。

3.2.2 路基土石方清单工程量计量规则

挖方路基工程量清单计量规则见表3-3。

挖方路基工程量清单计量规则　　　　　　　　　　　　　　　　表3-3

子目	子目名称	单位	工程量计量	工程内容
203	挖方路基			
203-1	路基挖方			
-a	挖土方	m³	1. 依据图纸所示地面线、路基设计横断面图、路基土石比例,采用平均断面面积法计算,包括边沟、排水沟、截水沟的土方,按照天然密实体积以立方米为单位计量; 2. 路床顶面以下挖松深300mm再压实作为挖土方的附属工作,不另行计量; 3. 取弃土场的绿化、防护工程、排水设施在相应章节内计量	1. 挖、装、运输、卸车; 2. 填料分理、弃土整型、压实; 3. 施工排水处理; 4. 边坡整修、路床顶面以下挖松深300mm再压实、路床清理
-b	挖石方	m³	1. 依据图纸所示地面线、路基设计横断面图、路基土石比例,按平均断面面积法计算,包括边沟、排水沟、截水沟的石方,按照天然体积以立方米为单位计量; 2. 弃土场绿化、防护工程、排水设施在相应章节内计量	1. 石方爆破; 2. 挖、装、运输、卸车; 3. 填料分理、弃土整型、压实; 4. 施工排水处理; 5. 边坡整修、路床顶面凿平或填平压实、路床清理
-c	挖除非适用材料(不含淤泥、岩盐、冻土)	m³	1. 依据图纸所示位置,挖除路基范围内非适用材料(不含淤泥、岩盐、冻土)以立方米为单位计量; 2. 弃土场绿化、防护工程、排水设施在相应章节内计量	1. 施工排水处理; 2. 挖除、装载、运输、卸车、堆放; 3. 现场清理
-d	挖淤泥	m³	1. 依据图纸所示位置,挖除路基范围内淤泥以立方米为单位计量; 2. 弃土场绿化、防护工程、排水设施在相应章节内计量	1. 施工排水处理; 2. 挖除、装载、运输、卸车、堆放; 3. 现场清理

续上表

子目	子目名称	单位	工程量计量	工程内容
-e	挖岩盐	m³	1.依据图纸所示地面线、路基设计横断面图、路基土石比例,按平均断面积法计算,按照天然体积以立方米为单位计量; 2.弃土场绿化、防护工程、排水设施在相应章节内计量	1.石方爆破或机械开挖; 2.挖、装、运输、卸车; 3.填料分理; 4.施工排水处理; 5.路床顶面岩盐破碎、润洒饱和卤水、碾压整平、路床清理
-f	挖冻土	m³	1.依据图纸所示地面线、路基设计横断面图、路基土石比例,按平均断面积法计算,按照天然体积以立方米为单位计量; 2.弃土场绿化、防护工程、排水设施在相应章节内计量	1.爆破或机械开挖; 2.挖除、装载、运输、卸车、堆放; 3.施工排水处理; 4.现场清理
203-2	改河、改渠、改路挖方			
-a	挖土方	m³	1.依据图纸所示地面线、设计横断面图、土石比例,按平均断面积法计算,以立方米为单位计量; 2.路床顶面以下挖松深300mm再压实作为挖土方的附属工作,不另行计量; 3.取弃土场的绿化、防护工程、排水设施在相应章节内计量	1.挖、装、运输、卸车; 2.填料分理、弃土整型、压实; 3.施工排水处理; 4.边坡整修、路床顶面以下挖松深300mm再压实、路床清理
-b	挖石方	m³	1.依据图纸所示地面线、设计横断面图、土石比例,按平均断面积法计算,以立方米为单位计量; 2.弃土场绿化、防护工程、排水设施在相应章节内计量	1.石方爆破; 2.挖、装、运输、卸车; 3.填料分理、弃土整型、压实; 4.施工排水处理; 5.边坡整修、路床顶面凿平或填平压实、路床清理
-c	挖除非适用材料(不含淤泥、岩盐、冻土)	m³	1.依据图纸所示位置,挖除非适用材料(不含淤泥、岩盐、冻土)以立方米为单位计量; 2.弃土场绿化、防护工程、排水设施在相应章节内计量	1.施工排水处理; 2.挖除、装载、运输、卸车、堆放; 3.现场清理
-d	挖淤泥	m³	1.依据图纸所示位置,挖除淤泥以立方米为单位计量; 2.弃土场绿化、防护工程、排水设施在相应章节内计量	1.施工排水处理; 2.挖除、装载、运输、卸车、堆放; 3.现场清理
-e	挖岩盐	m³	1.依据图纸所示位置,挖岩盐以立方米为单位计量; 2.路床顶面岩盐破碎、润洒饱和卤水、碾压整平等作为挖岩盐的附属工作,不另行计量	1.石方爆破或机械开挖; 2.挖、装、运输、卸车; 3.填料分理; 4.施工排水处理; 5.路床顶面岩盐破碎、润洒饱和卤水、碾压整平、路床清理

续上表

子目	子目名称	单位	工程量计量	工程内容
-f	挖冻土	m³	1. 依据图纸所示位置,挖冻土以立方米为单位计量; 2. 弃土场绿化、防护工程、排水设施在相应章节内计量	1. 爆破或机械开挖; 2. 挖除、装载、运输、卸车、堆放; 3. 施工排水处理; 4. 现场清理

填方路基工程量清单计量规则见表3-4。

填方路基工程量清单计量规则   表3-4

子目号	子目名称	单位	工程量计量	工程内容
204	填方路基			
204-1	路基填筑（包括填前压实）			
-a	利用土方	m³	1. 依据图纸所示地面线、路基设计横断面图,按平均断面面积法计算压实的体积,以立方米为单位计量; 2. 当填料中石料含量小于30%时,适用于本条; 3. 满足施工需要,预留路基宽度宽填的填方量作为路基填筑的附属工作,不另行计量; 4. 填前压实、地面下沉增加的填方量按填料来源参照本条计量	1. 基底翻松、压实、挖台阶; 2. 临时排水、翻晒; 3. 分层摊铺; 4. 洒水、压实、刷坡; 5. 整型
-b	利用石方	m³	1. 依据图纸所示地面线、路基设计横断面图,按平均断面面积法计算压实的体积,以立方米为单位计量; 2. 当填料中石料含量大于70%时,适用于本条; 3. 地面下沉增加的填方量按填料来源参照本条计量	1. 基底翻松、压实、挖台阶; 2. 临时排水、翻晒; 3. 边坡码砌; 4. 分层摊铺; 5. 小石块(或石屑)填缝、找补; 6. 洒水、压实; 7. 整型
-c	利用土石混填	m³	1. 依据图纸所示地面线、路基设计横断面图,按平均断面面积法计算压实的体积,以立方米为单位计量; 2. 当填料中石料含量大于30%且小于70%时,适用于本条; 3. 满足施工需要,预留路基宽度宽填的填方量作为路基填筑的附属工作,不另行计量; 4. 地面下沉增加的填方量按填料来源参照本条计量	1. 基底翻松、压实、挖台阶; 2. 临时排水、翻晒; 3. 边坡码砌; 4. 分层摊铺; 5. 洒水、压实、刷坡; 6. 整型
-d	借土填方	m³	1. 依据图纸所示地面线、路基设计横断面图,按平均断面面积法计算压实的体积,以立方米为单位计量; 2. 借土场绿化、防护工程、排水设施、临时用地在相应章节内计量; 3. 满足施工需要,预留路基宽度宽填的填方量作为路基填筑的附属工作,不另行计量; 4. 地面下沉增加的填方量按填料来源参照本条计量	1. 借土场场地清理、清除不适用材料; 2. 简易便道、基底翻松、压实、挖台阶; 3. 挖、装、运、卸车; 4. 分层摊铺; 5. 洒水、压实、刷坡; 6. 施工排水处理; 7. 整型

续上表

子目号	子目名称	单位	工程量计量	工程内容
-e	粉煤灰及矿渣路堤	m³	1.依据图纸所示地面线、路基设计横断面图,按平均断面面积法计算压实的体积,以立方米为单位计量; 2.满足施工需要,预留路基宽度宽填的填方量作为路基填筑的附属工作,不另行计量; 3.地面下沉增加的填方量按填料来源参照本条计量	1.材料选择; 2.基底翻松、压实、挖台阶; 3.挖、装、运输、卸车; 4.分层摊铺; 5.洒水、压实、土质护坡; 6.施工排水处理; 7.整型
-f	吹填砂路堤	m³	1.依据图纸所示地面线、路基设计横断面图,按平均断面面积法计算压实的体积,以立方米为单位计量; 2.满足施工需要,预留路基宽度宽填的填方量作为路基填筑的附属工作,不另行计量; 3.地面下沉增加的填方量按填料来源参照本条计量	1.吹砂设备安设; 2.吹填; 3.施工排水处理(排水沟、反滤层设置); 4.封闭及整形
-g	EPS路堤	m³	依据图纸所示,按铺筑的EPS体积以立方米为单位计量	1.下承层处理; 2.铺设垫层; 3.EPS块加工及铺装
-h	结构物台背回填	m³	1.依据图纸所示结构物台背回填数量,按照压实的体积以立方米为单位计量; 2.挡土墙墙背回填不另行计量	1.基底翻松、压实、挖台阶; 2.填料的选择; 3.临时排水; 4.分层摊铺; 5.洒水、压实; 6.整型
-i	锥坡及台前溜坡填土	m³	依据图纸所示锥坡及台前溜坡填土数量,按照压实的体积以立方米为单位计量	1.基底翻松、压实、挖台阶; 2.填料的选择; 3.临时排水; 4.分层摊铺; 5.洒水、压实; 6.整型
204-2	改河、改渠、改路填筑			
-a	利用土方	m³	1.依据图纸所示地面线、设计横断面图,按平均断面面积法计算压实的体积,以立方米为单位计量; 2.当填料中石料含量小于30%时,适用于本条; 3.满足施工需要,预留路基宽度宽填的填方量作为路基填筑的附属工作,不另行计量	1.基底翻松、压实、挖台阶; 2.临时排水; 3.分层摊铺; 4.洒水、压实、刷坡; 5.整型
-b	利用石方	m³	1.依据图纸所示地面线、设计横断面图,按平均断面面积法计算压实的体积,以立方米为单位计量; 2.当填料中石料含量大于70%时,适用于本条; 3.满足施工需要,预留路基宽度宽填的填方量作为路基填筑的附属工作,不另行计量	1.基底翻松、压实、挖台阶; 2.临时排水; 3.边坡码砌; 4.分层摊铺; 5.小石块(或石屑)填缝、找补; 6.洒水、压实; 7.整型

续上表

子目号	子目名称	单位	工程量计量	工程内容
-c	利用土石混填	m³	1. 依据图纸所示地面线、设计横断面图,按平均断面积法计算压实的体积,以立方米为单位计量; 2. 当填料中石料含量大于30%且小于70%时,适用于本条; 3. 满足施工需要,预留路基宽度宽填的填方量作为路基填筑的附属工作,不另行计量	1. 基底翻松、压实、挖台阶; 2. 临时排水; 3. 分层摊铺; 4. 洒水、压实、刷坡; 5. 整型
-d	借土填方	m³	1. 依据图纸所示借方填筑数量,按照压实的体积以立方米为单位计量; 2. 借土场绿化、防护工程、排水设施、临时用地在相应章节内计量; 3. 满足施工需要,预留路基宽度宽填的填方量作为路基填筑的附属工作,不另行计量	1. 借土场场地清理; 2. 基底翻松、压实、挖台阶; 3. 挖、装、运输、卸车; 4. 分层摊铺; 5. 洒水、压实、刷坡; 6. 施工排水处理; 7. 整型

3.2.3 计量与支付

1)挖方

(1)支付

①按上述规定计量,经监理人验收并列入工程量清单的以下支付子目的工程量,每一计量单位,将以合同单价支付。此项支付包括材料、劳力、设备、运输等及其为完成此项工程所必需的全部费用。

②土方和石方的单价费用,包括开挖、运输、堆放、分理填料、装卸、弃方和剩余材料的处理,以及其他有关的全部施工费用。

(2)支付子目

挖方的工程量清单支付子目见表3-5。

挖方的工程量清单支付子目　　　　　表3-5

子目号	子目名称	单位
203	挖方路基	
203-1	路基挖方	
-a	挖土方	m³
-b	挖石方	m³
……	……	
203-2	改河、改渠、改路挖方	
-a	挖土方	m³
-b	挖石方	m³
……	……	

2)填方

(1)支付

按上述规定计量,经监理人验收并列入工程量清单以下支付子目的工程量,其每一计量单位,将以合同单价支付。此项支付包括材料、劳力、设备、运输等及其为完成此项工程所必需的全部费用。

(2)支付子目

填方的工程量清单支付子目见表3-6。

填方的工程量清单支付子目　　表3-6

子 目 号	子 目 名 称	单 位
204-1	路基填筑(包括填前压实)	m^3
-a	利用土方	m^3
-b	利用石方	m^3
……	……	
204-2	改路、改河、改渠填筑	
-a	利用土方	m^3
-b	利用石方	m^3
-c	利用土石混填	m^3
-d	借土填方	m^3
……	……	

3.2.4 例题分析

【例题3-1】 二级公路,路基宽12m,其中某合同段路基中桩号K3+020~K3+060发生沉陷,沉陷段需要回填的体积为320m^3,采用土石混填,比例为3:7。沉陷段加宽碾压宽度为50cm,且路基加宽回填的路基厚度为50cm。问清单的计量为多少?定额工程量为多少?

分析:该段路基发生沉陷,回填土石,达到原有设计高程,为了满足压实度的要求,进行加宽碾压,题目已经给出了沉陷段需要回填的体积为320m^3,需要再计算加宽碾压的体积。清单里面对于加宽是不计量的,加宽碾压的量反映在定额选择里。

解:加宽碾压体积 $V = 0.5 \times 2 \times 0.5 \times (60-20) = 20(m^3)$

其中利用土方填筑 $V_1 = (20+320) \times 0.3 = 102(m^3)$

利用石方填筑 $V_2 = 340 - 102 = 238(m^3)$

清单子目见表3-7。

清 单 子 目　　表3-7

子 目 号	子 目 名 称	单 位	清单数量
204-1	路基填筑(包括填前压实)		
-c	利用土石混填	m^3	320

定额组价见表3-8。

定 额 组 价　　表3-8

子目号或定额编号	子目名称或定额名称	定额单位	工程量	定额调整或说明
1-1-18-4	高速一级路15t内振动压路机压土	1000m^3 压实方	340×0.3/1000	
1-1-18-16	高速一级路15t内振动压路机压石	1000m^3 压实方	340×0.7/1000	

【例题 3-2】 高速公路某标段路基土石方设计，无挖方，按断面计算的填方数量为 $215000m^3$，平均填土高度为 4m，边坡坡度为 1:1.5。该标段路线长 8km，路基宽 26m，地面以上范围内填方中 30% 从其他标段调用，平均运距为 4000m；其他为借方，平均运距为 3000m（按普通土考虑）。为保证路基边缘的压实度须加宽填筑，宽填宽度为 0.5m，完工后需刷坡，但不需远运。填前压实沉陷厚度为 0.15m，土的压实干密度为 $1.4t/m^3$，自然状态土的含水率约低于其最佳含水率 2%，水的平均运距为 1km。试列出编制该标段土石方工程施工图预算所需的全部工程定额名称、单位、定额代号及数量等内容，并填入表格中，需要时应列式计算。

分析：本题主要考核根据工程量套用定额，要求对土石方工程量计算及土石方施工工序较熟悉，确保不漏项。

解：路基填前压实沉陷增加数量：$8000 \times (26+4 \times 1.5 \times 2) \times 0.15 = 45600(m^3)$

路基宽填增加数量：$8000 \times 0.5 \times 2 \times 4 = 32000(m^3)$

实际填方数量：$215000 + 45600 + 32000 = 292600(m^3)$

利用方数量：$215000 \times 30\% = 64500(m^3)$

借方数量：$292600 - 64500 = 228100(m^3)$

填前压实数量：$8000 \times (26+4 \times 1.5 \times 2) = 304000(m^3)$

土方压实需加水数量：$292600 \times 1.4 \times 2\% = 8193(m^3)$

整修路拱数量：$8000 \times 26 = 208000(m^2)$

定额组价见表 3-9。

定额组价　　　　　　　　表 3-9

定额名称	定额代号	单位	数量	定额调整或系数
$3m^3$ 装载机装土（利用方）	1-1-10-3	$1000m^3$	64.5	1.16
15t 自卸汽车运土方第一个 1km	1-1-11-9	$1000m^3$	64.5	1.19
15t 自卸汽车运土方，增运 3km	1-1-11-10	$1000m^3$	64.5	1.19×6
$2m^3$ 挖掘机装土（借方）	1-1-9-8	$1000m^3$	228.1	1.16
15t 自卸汽车运土方第一个 1km	1-1-11-9	$1000m^3$	228.1	1.19
15t 自卸汽车运土方，增运 2km	1-1-11-10	$1000m^3$	228.1	1.19×4
土方碾压	1-1-18-4	$1000m^3$	292.6	
土方洒水（8000L 洒水车）	1-1-22-9	$1000m^3$	8.193	
耕地填前压实	1-1-5-4	$1000m^2$	304	
刷坡	1-1-21-2	$1000m^3$	32	
整修路拱	1-1-20-1	$1000m^2$	208	
整修边坡	1-1-20-4	1km	8	

说明：刷坡、整修路拱、整修边坡在工程量清单中不单独计量，其费用计入填方。

3.3 特殊地区路基处理工程清单计量与计价

3.3.1 特殊地区路基处理清单工程量计量规则

工作内容包括软土路基处理、红黏土及膨胀土路基处理、滑坡处理、岩溶洞处理、湿陷性黄土路基处理、盐渍土路基处理、风积沙路基处理、冻土路基处理。清单计量规则见表 3-10。

特殊地区路基处理工程量清单计量规则

表 3-10

子目号	子目名称	单位	工程量计量	工程内容
205	特殊地区路基处理			
205-1	软土路基处理			
-a	抛石挤淤	m³	依据图纸所示位置和范围,按照抛石体积的片石数量,以立方米为单位计量	1. 临时排水; 2. 抛填片石; 3. 小石块、石屑填塞垫平; 4. 重型压路机压实
-b	爆炸挤淤	m³	依据图纸所示位置和范围,按照设计的爆炸挤淤的淤泥体积,以立方米为单位计量	1. 超高填石; 2. 爆炸设计; 3. 布置炸药; 4. 爆破; 5. 填石; 6. 钻探(或物探)检查
-c	垫层			
-d	土工合成材料			
-e	预压与超载预压			
-h	粒料桩			
-h-1	砂桩	m	依据图纸所示位置和断面尺寸,按图示不同桩径的砂桩长度以米为单位计量	1. 场地清理; 2. 成桩设备安装与就位; 3. 成孔; 4. 灌砂; 5. 桩机移位
-i	加固土桩			
-i-1	粉喷桩	m	依据图纸所示位置和断面尺寸,按图示不同桩径的粉喷桩长度以米为单位计量	1. 场地清理; 2. 钻机安装与就位; 3. 钻孔; 4. 喷(水泥)粉,搅拌; 5. 复喷、二次搅拌; 6. 桩机移位
……	……			
-n	强夯及强夯置换			
-n-1	强夯	m²	依据图纸所示位置和处理面积,按图示路堤底面积以平方米为单位计量	1. 场地清理; 2. 拦截、排除地表水; 3. 防止地表水下渗等防渗措施; 4. 强夯处理; 5. 路基整型; 6. 压实; 7. 沉降观测
……	……			

续上表

子目号	子目名称	单位	工程量计量	工程内容
205-2	红黏土及膨胀土路基处理			
205-3	滑坡处理			
-a	清除滑坡体	m³	依据图纸所示位置,按照清除滑坡体土方与石方的天然体积分别以立方米为单位计量	1. 地表水引排、防渗、地下水疏导引离; 2. 挖除、装载; ……
205-4	岩溶洞处理			
-a	回填	m³	依据图纸所示位置和范围,按照图纸要求的回填材料的密实体积以立方米为单位计量	1. 清除覆土; 2. 炸开顶板; ……
205-5	湿陷性黄土路基处理			
-a	陷穴处理			
-a-1	灌砂	m³	依据图纸所示位置,按照灌砂的体积,以立方米为单位计量	1. 施工排水处理; 2. 开挖; 3. 灌砂; 4. 压实
-b	强夯及强夯置换			
-b-1	强夯	m²	依据图纸所示位置和处理面积,按图示路堤底面积以平方米为单位计量	1. 场地清理; 2. 拦截、排除地表水; ……
……	……			
205-6	盐渍土路基处理			
-a	垫层			
-a-1	砂垫层	m³	1. 依据图纸所示位置和断面尺寸,按图示砂垫层密实体积以立方米为单位计量; 2. 因换填而挖除的非适用材料列入 203-1 相关子目计量	1. 基底清理; 2. 临时排水; 3. 分层铺筑; 4. 分层碾压
……	……			
-b	土工合成材料			
-b-1	防渗土工膜	m²	1. 依据图纸所示位置和规格,按土层中分层铺设防渗土工膜的累计净面积以平方米为单位计量; 2. 接缝的重叠面积和边缘的包裹面积不予计量	1. 清理下承层; 2. 铺设及固定; 3. 接缝处理(搭接、缝接、黏结); 4. 边缘处理
-b-2	土工格栅	m²	1. 依据图纸所示位置和规格、型号,按土层中分层铺设土工格栅的累计净面积以平方米为单位计量; 2. 接缝的重叠面积和边缘的包裹面积不予计量	1. 清理下承层; 2. 铺设及固定; 3. 接缝处理(搭接、缝接、黏结); 4. 边缘处理

3.3.2 特殊地区路基处理定额工程量计量规则

(1)袋装砂井及塑料排水板处理软土地基,工程量为设计深度,定额材料消耗中已包括砂袋或塑料排水板的预留长度。

(2)振冲碎石桩定额中不包括污泥排放处理的费用,需要时另行计算。

(3)挤密砂桩和石灰砂桩处理软土地基定额的工程量为设计桩断面积乘以设计桩长。

(4)水泥搅拌桩和高压旋喷桩处理软土地基定额的工程量为设计桩长。

(5)高压旋喷桩定额中的浆液是按普通水泥浆编制的;当设计采用添加剂或水泥用量与定额不同时,可按设计要求进行抽换。

(6)土工布的铺设面积为锚固沟外边缘所包围的面积,包括锚固沟的底面积和侧面积。定额中不包括排水内容,需要时另行计算。

(7)强夯定额适用于处理松、软的碎石土、砂土、低饱和度的粉土与黏性土、湿陷性黄土、杂填土和素填土等地基。定额中已综合考虑夯坑的排水费用,使用定额时不得另行增加费用。每 100m² 夯击点数和击数按设计确定。

3.3.3 计量与支付

1)支付

按上述规定计量,经监理人验收,第一次支付按完成工程数量的 85% 支付,剩余 15% 经监理人核准承包人递交的沉降监测报告后再支付。此项支付包括材料、劳力、设备、运输等及其他为完成安装工程所必需的全部费用。

2)支付子目

特殊地区路基处理工程量清单支付子目见表 3-11。

特殊地区路基的工程量清单支付子目　　　　　　表 3-11

子 目 号	子 目 名 称	单 位
205-1	软土路基处理	
-a	抛石挤淤	m³
-b	爆炸挤淤	m³
-c	垫层	
……	……	
-d	土工合成材料	
-d-1	反滤土工布	m²
……	……	
-e	预压与超载预压	
-e-1	真空预压	m²
-e-2	超载预压	m³
……	……	
-h	粒料桩	
-h-1	砂桩	m
-h-2	碎石桩	m

续上表

子目号	子目名称	单位
-i	加固土桩	
-i-1	粉喷桩	m
-i-2	浆喷桩	m
-j	CFG 桩	m
205-2	红黏土及膨胀土路基处理	
-a	石灰改良土	m^3
-b	水泥改良土	m^3
205-3	滑坡处理	
-a	清除滑坡体	m^3
205-4	岩溶洞处理	
-a	回填	m^3
205-5	湿陷性黄土路基处理	
-a	陷穴处理	
-a-1	灌砂	m^3
-a-2	灌水泥砂浆	m^3
-b	强夯及强夯置换	
-b-1	强夯	m^2
……	……	
205-6	盐渍土路基处理	
-a	垫层	
-a-1	砂垫层	m^3
……	……	
205-7	风积沙路基处理	
-a	土工合成材料	
-a-1	土工格栅	m^2
……	……	
205-8	冻土路基处理	
-a	隔热层	
-a-1	XPS 保温板	m^2
……	……	

3.3.4 例题分析

1) 抛石挤淤

抛石挤淤一般用于低填方软弱地基处理,路基填方高度小于或等于5m,软基厚度大于2m,地基P_a值小于1.2MPa的路段。

【例题3-3】 某低填浅挖段,有一水田地段需要处理,在地形图上得出其占地面积为158m^2,初步估计平均的淤泥厚度为2.8m,该路段的基本信息图如图3-1所示。求其定额工程量及清单工程量。

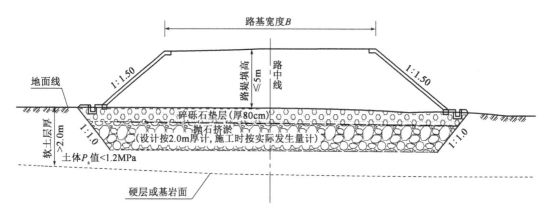

图 3-1 抛石挤淤断面

分析：淤泥厚度超过 2m，采用抛石挤淤方法，首先从地面线往下挖 80cm，预留填碎石垫层作为路基的过渡层，然后抛石挤淤（置换率不小于 50%）并采用 20t 重型碾压机多次碾压密实，直至两次相邻碾压沉降差小于 5mm，再在处理后的面层上铺设碎砾石垫层（厚 80cm）。

解：清单子目见表 3-12。

清单子目　　　　　　　　　　　　　　　　表 3-12

清单编号	名　称	单　位	清单数量
203-1	路基挖方		
-d	挖淤泥	m³	0.8×158=126.4
205-1	软土路基处理		
-a	抛石挤淤	m³	158×0.5×2=158
-c-3	碎石垫层	m³	0.8×158=126.4

挖淤泥的定额工程量见表 3-13。

挖淤泥定额及工程量　　　　　　　　　　　表 3-13

定额编号	定额名称	定额单位	工程量
1-1-2-5	挖掘机挖装淤泥、流沙	1000m³	0.126

抛石挤淤的定额工程量见表 3-14。

抛石挤淤定额及工程量　　　　　　　　　　表 3-14

定额编号	定额名称	定额单位	工程量
1-2-11-2	抛石挤淤	1000m³	0.158

碎石垫层的定额工程量见表 3-15。

填碎石定额及工程量　　　　　　　　　　　表 3-15

定额编号	定额名称	定额单位	工程量
1-2-12-4	填碎（砾）石垫层	10m³	12.640

2）塑料排水板

塑料排水板主要用于处理软弱地基路段，软弱层大于 2m，且填方路堤高于 5m 的路段。

【例题 3-4】 某公路路基宽度为 18m，在填方段有一段软土地基 300m，软弱层为 3.5m，两个坡脚之间的距离为60m(可根据路基宽度求),路基填方高为6m。现对软基进行处理,用塑料排水板采用如图3-2所示正三角形的方式进行布设,正三角形边长为1.8m。插板前需要铺设泥岩填料层30cm和碎砾石填料层50cm;进行施工前需要挖临时排水沟;靠近路床部分需要铺设钢塑土工格栅。软基处理图见图3-2和图3-3。试计算路基软土地基处理清单的各个工程量,以及各个定额工程量。

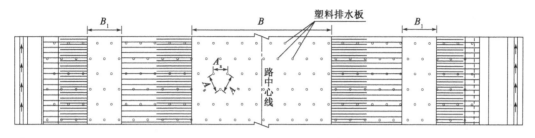

图3-2 软基处理平面布置图

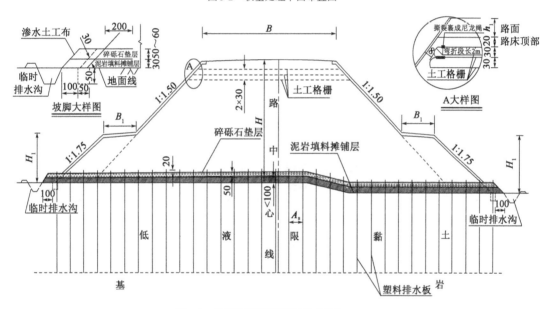

图3-3 软基处理横断面图(尺寸单位:cm)

分析:该地段软基处理已经确定采用塑料排水板的方式,在进行插板前应该做好垫层的铺设工作。在进行铺设工作前应该做好排水工作,即进行临时排水沟的开挖。本题临时排水沟的开挖不应该单独计量,应该在排水沟的修建时一并计入清单,避免重复计量。题中没有提到要进行填填料前的整平工作,实际中,在进行铺设两种填料前需要对软土进行整平夯实。根据对《公路工程预算定额(上、下册)》(JTG/T 3832—2018)的理解,清单中的排水管计价长度应该根据设计图中的深度进行计量,定额工程量则除了考虑设计图中的软基层厚度应该加上铺设垫层排水管长度和预留的长度。

解:

(1)清单工程量计算

排水管根数:$[300 \div (1.8/2 \times \sqrt{3})] \div 2 \times 33 + [300 \div (1.8/2 \times \sqrt{3})] \div 2 \times (33-2) = 6159$(根)

塑料排水管长度:$3.5 \times 6159 = 21556.5$(m)

泥岩材料体积:$30 \div 100 \times 300 \times 60 = 5400(m^3)$

碎砾石垫层体积:$50 \div 100 \times 300 \times 60 = 9000(m^3)$

土工格栅面积:$19 \times 3 \times 300 = 17100(m^2)$(可以在CAD图中直接量中层的格栅长度,量得为19m)

进行铺设填料前的夯实的定额计入强夯。

选择的清单子目见表3-16。

清 单 子 目　　　　　　　　　　　表3-16

清单编号	名　称	单　位	清单数量
205-1	软土地基处理		
-c	砂垫层、砂砾垫层	m^3	9000+5400=14400.000
-d	土工织物	m^2	17100
-g	塑料排水板	m	21556.500
-n	强夯	m^2	$300 \times 60 = 18000$

(2)定额工程量计算

塑料排水板工程量:$(0.5+0.3+0.2+3.5) \times 6159 = 27715.5(m)$

定额选择如下:

205-1-c对应的定额见表3-17。

垫层工程量与定额　　　　　　　　　表3-17

定额编号	定额名称	定额单位	工程量
1-2-12-4	软基碎(砾)石垫层	$1000m^3$	9
4-11-5-2	填砂砾(砂)垫层	$10m^3$	540

205-1-g对应的定额见表3-18。

工 程 量 与 定 额　　　　　　　　表3-18

定额编号	定额名称	定额单位	工程量
1-2-2-1	塑料排水板	1000m	27.716

205-1-d对应的定额见表3-19。

土工格栅工程量与定额　　　　　　　表3-19

定额编号	定额名称	定额单位	工程量
1-2-9-3	软基(或路面基层)土工格栅处理	$1000m^2$	17.10

注意:因为图中所需为钢塑土工格栅,故该定额中的"土工格栅"需要替换成"钢塑土工格栅"。

205-1-n对应的定额见表3-20。

强夯工程量与定额　　　　　　　　　表3-20

定额编号	定额名称	定额单位	工程量
1-2-10-1	强夯一般软土(夯击2遍)	$1000m^2$	18

在该定额中需要去掉3000kN·m以内强夯机械,因为在实际中软土并不是靠强夯加强,无须3000kN·m以内强夯机械压实。

以上各个清单的价格需要根据人、材、机实时价格计算,本题不予计算具体每项清单的综合单价。

3)土工织物

【例题3-5】 某道路路面为水泥混凝土路面,全长为1040m,其路面宽度为16m,路肩宽度为1m,路基加宽30cm。由于该道路为软土地基,为了保证路基稳定性及满足道路的使用性能,故对地基进行土工布处理。土工布厚度为30cm,紧密布置,土工布平面示意图如图3-4所示。试求土工布的工程量并套用定额。

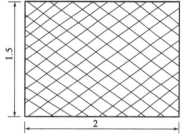

图3-4 土工布平面示意图(尺寸单位:m)

解:

(1)清单工程量计算

土工布的个数:$1040 \times (16 + 1 \times 2)/(1.5 \times 2) + 1 = 6241$(个)

土工布的面积:$6241 \times 1.5 \times 2 = 1872.3 (m^2)$

(2)定额工程量计算

土工布的个数:$1040 \times (16 + 1 \times 2 + 2 \times 0.3)/(1.5 \times 2) + 1 = 6449$(个)

土工布的面积:$6449 \times 1.5 \times 2 = 19347 (m^2)$

(3)套用定额

土工布处理软土路基:

套用定额:44-1-2-9-1,基价:7398元,单位:$1000m^2$处理面积

土工布处理软土路基基价:$7398 \times 19.347 = 143129.10$(元)

4)强夯滑坡

【例题3-6】 某公路全长18500m,路面宽18m,其侧面滑坡如图3-5所示。试计算滑坡工程量。

解:滑坡工程量 = $18500 \times 1.5 \times 1.5 = 41625 (m^3)$

5)溶洞

【例题3-7】 某公路全长1500m,其中,有一个溶洞需要回填,长为10m,溶洞弧顶拱高4m,其侧立面如图3-6所示。试计算岩洞回填工程量。

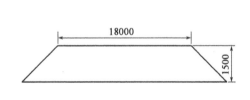

图3-5 滑坡段示意图(尺寸单位:mm)

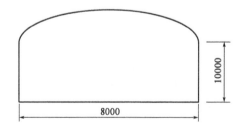

图3-6 溶洞侧立面图(尺寸单位:mm)

解:溶洞回填工程量 = $\left(8 \times 10 + \frac{1}{2} \times \pi \times 4 \times 4\right) \times 10 = 1051.20 (m^3)$

6)膨胀土盐渍土

盐渍土路基按图纸及监理人指示进行铺筑,不同厚度以平方米为单位进行计量,其内容包括清除软层、材料运输、分层填筑、分层压实等相关工作。

【例题 3-8】 填方路段,有 1000m 盐渍土路段需要处理,处理宽度为 34.4m。该段无地下水渗出,需要处理的盐渍土平均厚度为 200mm,$H=2m$,如图 3-7 所示。求盐渍土处理中涉及的清单工程量、定额工程量。

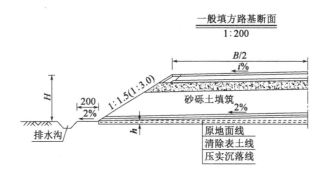

图 3-7 填方断面图(尺寸单位:mm)

分析:该盐渍土的处理过程为:清除盐渍土,填前压实,铺设土工布,回填分层碾压。
解:清单工程量见表 3-21。

清单子目 表 3-21

清单编号	名 称	单 位	清单数量
205-6	盐渍土处理		
-a	厚 200mm	m²	34400

定额工程量计算见表 3-22。

定额组价 表 3-22

定额编号	定额名称	定额单位	工 程 量
1-2-9-1	软基土工布处理	1000m²	34.400
1-1-1-12	清除表土(135kW 内推土机)	100m³	34400×0.2/100=68.8
1-1-5-4	填前夯(压)实 12～15t 光轮压路机	1000m²	34.400
1-1-18-4	高速一级路 15t 内振动压路机压土	1000m³ 压实方	34400×2/1000=68.8

7)砂桩处理

【例题 3-9】 某高速公路全长为 3630m,路面宽度为 27m,每个车道宽 4m,中央分隔带宽 3m,双向六车道,其中 K1+570～K2+420 之间由于土质比较湿软,为了保证路基的稳定性并满足道路的使用性质,对该段土基进行砂桩处理,道路平面图、砂桩布置示意图如图 3-8 和图 3-9 所示。纵向伸缩缝宽 2cm,横向伸缩缝 6cm 道,宽 6mm。试计算道路工程量并套用定额。

解:
(1)清单工程量计算
人工铺装沙砾石底基层面积:3630×27=98010(m²)
厂拌石灰、土、碎石(5:15:80)基层面积:3630×27=98010(m²)
沥青混凝土面层面积:3630×27=98010(m²)
砂桩的长度:2×[27+2/(0.6+0.4)+1]×[(2420-1570)/(0.6+0.4)+1](m)
防护栏的长度:3630×2=7260(m)
伸缩缝的面积:3630×0.02+(3630/6+1)×27×0.006=170.77(m²)

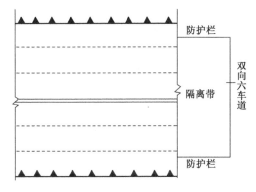

图 3-8 道路平面图

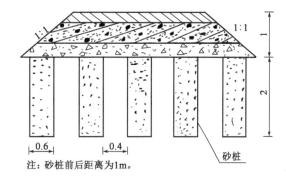

图 3-9 砂桩布置示意图(尺寸单位:m)

(2)定额工程量计算

人工铺装沙砾石底基层面积:$3630 \times (27 + 2a) = (98010 + 7260a)(m^2)$

套用定额:151-2-1-1-2、151-2-1-1-7,单位:$1000m^2$

基价:$(98010 + 7260a)/1000 \times (11218 + 714 \times 5) = (1449371.88 + 107360.88a)(元)$

厂拌石灰、土、碎石(5:15:80)基层面积:$3630 \times (27 + 2a) = (98010 + 7260a)(m^2)$

套用定额:184-2-1-7-31、184-2-1-7-32,单位:$1000m^2$

基价:$(98010 + 7260a)/1000 \times (33966 - 2 \times 1705) = (2994793.56 + 221836.56a)(元)$

沥青混凝土(厚7cm,粗粒式)体积:$3630 \times 27 \times 0.07 = 6860.7(m^3)$

套用定额:229-2-2-11-3,单位:$1000m^3$ 路面实体

基价:$6860.7/1000 \times 744330 = 5106624.831(元)$

沥青混凝土(厚4cm,中粒式)体积:$3630 \times 27 \times 0.04 = 3920.4(m^3)$

套用定额:231-2-2-11-9,单位:$1000m^3$ 路面实体

基价:$3920.4/1000 \times 776588 = 3044535.59(元)$

沥青混凝土(厚2cm,细粒式)体积:$3630 \times 27 \times 0.02 = 1960.2(m^3)$

套用定额:233-2-2-11-15,单位:$1000m^3$ 路面实体

基价:$1960.2/1000 \times 827824 = 1622700.6(元)$

砂桩的长度:$2 \times [(27 + 2 + 2a)/(0.6 + 0.4) + 1] \times [(2420 - 1570)/(0.6 + 0.4) + 1] = (47656 + 3404a)(m)$

砂桩的体积:$\pi \times \left(\dfrac{0.6}{2}\right)^2 \times (47656 + 3404a) = (13474.42 + 963.33a)(m^3)$

套用定额:39-1-2-5-2,单位:$10m^3$ 砂桩

基价:$(13474.42 + 963.33a)/10 \times 2480 = (3341656.16 + 238905.84a)(元)$

防护栏的长度:$3630 \times 2 = 7260(m)$

伸缩缝的面积:$3630 \times 0.02 + (3630/6 + 1) - 1 \times 27 \times 0.006 = 170.77(m^2)$

套用定额:827-4-11-7-11,单位:$1m^2$

基价:$170.77/1 \times 108 = 18443.16(元)$

注:a 为路基一侧加宽值。

8)人工挖基

【例题3-10】 在市政工程中,需用人工挖路基,某一段路基总长度为100m,断面如图3-10所示。试计算其土方工程量并套用定额。

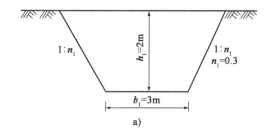 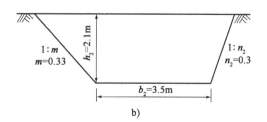

图 3-10 路基断面图

解:在总长 100m 的一段路基上,断面图 3-10 的面积为:
$$F_1 = h_1(b_1 + n_1 h_1) = 2 \times (3 + 0.3 \times 2) = 7.2(\text{m}^2)$$

断面图的面积为:
$$F_2 = h_2\left[b_2 + \frac{h_2(m + n_2)}{2}\right] = 2.1 \times \left[3.5 + \frac{2.1}{2} \times (0.33 + 0.3)\right]$$
$$= 2.1 \times (0.6615 + 3.5) = 8.74(\text{m}^2)$$

故清单工程量为:
$$V = \frac{F_1 + F_2}{2}L = V = \frac{7.2 + 8.74}{2} \times 100 = 797(\text{m}^3)$$

列项如下(表 3-23):

基坑清单工程量　　　　表 3-23

项目编码	项目名称	单 位	工 程 量	计 算 式
203-1-a	挖土方	m³	797	$\frac{1}{2} \times (7.2 + 8.74) \times 100$

定额工程量为:
$$V = L(F_1 + F_2)/2 = \frac{1}{2} \times (7.2 + 8.74) \times 100 = 797(\text{m}^3) = 0.797(1000\text{m}^3)$$

列项如下(表 3-24):
套用定额:1-1-6-3,基价:18556 元,单位:1000m³
人工挖基坑基价:18556 × 0.797 = 14789.132(元)

基坑定额工程量　　　　表 3-24

项目编码	项目名称	单 位	工 程 量	计 算 式
1-1-6-3	人工挖运硬土	1000m³	0.797	$\frac{1}{2} \times (7.2 + 8.74) \times 100/1000$

3.4　排水工程清单计量与计价

3.4.1　排水工程清单工程量计量规则

路基排水工程量清单计量规则见表 3-25。

路基排水工程量清单计量规则 表3-25

子目号	子目名称	单位	工程量计量	工程内容
207	坡面排水			
207-1	边沟			
-a	浆砌片石	m³	依据图纸所示位置及断面尺寸,按浆砌片石的体积以立方米为单位计量	1.场地清理; 2.地基平整夯实,断面补挖; 3.铺设垫层; 4.砂浆拌制; 5.浆砌片石、勾缝、抹面、养护; 6.回填
-b	浆砌块石	m³	依据图纸所示位置及断面尺寸,按照不同强度等级浆砌块石的体积以立方米为单位计量	1.场地清理; 2.地基平整夯实,断面补挖; 3.铺设垫层; 4.砂浆拌制; 5.浆砌块石、勾缝、抹面、养护; 6.回填
……	……			
207-2	排水沟			
-a	浆砌片石	m³	依据图纸所示位置及断面尺寸,按浆砌片石的体积以立方米为单位计量	1.场地清理; 2.地基平整夯实,断面补挖; 3.铺设垫层; 4.砂浆拌制; 5.浆砌片石、勾缝、抹面、养护; 6.回填
-b	浆砌块石	m³	依据图纸所示位置及断面尺寸,按照不同强度等级浆砌块石的体积以立方米为单位计量	1.场地清理; 2.地基平整夯实,断面补挖; 3.铺设垫层; 4.砂浆拌制; 5.浆砌块石、勾缝、抹面、养护; 6.回填
……	……			
207-3	截水沟			
-a	浆砌片石	m³	依据图纸所示位置及断面尺寸,按浆砌片石的体积以立方米为单位计量	1.场地清理; 2.地基平整夯实,断面补挖; 3.铺设垫层; 4.砂浆拌制; 5.浆砌片石、勾缝、抹面、养护; 6.回填
-b	浆砌块石	m³	依据图纸所示位置及断面尺寸,按照不同强度等级浆砌块石的体积以立方米为单位计量	1.场地清理; 2.地基平整夯实,断面补挖; 3.铺设垫层; 4.砂浆拌制; 5.浆砌块石、勾缝、抹面、养护; 6.回填
……	……			
207-4	跌水与急流槽			

续上表

子目号	子目名称	单位	工程量计量	工程内容
-a	干砌片石	m³	依据图纸所示位置及断面尺寸,按干砌片石的体积以立方米为单位计量	1. 场地清理; 2. 基础开挖; 3. 铺设垫层; 4. 铺砌片石
-b	浆砌片石	m³	依据图纸所示位置及断面尺寸,按照不同强度等级浆砌片石的体积以立方米为单位计量	1. 场地清理; 2. 基础开挖; 3. 铺设垫层; 4. 砂浆拌制; 5. 浆砌片石、勾缝、抹面、养护; 6. 回填
……	……			
207-5	渗沟	m	依据图纸所示位置及断面尺寸,分不同类型及规格的渗沟,按长度以米为单位计量	1. 基础开挖; 2. 进出水口处理; 3. 铺设防渗材料; 4. 铺设透水管及泄水管; 5. 填料填筑及夯实; 6. 设置反滤层; 7. 设置封闭层; 8. 现场清理
207-6	蒸发池			
-a	挖土(石)方	m³	依据图纸所示地面线、断面尺寸、土石比例,按开挖的天然密实体积以立方米为单位计量	1. 场地清理; 2. 开挖、集中、装运; 3. 施工排水处理; 4. 弃方处理
-b	圬工	m³	依据图纸所示位置及断面尺寸,分不同类型及强度等级,按圬工体积以立方米为单位计量	1. 场地清理; 2. 基坑开挖及弃方处理; 3. 地基平整夯实,断面补挖; 4. 浆砌片石、勾缝、抹面、养护; 5. 回填
207-7	涵洞上下游改沟、改渠铺砌			
-a	浆砌片石铺砌	m³	依据图纸所示位置及断面尺寸,按照不同强度等级水泥砂浆铺砌的片石体积以立方米为单位计量	1. 场地清理; 2. 地基平整夯实,沟、渠断面补挖; 3. 铺设垫层; 4. 砂浆拌制; 5. 浆砌片石、勾缝、抹面、养护; 6. 回填
-b	现浇混凝土铺砌	m³	依据图纸所示位置及断面尺寸,按照不同强度等级混凝土浇筑的沟、渠铺砌体积以立方米为单位计量	1. 场地清理; 2. 地基平整夯实,沟、渠断面补挖; 3. 铺设垫层; 4. 模板制作、安装、拆除; 5. 混凝土拌和、运输、浇筑、养护; 6. 回填

续上表

子目号	子目名称	单位	工程量计量	工程内容
……	……			
207-8	现浇混凝土坡面排水结构物	m³	依据图纸所示位置及断面尺寸,按照不同强度等级混凝土浇筑的坡面排水结构物体积以立方米为单位计量	1. 场地清理; 2. 地基平整夯实,坡面排水结构物断面补挖; 3. 铺设垫层; 4. 模板制作、安装、拆除; 5. 混凝土拌和、运输、浇筑、养护; 6. 回填
207-9	预制混凝土坡面排水结构物	m³	依据图纸所示位置及断面尺寸,按照不同强度等级混凝土预制的坡面排水结构物体积以立方米为单位计量	1. 场地清理; 2. 地基平整夯实,坡面排水结构物断面补挖; 3. 铺设垫层; 4. 模板制作、安装、拆除; 5. 预制件预制、运输、装卸; 6. 预制件安装; 7. 回填
207-10	仰斜式排水孔			
-a	钻孔	m	依据图纸所示位置及孔径,按照不同孔径排水孔长度以米为单位计量	1. 搭拆脚手架; 2. 安拆钻机; 3. 布眼、钻孔、清孔; 4. 现场清理
-b	排水管	m	依据图纸所示位置及排水管材质,按照不同管径排水管长度以米为单位计量	1. 搭拆脚手架; 2. 管体制作、包裹渗水土工布; 3. 安装排水管,排水口处理; 4. 现场清理
-c	软式透水管	m	依据图纸所示位置及排水管材质,按照不同管径排水管长度以米为单位计量	1. 搭拆脚手架; 2. 管体制作、包裹渗水土工布(反滤膜); 3. 安装透水管,排水口处理; 4. 现场清理

3.4.2 排水工程定额工程量计量规则

(1)边沟、排水沟、截水沟的挖基费用按人工挖截水沟、排水沟定额计算,其他排水工程的挖基费用按第一节土、石方工程的相关定额计算。

(2)边沟、排水沟、截水沟、急流槽定额均未包括垫层的费用,需要时按有关定额另行计算。

(3)雨水箅子的规格与定额不同时,可按设计用量抽换定额中铸铁箅子的消耗。

(4)工程量计算规则:

①本章定额砌筑工程的工程量为砌体的实际体积,包括构成砌体的砂浆体积。

②本章定额预制混凝土构件的工程量为预制构件的实际体积,不包括预制构件中空心部分的体积。

③挖截水沟、排水沟的工程量为设计水沟断面面积乘以水沟长度与水沟圬工体积之和。

④路基盲沟、中央分隔带盲沟(纵向、横向)的工程量按设计的工程内容计算。

⑤轻型井点降水定额按 50 根井管为一套,不足 50 根的按一套计算。井点使用天数按日历天数计算,使用时间按施工组织设计确定。

3.4.3 计量与支付

1)支付

按上述规定计量,经监理人验收的列入工程量清单的以下工程子目的工程量,其每一计量单位,将以合同单价支付。此项支付包括材料、劳力、设备、运输等及其他为完成地面排水工程所必需的所有费用,是对完成工程的全部偿付。

2)支付子目

排水工程的工程量清单支付子目见表 3-26。

排水工程的工程量清单支付子目　　　　表 3-26

子 目 号	子 目 名 称	单 位
207-1	边沟	
-a	浆砌片石	m³
-b	浆砌块石	m³
……	……	
207-2	排水沟	
-a	浆砌片石	m³
-b	浆砌块石	m³
……	……	
207-3	截水沟	
-a	浆砌片石	m³
-b	浆砌块石	m³
……	……	
207-4	跌水与急流槽	
-a	干砌片石	m³
-b	浆砌片石	m³
……	……	
207-5	渗沟	m
207-6	蒸发池	
-a	挖土(石)方	m³
-b	圬工	m³
207-7	涵洞上下游改沟、改渠铺砌	
-a	浆砌片石铺砌	m³
-b	现浇混凝土铺砌	m³
-c	预制混凝土铺砌	m³
207-8	现浇混凝土坡面排水结构物	m³

续上表

子目号	子目名称	单位
207-9	预制混凝土坡面排水结构物	m³
207-10	仰斜式排水孔	
-a	钻孔	m
-b	排水管	m
-c	软式透水管	m

3.4.4 例题分析

【例题 3-11】 在某工程的排水工程中，边沟类型拟用 M7.5 浆砌片石盖板边沟，修筑长度为 220m，其尺寸如图 3-11 所示。挖沟土石方的平均运距为 1km，盖板部分使用 C30 混凝土 12.1m³，HPB235 钢筋 159.5kg，HRB335 钢筋 1771kg。回答下列问题：

（1）计算该边沟砌体部分工程造价所涉及的定额工程量。

（2）试给出该盖板边沟工程所涉及的工程量清单子目、清单工程量，以及进行清单组价时需考虑的相关定额。

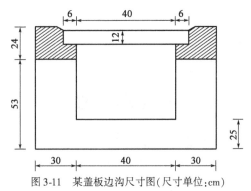

图 3-11 某盖板边沟尺寸图（尺寸单位：cm）

解：

(1) 计算。

① 土方开挖：$[(0.24+0.53)\times(0.3+0.4+0.3)]\times 220 = 169.4(m^3)$

② M7.5 浆砌片石：$[2\times 0.53\times 0.3+0.4\times 0.25]\times 220 = 91.96(m^3)$

③ 现浇 C20 混凝土：$[0.24\times 0.3-0.06\times 0.12]\times 2\times 220 = 28.54(m^3)$

(2) 根据清单工程量计量规则，边沟路基土石方开挖数量计入第 203 节，其余部分计入第 207 节，清单子目见表 3-27，定额组价见表 3-28。

清单子目 表 3-27

子目号	子目名称	单位	工程量
203-1	路基挖方		
-a	挖土方	m³	169.4

定额组价 表 3-28

定额号	定额名称	单位	工程量	定额调整
1-3-1-1	人工挖沟普通土	1000m³	169.4/1000	
1-1-11-1	6t 内自卸汽车运土	1000m³	169.4/1000	

该盖板边沟主体部分在进行清单组价时涉及的清单子目及需考虑的相关定额见表 3-29 和表 3-30。

清单子目与定额组价　　　　　　　　　　　表 3-29

子目号	子目名称	单位	工程量
207-1	边沟		
-a	浆砌片石	m³	91.96
-b	现浇混凝土	m³	28.54
-e	预制安装混凝土盖板	m³	12.1

定额组价　　　　　　　　　　　表 3-30

定额号	定额名称	单位	工程量	定额调整
1-3-3-1	浆砌片石边沟、排水沟、截水沟	10m³	91.96/10	M5，−3.5，M7.5，+3.5
1-3-4-5	现浇混凝土边沟	10m³	28.54/10	
1-3-4-10	预制混凝土水沟盖板矩形带孔	10m³	12.1/10	普 C20-32.5-2，−10.1， 普 C30-32.5-2，+10.1
1-3-4-11	水沟盖板钢筋	1t	159.5/1000	111 量 1.025，112 量 0
1-3-4-12	水沟盖板钢筋	1t	1771/1000	111 量 0，112 量 1.025
1-3-4-12	安装水沟盖板	10m³	12.1/10	

3.5　边坡防护及挡土墙工程清单计量与计价

边坡防护及挡土墙主要包括护坡、护面墙，挡土墙，锚杆、锚定板挡土墙，加筋土挡土墙，喷射混凝土和喷浆边坡防护，预应力锚索边坡加固，抗滑桩，河道防护。

3.5.1　边坡防护及挡土墙工程清单工程量计量规则

（1）护坡、护面墙工程量清单计量规则见表 3-31。

护坡、护面墙工程量清单计量规则　　　　　　　　　　　表 3-31

子目号	子目名称	单位	工程量计量	工程内容
208	护坡、护面墙			
208-1	护坡垫层	m³	依据图纸所示位置和密实厚度，按照不同材料类别的垫层体积以立方米为单位计量	1. 坡面清理、修整； 2. 垫层材料铺筑； 3. 压实、捣固； 4. 弃渣处理
208-2	干砌片石护坡	m³	1. 依据图纸所示位置和铺砌厚度，扣除急流槽所占部分，以立方米为单位计量； 2. 含碎落台、护坡平台满铺干砌片石数量	1. 清理边坡，坡面夯实，基础开挖； 2. 铺砌片石； 3. 回填； 4. 清理现场
208-3	浆砌片石护坡			

续上表

子目号	子目名称	单位	工程量计量	工程内容
-a	满铺浆砌片石护坡	m³	1.依据图纸所示位置和铺砌厚度、水泥砂浆强度,按照铺砌体积以立方米为单位计量; 2.含碎落台、护坡平台满铺浆砌片石数量; 3.扣除急流槽所占体积	1.清理边坡,坡面夯实,基础开挖; 2.浆砌片石; 3.勾缝、抹面、养护; 4.回填; 5.清理现场
-b	浆砌骨架护坡	m³	1.依据图纸所示位置和铺砌厚度、骨架形式、水泥砂浆强度,按照护坡体积以立方米为单位计量; 2.含碎落台、护坡平台浆砌骨架数量; 3.扣除急流槽所占体积	1.清理边坡,坡面夯实,基础开挖; 2.浆砌片石; 3.勾缝、抹面、养护; 4.回填; 5.清理现场
-c	现浇混凝土	m³	依据图纸所示位置及断面尺寸,按照不同强度等级混凝土浇筑的现浇混凝土体积以立方米为单位计量	1.清理边坡,坡面夯实,基坑开挖; 2.模板制作、安装、拆除; 3.混凝土拌和、运输、浇筑、养护; 4.回填; 5.清理现场
208-4	混凝土护坡			
-a	现浇混凝土满铺护坡	m³	1.依据图纸所示位置及断面尺寸,按照不同强度等级混凝土浇筑的实体体积以立方米为单位计量; 2.含碎落台、护坡平台满铺混凝土数量; 3.扣除急流槽所占体积	1.清理边坡,坡面夯实,基坑开挖; 2.模板制作、安装、拆除; 3.混凝土拌和、运输、浇筑、养护; 4.回填; 5.清理现场
-b	混凝土预制件满铺护坡	m³	1.依据图纸所示位置和构造尺寸,按照不同强度等级混凝土预制件铺砌坡面的实体体积以立方米为单位计量; 2.含碎落台、护坡平台满铺混凝土数量; 3.扣除急流槽所占体积	1.清理边坡,坡面夯实,基坑开挖; 2.预制场建设; 3.预制件预制、运输、装卸; 4.预制件安装; 5.回填; 6.清理现场
……	……			
208-5	护面墙			
-a	浆砌片(块)石护面墙	m³	1.依据图纸所示位置和断面尺寸,按图示不同强度等级水泥砂浆砌片(块)石的体积以立方米为单位计量; 2.不扣除沉降缝、泄水孔、预埋件所占体积	1.基坑开挖、地基平整夯实、废方弃运; 2.边坡清理夯实; 3.浆砌片石,设泄水孔及其滤水层; 4.接缝处理; 5.勾缝、抹面、墙背排水设施设置、填料分层填筑; 6.清理现场

续上表

子目号	子目名称	单位	工程量计量	工 程 内 容
-b	现浇混凝土护面墙	m³	1. 依据图纸所示位置和断面尺寸,按图示不同强度等级混凝土体积以立方米为单位计量; 2. 不扣除沉降缝、泄水孔、预埋件所占体积	1. 场地清理; 2. 基坑开挖,地基平整夯实,废方弃运; 3. 边坡清理夯实; 4. 模板制作、安装、拆除; 5. 混凝土拌和、运输、浇筑、养护; 6. 泄水孔及其滤水层、沉降缝设置; 7. 墙背排水设施设置、填料分层填筑; 8. 清理现场
……	……			
208-6	封面			
-a	封面	m²	依据图纸所示位置及断面尺寸,按照不同厚度的封面面积以平方米为单位计量	1. 坡面清理; 2. 封面施工; 3. 清理现场
208-7	捶面			
-a	捶面	m²	依据图纸所示位置及断面尺寸,按照不同厚度的捶面面积以平方米为单位计量	1. 坡面清理; 2. 捶面施工; 3. 清理现场
208-8	坡面柔性防护			
-a	主动防护系统	m²	1. 依据图纸所示,按主动防护系统防护的坡面面积以平方米为单位计量; 2. 网片搭接部分作为附属工作,不另行计量	1. 坡面清理; 2. 脚手架安设、拆除、完工清理和保养; 3. 支撑绳穿绳、张拉、固定; 4. 挂网、网片连接、缝合、固定; 5. 钻孔、清孔、套管装拔,锚杆制作、安装、锚固、锚头处理; 6. 浆液制备、注浆、养护; 7. 网面调整
-b	被动防护系统	m²	1. 依据图纸所示,按被动防护系统网面面积以平方米为单位计量; 2. 网片搭接部分作为附属工作,不另行计量	1. 坡面清理; 2. 基础及立柱施工; 3. 支撑绳穿绳、张拉、固定; 4. 挂网、网片连接、缝合、固定; 5. 钻孔、清孔、套管装拔,锚杆制作、安装、锚固、锚头处理; 6. 浆液制备、注浆、养护; 7. 网面调整

(2)挡土墙工程量清单计量规则见表3-32。

挡土墙工程量清单计量规则　　　　表3-32

子目号	子目名称	单位	工程量计量	工程内容
209	挡土墙			
209-1	垫层	m³	依据图纸所示位置及垫层密实厚度,按照不同材料的垫层体积以立方米为单位计量	1.基底清理; 2.临时排水; 3.铺筑垫层; 4.夯实
209-2	基础			
-a	浆砌片(块)石基础	m³	依据图纸所示位置和断面尺寸,按图示不同强度等级水泥砂浆砌石体积以立方米为单位计量	1.基坑开挖、清理、平整、夯实,废方弃运; 2.拌、运砂浆; 3.砌筑、养护; 4.回填
-b	混凝土基础	m³	依据图纸所示位置和断面尺寸,按图示不同强度等级混凝土体积以立方米为单位计量	1.基坑开挖、清理、平整、夯实; 2.混凝土制作、运输; 3.浇筑、振捣; 4.养护; 5.回填; 6.清理现场
209-3	砌体挡土墙			
-a	浆砌片(块)石	m³	1.依据图纸所示位置和断面尺寸,按图示不同强度等级水泥砂浆砌石体积以立方米为单位计量; 2.不扣除沉降缝、泄水孔、预埋件所占体积	1.基坑开挖、清理、平整、夯实; 2.浆砌片(块)石,设泄水孔及其滤水层; 3.接缝处理; 4.勾缝、抹面、墙背排水设施设置、墙背填料分层填筑; 5.清理、废方弃运
209-4	干砌挡土墙	m³	1.依据图纸所示位置和断面尺寸,按图示干砌体积以立方米为单位计量; 2.不扣除沉降缝、泄水孔所占体积	1.基坑开挖、清理、平整、夯实; 2.砌筑片(块)石,泄水孔及其滤水层; 3.接缝处理; 4.抹面; 5.墙背排水设施设置、墙背填料分层填筑; 6.清理、废方弃运
209-5	混凝土挡土墙			
-a	混凝土	m³	1.依据图纸所示位置和断面尺寸,按图示不同强度等级混凝土体积以立方米为单位计量; 2.不扣除沉降缝、泄水孔、预埋件所占体积	1.基坑开挖、清理、平整、夯实; 2.模板制作、安装、拆除; 3.混凝土拌和、运输、浇筑、养护; 4.泄水孔及其滤水层、沉降缝设置; 5.墙背填料分层填筑; 6.清理、弃方处理

续上表

子目号	子目名称	单位	工程量计量	工程内容
-b	钢筋	kg	1. 依据图纸所示及钢筋表所列钢筋质量以千克为单位计量； 2. 固定钢筋的材料、定位架立钢筋、钢筋接头、吊装钢筋、钢板、铁丝作为钢筋作业的附属工作，不另行计量	1. 钢筋的保护、储存及除锈； 2. 钢筋整直、接头； 3. 钢筋截断、弯曲； 4. 钢筋安设、支承及固定

(3) 锚杆、锚定板挡土墙工程量清单计量规则见表3-33。

锚杆、锚定板挡土墙工程量清单计量规则　　　　　表3-33

子目号	子目名称	单位	工程量计量	工程内容
210	锚杆、锚定板挡土墙			
210-1	锚杆挡土墙			
-a	现浇混凝土立柱	m³	依据图纸所示位置及断面尺寸，按照不同强度等级混凝土体积以立方米为单位计量	1. 基坑开挖、清理、平整、夯实； 2. 模板制作、安装、拆除； 3. 混凝土拌和、运输、浇筑、养护； 4. 锚头制作、防锈及防水封闭； 5. 清理现场
-b	预制安装混凝土立柱	m³	依据图纸所示位置及断面尺寸，按照不同强度等级混凝土立柱体积以立方米为单位计量	1. 基础开挖； 2. 预制场建设； 3. 预制件预制、运输、装卸； 4. 预制件安装； 5. 锚头制作、防锈及防水封闭； 6. 清理现场
……	……			
210-2	锚定板挡土墙			
-a	现浇混凝土肋柱	m³	依据图纸所示位置及断面尺寸，按照不同强度等级混凝土体积以立方米为单位计量	1. 基坑开挖、清理、平整、夯实； 2. 模板制作、安装、拆除； 3. 混凝土拌和、运输、浇筑、养护； 4. 锚头制作、防锈及防水封闭； 5. 清理现场
-b	预制安装混凝土肋柱	m³	依据图纸所示位置及断尺寸，按照不同强度等级混凝土体积以立方米为单位计量	1. 基础开挖； 2. 预制场建设； 3. 预制件预制、运输、装卸； 4. 预制件安装； 5. 锚头制作、防锈及防水封闭； 6. 清理现场

续上表

子目号	子目名称	单位	工程量计量	工程内容
……	……			
210-3	现浇墙身混凝土、附属部位混凝土			
-a	现浇混凝土墙身	m³	1.依据图纸所示位置和断面尺寸,按图示不同强度等级混凝土体积以立方米为单位计量; 2.不扣除沉降缝、泄水孔、预埋件所占体积	1.模板制作、安装、拆除; 2.混凝土拌和、运输、浇筑、养护; 3.墙背回填及墙背排水系统施工; 4.清理现场
-b	现浇附属部位混凝土	m³	依据图纸所示断面尺寸,按照不同强度等级混凝土体积以立方米为单位计量	1.模板制作、安装、拆除; 2.混凝土拌和、运输、浇筑、养护; 3.清理现场
210-4	现浇桩基混凝土	m³	1.依据图纸所示位置及断面尺寸,按照不同强度等级混凝土体积以立方米为单位计量; 2.护壁混凝土为桩基混凝土的附属工作,不另行计量	1.钻孔; 2.模板制作、安装、拆除; 3.护壁及桩基混凝土拌和、运输、浇筑、养护; 4.墙背回填、压实、排水措施施工; 5.清理现场
210-5	锚杆及拉杆			
-a	锚杆	kg	依据图纸所示位置,按照锚杆设计长度和规格计算质量,以千克为单位计量	1.坡面清理; 2.钻孔; 3.制作安放锚杆; 4.灌浆; 5.拉拔试验; 6.锚固; 7.锚头处理
-b	拉杆	kg	依据图纸所示位置,按照拉杆设计长度和规格计算质量,以千克为单位计量	1.拉杆沟槽开挖、废方弃运; 2.拉杆制作、防锈处理、安装; 3.拉杆与肋柱、锚定板连接处的防锈处理; 4.锚头制作、防锈处理、防水封闭、养护
……	……			

(4)加筋土挡土墙工程量清单计量规则见表3-34。

加筋土挡土墙工程量清单计量规则 表3-34

子目号	子目名称	单位	工程量计量	工程内容
211	加筋土挡土墙			
211-1	基础			
-a	浆砌片石基础	m³	依据图纸所示位置和断面尺寸,按示不同强度等级水泥砂浆砌石体积以立方米为单位计量	1.基坑开挖、清理、平整、夯实,废方弃运; 2.拌、运砂浆; 3.砌筑; 4.养护; 5.回填
-b	混凝土基础	m³	依据图纸所示位置和断面尺寸,按图示不同强度等级混凝土体积以立方米为单位计量	1.基坑开挖、清理、平整、夯实; 2.混凝土制作、运输; 3.浇筑、振捣; 4.养护; 5.回填; 6.清理现场
211-2	混凝土帽石			
-a	现浇帽石混凝土	m³	依据图纸所示断面尺寸,按照不同强度等级混凝土体积以立方米为单位计量	1.模板制作、安装、拆除; 2.混凝土拌和、运输、浇筑、养护; 3.清理现场
211-3	预制安装混凝土墙面板	m³	1.依据图纸所示位置及断面尺寸,按照不同强度等级混凝土体积以立方米为单位计量; 2.加筋土挡土墙的路堤填料第204节计量	1.沟槽开挖; 2.预制场建设; 3.预制件预制、运输、装卸; 4.预制件安装; 5.墙背回填(不含路堤填料的回填)及墙背排水系统施工; 6.清理现场
211-4	加筋带			
-a	扁钢带	kg	依据图纸所示位置和断面尺寸,按铺设数量换算为质量以千克为单位计量	1.场地清理; 2.铺设加筋带; 3.填料摊平; 4.分层压实
-b	钢筋混凝土带	m³	1.依据图纸所示位置和断面尺寸,按不同强度等级混凝土体积以立方米为单位计量; 2.混凝土中的钢筋作为加筋带的附属工作,不另行计量	1.场地清理; 2.铺设加筋带; 3.填料摊平; 4.分层压实
……	……			

续上表

子目号	子目名称	单位	工程量计量	工程内容
211-5	钢筋	kg	1. 依据图纸所示及钢筋表所列钢筋质量以千克为单位计量； 2. 固定钢筋的材料、定位架立钢筋、钢筋接头、吊装钢筋、钢板、铁丝作为钢筋作业的附属工作，不另行计量； 3. 加筋带中的钢筋不另行计量	1. 钢筋的保护、储存及除锈； 2. 钢筋整直、接头； 3. 钢筋截断、弯曲； 4. 钢筋安设、支承及固定

（5）喷射混凝土和喷浆边坡防护工程量清单计量规则见表3-35。

喷射混凝土和喷浆边坡防护工程量清单计量规则　　表3-35

子目号	子目名称	单位	工程量计量	工程内容
212	喷射混凝土和喷浆边坡防护			
212-1	挂网土工格栅喷浆防护边坡			
-a	喷浆防护边坡	m²	依据图纸所示位置及砂浆强度等级，按照不同厚度喷浆防护面积以平方米为单位计量	1. 岩面清理； 2. 设备安装及拆除； 3. 水泥砂浆拌制； 4. 喷射； 5. 养护
-b	铁丝网	kg	1. 依据图纸所示位置，按照设计数量以千克为单位计量； 2. 因搭接而增加的铁丝网不予计量	1. 清理坡面； 2. 铁丝网安设、支承及固定
……	……			
212-2	挂网锚喷混凝土防护边坡（全坡面）			
-a	喷射混凝土防护边坡	m²	依据图纸所示位置及混凝土浆强度等级，按照不同厚度喷射混凝土防护面积以平方米为单位计量	1. 岩面清理； 2. 设备安装及拆除； 3. 混凝土拌制； 4. 喷射； 5. 沉降缝设置； 6. 养护
-b	钢筋网	kg	1. 依据图纸所示位置，按照设计数量以千克为单位计量； 2. 因搭接而增加的钢筋网不予计量	1. 清理坡面； 2. 钢筋网安设、支承及固定

续上表

子目号	子目名称	单位	工程量计量	工程内容
……	……			
212-3	坡面防护			
-a	喷浆边坡防护	m²	依据图纸所示位置及砂浆强度等级,按照不同厚度喷浆防护面积以平方米为单位计量	1.岩面清理; 2.设备安装与拆除; 3.水泥砂浆拌制; 4.喷射; 5.养护
-b	喷射混凝土边坡防护	m²	依据图纸所示位置及混凝土强度等级,按照不同厚度喷射混凝土面积以平方米为单位计量	1.岩面清理; 2.设备安装与拆除; 3.混凝土拌制; 4.喷射; 5.养护
212-4	土钉支护			
-a	钻孔注浆钉	m	依据图纸所示位置,按图示不同直径的土钉钻孔桩长度以米为单位计量	1.清理坡面; 2.钻孔; 3.制作släpp放土钉钢筋; 4.浆体配置、运输、注浆
-b	击入钉	kg	依据图纸所示位置,按图示击入金属钉的质量以千克为单位计量	1.清理坡面; 2.土钉制作; 3.土钉击入
……	……			

(6)预应力锚索边坡加固工程量清单计量规则见表3-36。

预应力锚索边坡加固工程量清单计量规则 表3-36

子目号	子目名称	单位	工程量计量	工程内容
213	预应力锚索边坡加固			
213-1	预应力钢绞线	m	依据图纸所示位置和钢绞线规格,按照各类锚索锚固端底至锚具外侧的长度,以米为单位计量	1.坡面清理; 2.脚手架安设、拆除、完工清理和保养; 3.钻孔、清孔; 4.锚索成束、支架及导向头制作安装、锚固; 5.浆液制备、注浆、养护; 6.锚头防腐处理、封锚
213-2	无黏结预应力钢绞线	m	依据图纸所示位置和钢绞线规格,按照各类锚索锚固端底至锚具外侧的长度,以米为单位计量	1.坡面清理; 2.脚手架安设、拆除、完工清理和保养; 3.钻孔、清孔; 4.锚索成束、支架及导向头制作安装、锚固; 5.浆液制备、注浆、养护; 6.锚头防腐处理、封锚

续上表

子目号	子目名称	单位	工程量计量	工程内容
213-3	锚杆			
-a	钢筋锚杆	kg	依据图纸所示位置和规格、型号,按照安装的锚杆质量以千克为单位计量	1. 坡面清理; 2. 脚手架安设、拆除、完工清理和保养; 3. 钻孔、清孔、套管装拔; 4. 锚杆制作、安装、锚固、锚头处理; 5. 浆液制备、注浆、养护
-b	预应力钢筋锚杆	kg	依据图纸所示位置和规格、型号,按照安装的锚杆质量以千克为单位计量	1. 坡面清理; 2. 脚手架安设、拆除、完工清理和保养; 3. 钻孔、清孔、套管装拔; 4. 锚杆制作、安装; 5. 浆液制备、一次注浆、锚固; 6. 张拉、二次注浆
213-4	混凝土框格梁	m³	依据图纸所示位置及断面尺寸,按照不同强度等级混凝土浇筑体积以立方米为单位计量	1. 边坡清理; 2. 模板制作、安装、拆除; 3. 混凝土制作、运输、浇筑、养护; 4. 清理现场
213-5	混凝土锚固板	m³	依据图纸所示位置及断面尺寸,按照不同强度等级混凝土浇筑体积以立方米为单位计量	1. 边坡清理; 2. 模板制作、安装、拆除; 3. 混凝土制作、运输、浇筑、养护; 4. 清理现场
213-6	钢筋	kg	1. 依据图纸所示及钢筋表所列钢筋质量以千克为单位计量; 2. 固定钢筋的材料、定位架立筋、钢筋接头、吊装钢筋、钢板、铁丝作为钢筋作业的附属工作,不另行计量	1. 钢筋的保护、储存及除锈; 2. 钢筋整直、接头; 3. 钢筋截断、弯曲; 4. 钢筋安设、支承及固定

(7)抗滑桩工程量清单计量规则见表3-37。

抗滑桩工程量清单计量规则　　　　　　表3-37

子目号	子目名称	单位	工程量计量	工程内容
214	抗滑桩			
214-1	现浇混凝土桩			
-a	混凝土	m³	1. 依据图纸所示位置及断面尺寸,按照不同强度等级混凝土体积以立方米为单位计量; 2. 护壁混凝土及护壁钢筋为桩基混凝土的附属工作,不另行计量; 3. 声测管为现浇混凝土桩的附属工作,不另行计量	1. 场地清理; 2. 成孔; 3. 模板制作、安装、拆除; 4. 护壁及桩身混凝土制作、运输、浇筑、养护; 5. 桩的无损检测; 6. 清理现场

续上表

子目号	子目名称	单位	工程量计量	工程内容
214-2	桩板式抗滑挡土墙			
-a	挡土板	m³	依据图纸所示位置及断面尺寸，按照不同强度等级混凝土体积以立方米为单位计量	1. 沟槽开挖； 2. 预制场建设； 3. 预制件预制、运输、装卸； 4. 预制件安装； 5. 墙背回填及墙背排水系统施工； 6. 清理现场
214-3	钢筋	kg	1. 依据图纸所示及钢筋表所列钢筋质量以千克为单位计量； 2. 固定钢筋的材料、定位架立钢筋、钢筋接头、吊装钢筋、钢板、铁丝作为钢筋作业的附属工作，不另行计量； 3. 抗滑桩的护壁钢筋不予计量	1. 钢筋的保护、储存及除锈； 2. 钢筋整直、接头； 3. 钢筋截断、弯曲； 4. 钢筋安设、支承及固定

（8）河道防护工程量清单计量规则见表3-38。

河道防护工程量清单计量规则　　　　　　表3-38

子目号	子目名称	单位	工程量计量	工程内容
215	河道防护			
215-1	河床铺砌			
-a	浆砌片石铺砌	m³	依据图纸所示位置和断面尺寸，按图示不同强度等级水泥砂浆铺砌体积以立方米为单位计量	1. 临时排水； 2. 基坑开挖； 3. 拌、运砂浆； 4. 砌筑； 5. 养护； 6. 清理现场
-b	混凝土铺砌	m³	依据图纸所示位置及断面尺寸，按不同强度等级混凝土铺筑体积以立方米为单位计量	1. 临时排水； 2. 基坑开挖； 3. 模板制作、安装、拆除； 4. 混凝土拌和、运输、浇筑、养护； 5. 清理现场
215-2	导流设施（护岸墙、顺坝、丁坝、调水坝、锥坡）			
-a	浆砌片石	m³	图纸所示位置和断面尺寸，按图示不同强度等级水泥、砂浆砌石体积以立方米为单位计量	1. 围堰、临时排水工程施工； 2. 基坑修整、清理夯实，废方弃运； 3. 拌、运砂浆； 4. 砌筑、勾缝、抹面、养护； 5. 墙背回填、夯实

续上表

子目号	子目名称	单位	工程量计量	工程内容
-b	混凝土	m³	依据图纸所示位置及断面尺寸，按照不同强度等级混凝土浇筑体积以立方米为单位计量	1.围堰、临时排水工程施工； 2.基坑修整、清理夯实，废方弃运； 3.模板制作、安装、拆除、修理及保养； 4.混凝土制作、运输、浇筑、振捣、养护； 5.墙背回填、夯实
……	……			
215-3	抛石防护	m³	依据图纸所示位置和断面尺寸，按照抛填石料体积以立方米为单位计量	1.移船定位； 2.抛填； 3.测量检查

3.5.2 计量与支付

1）护面墙

（1）支付

按上述规定计量，经监理人验收并列入了工程量清单的以下支付子目的工程量，其每一计量单位，将以合同单价支付。此项支付包括材料、劳力、设备、运输等及其为完成防护工程所必需的费用，是对完成工程的全部偿付。

（2）支付子目

见表3-39。

支付子目　　　　　　　　　表3-39

子目号	子目名称	单位
208-1	护坡垫层	m³
208-2	干砌片石护坡	m³
208-3	浆砌片石护坡	
-a	满铺浆砌片石护坡	m³
-b	浆砌骨架护坡	m³
-c	现浇混凝土	m³
208-4	混凝土护坡	
-a	现浇混凝土满铺护坡	m³
-b	混凝土预制件满铺护坡	m³
……	……	
208-5	护面墙	
-a	浆砌片（块）石护面墙	m³
-b	现浇混凝土护面墙	m³
-c	预制安装混凝土护面墙	m³
208-6	封面	
-a	封面	m²

续上表

子 目 号	子 目 名 称	单 位
208-7	捶面	
-a	捶面	m²
208-8	坡面柔性防护	
-a	主动防护系统	m²
-b	被动防护系统	m²

2）砌体挡土墙与混凝土挡土墙

（1）支付

按上述规定计量,经监理人验收并列入了工程量清单的以下支付子目的工程量,其每一计量单位,将以合同单价支付。此项支付包括材料、劳力、设备、运输等及其为完成防护工程所必需的费用,是对完成工程的全部偿付。

（2）支付子目

见表3-40。

支 付 子 目　　　　　　　　表3-40

子 目 号	子 目 名 称	单 位
209-1	垫层	m³
209-2	基础	
-a	浆砌片(块)石基础	m³
-b	混凝土基础	m³
209-3	砌体挡土墙	
-a	浆砌片(块)石	m³
209-4	干砌挡土墙	m³
209-5	混凝土挡土墙	
-a	混凝土	m³
-b	钢筋	kg

3）锚杆挡土墙

（1）支付

按上述规定计量,经监理人验收并列入工程量清单的以下支付子目的工程量,其每一计量单位,将以合同单价支付。此项支付包括材料、劳力、设备、运输、试验等及其他为完成工程的全部偿付。

（2）支付子目

见表3-41。

支 付 子 目　　　　　　　　表3-41

子 目 号	子 目 名 称	单 位
210-1	锚杆挡土墙	
-a	现浇混凝土立柱	m³
-b	预制安装混凝土立柱	m³

续上表

子 目 号	子 目 名 称	单 位
-c	预制安装混凝土挡板	m³
210-2	锚定板挡土墙	
-a	现浇混凝土肋柱	m³
-b	预制安装混凝土肋柱	m³
-c	预制安装混凝土锚定板	m³
210-3	现浇墙身混凝土、附属部位混凝土	
-a	现浇混凝土墙身	m³
-b	现浇附属部位混凝土	m³
210-4	现浇桩基混凝土	m³
210-5	锚杆及拉杆	
-a	锚杆	kg
-b	拉杆	kg
210-6	钢筋	kg

4）加筋土挡墙

（1）支付

按上述规定计量，经监理人验收并列入了工程量清单的以下支付子目的工程量，其每一计量单位，将以合同单价支付。此项支付包括材料、劳力、设备、运输等及其他为完成加筋挡土墙工程所必需的费用，是对完成工程的全部偿付。

（2）支付子目

见表3-42。

支 付 子 目　　　　　　表3-42

子 目 号	子 目 名 称	单 位
211-1	基础	
-a	浆砌片石基础	m³
-b	混凝土基础	m³
211-2	混凝土帽石	
-a	现浇帽石混凝土	m³
211-3	预制安装混凝土墙面板	m³
211-4	加筋带	
-a	扁钢带	kg
-b	钢筋混凝土带	m³
……	……	
211-5	钢筋	kg

5）喷射混凝土和喷浆边坡防护

（1）支付

按上述规定计量，经监理人验收并列入了工程量清单的以下支付子目的工程量，其每一计量单位，将以合同单价支付。此项支付包括材料、劳力、设备、运输等及其为完成防护工程所必需的费用,是对完成工程的全部偿付。

(2)支付子目

见表3-43。

支 付 子 目   表3-43

子 目 号	子 目 名 称	单 位
212-1	挂网土工格栅喷浆防护边坡	
-a	喷浆防护边坡	m²
-b	铁丝网	kg
……	……	
212-2	挂网锚喷混凝土防护边坡(全坡面)	
-a	喷射混凝土防护边坡	m²
-b	钢筋网	kg
……	……	
212-3	坡面防护	
-a	喷浆边坡防护	m²
-b	喷射混凝土边坡防护	m²
212-4	土钉支护	
-a	钻孔注浆钉	m
-b	击入钉	kg
……	……	

3.5.3 例题分析

一般工程项目中,挡土墙类型的选择直接影响成本。安全范围内,在能采用低成本的挡土墙类型时,尽量避免选用耗用混凝土、浆砌片石和钢筋多的挡土墙类型。

【例题3-12】 某路段地势较陡,需要布设挡土墙,挖基土石比例为4:6,且基坑回填的系数取0.15~0.2,挖基的体积算作墙总体积的0.75倍。挡土墙的立面图和平面图如图3-12所示,衡重式路肩墙工程量见表3-44。问在仰斜式路肩挡土墙与衡重式路肩挡土墙之中选择哪种作为挡土墙?计算该段挡土墙各项清单工程量、定额工程量。

衡重式路肩墙工程量   表3-44

挡土墙高度(m)	总截面面积(m²)	基础面积(m²)		墙身面积(m²)	
		浆砌 M7.5	混凝土 C20	浆砌 M7.5	混凝土 C20
3.00	3.82	0.66		3.16	
4.00	5.73	0.81		4.92	
5.00	8.03	0.99		7.04	
6.00	10.88	1.37		9.51	
7.00	14.30	1.77		12.53	
8.00	18.21	2.27		15.94	
9.00	22.90	2.88		20.02	
10.00	27.81	3.52		24.29	

续上表

挡土墙高度(m)	总截面面积(m²)	基础面积(m²)		墙身面积(m²)	
		浆砌 M7.5	混凝土 C20	浆砌 M7.5	混凝土 C20
11.00	32.40	3.79		28.61	
12.00	40.91	5.26		35.65	
13.00	46.82		5.61	37.58	3.63
14.00	55.16		6.57	40.49	8.10
15.00	64.50		7.41	43.28	13.81
16.00	76.54		9.39	46.47	20.68
17.00	85.28		9.97	47.64	27.67
18.00	95.64		11.22	48.76	35.66
19.00	105.82		11.91	49.58	44.33
20.00	120.45		14.21	51.29	54.95

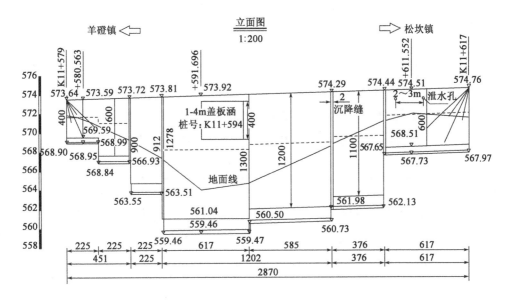

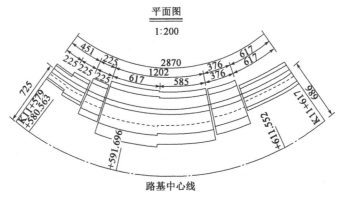

图 3-12 挡土墙立面与平面图(高程单位:m;尺寸单位:cm)

挡土墙的高度小于或等于 12m 时,挡土墙全部采用浆砌片石;当挡土墙的高度大于 12m 时,挡土墙的下部采用 C20 混凝土,上部采用浆砌片石。

解：

(1) 因地势陡峭，衡重式路肩挡土墙较仰斜式挡土墙稳定，所以选择衡重式挡土墙。

(2) 计算各个不同高度的挡土墙长度：

4m 高的挡土墙长度 = 225cm = 2.25m

6m 高的挡土墙长度 = 2.25 + 6.17 = 8.42(m)

9m 高的挡土墙长度 = 2.25m

11m 高的挡土墙长度 = 3.76m

12m 高的挡土墙长度 = 5.85m

13m 高的挡土墙长度 = 6.17m

基础体积 = 基础截面面积 × 长度

墙身体积 = 墙身截面面积 × 长度

挖基体积(土) = 总截面面积 × 长度 × 0.75 × 0.4

挖基体积(石) = 总截面面积 × 长度 × 0.75 × 0.6

基坑回填体积 = (基础体积 + 墙身体积) × (0.15 ~ 0.20)

4m 高的挡土墙体基础浆砌片石体积 = 0.81 × 2.25 = 1.82(m^3)

4m 高的挡土墙体墙身浆砌片石体积 = 4.92 × 2.25 = 11.07(m^3)

4m 高的挡土墙体挖基土方体积 = 5.73 × 2.25 × 0.75 × 0.4 = 4(m^3)

4m 高的挡土墙体挖基石方体积 = 5.73 × 2.25 × 0.75 × 0.6 = 6(m^3)

4m 高的挡土墙基坑回填体积 = (1.82 + 11.07) × 0.155 = 2(m^3)

同理可得其他墙高的挡土墙各个部分体积，计算结果见表3-45。

挡土墙工程量　　　　　表3-45

墙高(m)	长度(m)	基础体积(m^3) 浆砌M7.5	基础体积(m^3) 混凝土C20	墙身体积(m^3) 浆砌M7.5	墙身体积(m^3) 混凝土C20	挖基体积(m^3) 土	挖基体积(m^3) 石	基坑回填(m^3)
3	0	—		—		0	0	0
4	2.25	1.82		11.07		4	6	2
5	0	—		—		0	0	0
6	8.42	11.54		80.07		27	41	15
7	0	—		—		0	0	0
8	2.25	5.11		35.87		12	18	6
9	3.76	10.83		75.28		26	39	14
10	0	—		—		0	0	0
11	3.76	14.25		107.57		37	55	18
12	5.85	30.77		208.55		72	108	36
13	6.17		34.61	231.87	22.40	87	130	47
本段合计	32.46	74.32	34.61	750.28	22.40	264	397	138

注：基坑回填 = (浆砌片石 + 片石混凝土) × (0.15 ~ 0.20)

泄水管的数量为 28.7 ÷ 2 = 14.35(个)，因此可以 2 ~ 3m 布设一个，取14个。

对应清单子目见表3-46。

清 单 子 目　　　　　　　　　　　表3-46

清单编号	名　　称	单　位	清单数量
209-3	砌体挡土墙		
-a	M7.5浆砌片石	m³	824.6
209-5	混凝土挡土墙		
-a	C20混凝土	m³	57.01

209-3-a对应定额见表3-47。

定 额 组 价　　　　　　　　　　　表3-47

定额编号	定额名称	定额单位	工程量
4-11-7-13	泄水管	10个	1.4
1-4-16-5	浆砌片石基础	10m³	7.432
1-4-16-7	浆砌片石墙身	10m³	75.028
4-1-3-3	基坑≤1500m³ 1.0m³内挖掘机挖土	1000m³	0.177
4-1-3-5	基坑≤1500m³石方	1000m³	0.267
1-4-26-3	填内芯	100m³	1.38

209-5-a对应定额见表3-48。

定 额 组 价　　　　　　　　　　　表3-48

定额编号	定额名称	定额单位	工程量
1-4-19-2	现浇混凝土挡土墙	10m³	5.701
4-1-3-3	基坑≤1500m³ 1.0m³内挖掘机挖土	1000m³	0.087
4-1-3-5	基坑≤1500m³石方	1000m³	0.13

3.6　例 题 分 析

【例题3-13】　某平原微丘高速公路Ⅰ标段,起点桩号为K0+000,终点桩号为K9+000,设计资料如下:

(1)K0+000~K6+000设计需清除表土6km,清表宽度为50m,清表厚度为30cm,弃土运至弃土场,平均运距为6km。

(2)K6+000~K7+200需砍挖灌木林(稀),清理宽度为45m,胸径100~120mm的树木共80棵、130~150mm共20棵。

(3)设计路基宽度为38m,各段路基设计情况见表3-49,每公里路基土方处理情况见表3-50。

(4)借土场面积25000m²,需除草,由借土场至填方路基需修建一条长1.5km、宽7m的无路面汽车便道。每公里路基土、石挖填方工程量见表3-50。

路基设计情况汇总表   表3-49

起 讫 桩 号	长度(m)	路基挖填情况	路基处理情况
K0+000~K1+800	1800	填方路段	路基需填前压实,平均宽度为43m;其中K0+900~K1+020路段路堤两侧超填宽度为30cm,路堤平均高度为3.5m,达到路基压实要求后需刷坡,表3-54中未包括此部分工程量
K1+800~K3+000	1200	半填半挖路段	K2+150~K2+780人工挖土质台阶,宽度为40m
K3+000~K4+000	1000	填方路段	填前压实,平均宽度为45m
K4+000~K7+000	3000	挖方路段	
K7+000~K9+000	2000	填方路段	深耕地,填前挖松压实,平均宽度为42m,长度为1200m,其余填前压实

招标文件要求:灌木需运至承包人驻地堆放整齐;树根运至弃土场的平均运距为2km。

回答下列问题:

(1)编制路基工程清单表格。

(2)针对此部分清单编制投标报价。

(3)若承包人实际清表6.2km,清表平均宽度为53m,清表厚度为30cm,灌木林挖除面积不变,则202-1a清理现场清单如何计量与支付?

(4)根据设计及监理工程师核实路基横断面图施工,实际完成借土回填方总量52256m³(压实方),其中包括:

①保证路基压实度而增加的超填方280m³;

②由于远运利用汽车运输损耗增加的借土回填方935m³;

③因回填压实路基下沉增加借土回填量6285m³。

则204-1e借土填方清单如何计量与支付?

解:

(1)根据题意,此部分工程共涉及如下清单项目:

①202-1a 清理现场:$50 \times 6000 + 45 \times 1200 = 354000(m^2)$

②202-1b 砍伐树木:$80 + 20 = 100(棵)$

③202-1c 挖除树根:$80 + 20 = 100(棵)$

④203-1a 挖土方:$3620 + 75278 + 24664 = 103562(m^3)$

⑤204-1b 利用土方:$1000 \div 1.23 + 2337 \div 1.16 + 5870 \div 1.09 + 1050 \div 1.23 + 72941 \div 1.16 + 18794 \div 1.09 = 89189(m^3)$

⑥204-1e 借土填方:$58222 \div 1.16 = 50191(m^3)$

⑦利用加权平均法计算平均运距。

a. 远运利用土方平均运距:

$$\frac{(26200+993) \times 1.5 + (700+24786+9850) \times 0.6 + (350+12503+7951) \times 0.4 + 9452 \times 1.7}{26200+993+700+24786+9850+350+12503+7951+9452}$$

$=0.93(km)$

b. 弃土平均运距:

$$\frac{215 \times 4.6 + 500 \times 2.7 + 235 \times 1.5 + 285 \times 2.6 + 335 \times 4.8}{1570} = 3.2(km)$$

c. 借土方平均运距:

每公里路基土、石挖填方工程量

表 3-50

桩号	距离(m)	挖方(m³)				填土方(压实方)(m³)	本桩利用(m³)			挖余(m³)			填缺(m³)	远运利用				借方		弃方	
		总体积	松土	普通土	硬土		松土	普通土	硬土	松土	普通土	硬土		松土(m³)	普通土(m³)	硬土(m³)	运距(km)	普通土(m³)	运距(km)	土方(m³)	运距(km)
1	2	3	4	5	6	7	8	9	10	11	12	13	14	15	16	17	18	19	20	21	22
K0+00~K1+000	1000	1865	1015	850		23589	800	850		215			22206					25759	2	215	4.6
K1+00~K2+000	1000	2052			2052	19872			2052				17989					20868	1.3		
K2+00~K3+000	1000	4865	500	685	3680	32413		685	3680	500			28446		26200	993	1.5	5741	1.7	500	2.7
K3+00~K4+000	1000	435	435			36182	200			235			36019	700	24786	9850	0.6	5854	2.6	235	1.5
K4+00~K5+000	1000	35621	985	24786	9850					985	24786	9850								285	2.6
K5+00~K6+000	1000	41332		35652	5680					0	35652	5680									
K6+00~K7+000	1000	16452	685	12503	3264					685	12503	3264									
K7+00~K8+000	1000	453		315	138	18756		315	138				18358	350	12503	7951	0.4			335	4.8
K8+00~K9+000	1000	487		487		8568		487					8148		9452		1.7				
总计		103562	3620	75278	24664	139380	1000	2337	5870	2620	72941	18794	131166	1050	72941	18794		58222		1570	

$$\frac{25795 \times 2 + 20868 \times 1.3 + 5741 \times 1.7 + 5854 \times 2.6}{58221} = 1.8(\text{km})$$

此部分工程清单汇总见表3-51。

清 单 汇 总 表　　　　　　　　　　　　　　　　　　　　表3-51

子目号	子目名称	项目特征	单位	数量	单价	合价
202-1	清理与掘除					
-a	清理现场	1. 清除表土深度30cm； 2. 挖清灌木林（稀）	m²	354000		
-b	砍伐树木	胸径100~150mm	棵	100		
-c	挖除树根	胸径100~150mm	棵	100		
203-1	路基挖方					
-a	挖土方	1. 松土、普通土及硬土； 2. 远运利用土平均运距1km； 3. 弃土平均运距3.2km	m³	103562		
204-1	路基填筑 （包括填前压实）					
-b	利用土方	1. 普通土及硬土； 2. 压实度95%	m³	89189		
-e	借土填方	1. 普通土； 2. 压实度95%； 3. 平均运距1.8km	m³	50191		

（2）编制投标综合单价。

针对以上清单项目分别报价，各项清单对应预算定额汇总见表3-52~表3-57。

"202-1a 清理现场"报价预算定额汇总表　　　　　　　　　　　表3-52

定额编号	预算定额子目名称	单位	数 量	调整状态	说 明
1-1-1-12	清除表土（135kW内推土机）	100m³	50×6000×0.3÷100=900		
1-1-12-13	135kW内推土机20m松土	1000m³	90	人工、推土机×0.8	堆土机配合装载机集土装车
1-1-10-2	2m³内装载机装土方	1000m³	90		
1-1-11-5	10t内自卸汽车运土1km	1000m³	90		
1-1-1-4	砍挖灌木林（φ10cm下）稀	1000m²	45×1200÷1000=54		
9-1-5-31	木材3km（8t内）	100m³	3	+32×2	此工程量为根据现场实际情况估计工程量
9-1-9-2	人工装卸木材	100m³	3		

说明：1. 灌木林木材运输可套用《公路工程预算定额（上、下册）》（JTG/T 3832—2018）第9章材料运输相近定额，与实际情况不符可调整。

2. 灌木运输距离根据承包人驻地位置与灌木林位置计算得到。

"202-1b 砍伐树木"报价预算定额汇总表　　　　　　　　　　　　　　　　　　表 3-53

定额编号	预算定额子目名称	单位	数量	调整状态	说明
1-1-1-3	人工伐树	10 棵	10	1004 推土机消耗量 0	
9-1-5-31	木材 3km(8t 内)	100m³	0.08	+32×2	此工程量为根据现场实际情况估计工程量
9-1-9-2	人工装卸木材	100m³	0.08		

"202-1c 挖除树根"报价预算定额汇总表　　　　　　　　　　　　　　　　　　表 3-54

定额编号	预算子目名称预算定额	单位	数量	调整状态	说明
1-1-1-3	推土机挖根（135kW 内）	10 棵	10	1 人工消耗量 0	
9-1-6-45	自卸汽车(8t 内)运块石 2km	100m³	0.06	+46×1	此工程量为根据现场实际情况估计工程量
9-1-10-8	装载机(2m³ 内)装块石	100m³	0.06		

说明：灌木树根装载运输可套用《公路工程预算定额（上、下册）》(JTG/T 3832—2018) 第 9 章材料运输相近定额，与实际情况不符可调整。

"203-1a 挖土方"报价预算定额汇总表　　　　　　　　　　　　　　　　　　表 3-55

定额编号	预算定额子目名称	单位	数量	调整状态	说明
1-1-12-13	135kW 内推土机 20m 松土	1000m³	1		
1-1-12-14	135kW 内推土机 20m 普通土	1000m³	2.337		本桩利用土方均采用推土机推土 20m
1-1-12-15	135kW 内推土机 20m 硬土	1000m³	5.87		
1-1-13-5	10m³ 内铲运机 526m 松土	1000m³	1.05	+8×9	
1-1-13-6	10m³ 内铲运机 526m 普通土	1000m³	37.289	+8×9	平均运距 400m 和 600m 的远运利用土方采用铲运机铲运土方
1-1-13-7	10m³ 内铲运机 526m 硬土	1000m³	17.801	+8×9	
1-1-9-8	2.0m³ 内挖掘机挖装土方普通土	1000m³	35.652		平均运距超过 1km 的远运利用土方采用挖掘机配合自卸汽车运土
1-1-9-9	2.0m³ 内挖掘机挖装土方硬土	1000m³	0.993		
1-1-11-13	10t 内自卸汽车运土 2km	1000m³	36.645	+14×2	
1-1-12-9	105kW 内推土机 20m 松土	1000m³	1.57	人工、推土机×0.8	弃土方采用推土机配合装载机装土自卸汽车运土
1-1-10-2	2m³ 内装载机装土方	1000m³	1.57		
1-1-11-13	10t 内自卸汽车运土 3.2km	1000m³	1.57	+14×4	

续上表

定额编号	预算定额子目名称	单位	数 量	调整状态	说 明
1-1-18-22	高速一级路 12～15t 压路机跟压零填及挖方路基	1000m²	38×3.2=121.6		其中 0.2km 为半填半挖路段 K1+800～K3+000 中挖方路段分配的工程量
1-1-20-3	整修边坡二级及二级以上等级公路	1km	3.2		
1-1-20-1	机械整修路拱	1000m³	38×3.2=121.6		

说明：1. 挖运土方施工方法主要考虑经济合理，并根据现场及企业机械情况选定。
  2. 挖运土方工程量均根据表 3-50 每公里路基土、石填方工程量确定。
  3. 预算定额子目中的各远土运距均根据表 3-50 采用加权平均法计算得到。
  4. 整修边坡、路拱及碾压挖方路基工程量需考虑半填半挖路段根据挖填土方量所分配的工程量。
  5. 本桩利用土方、远运利用土方及弃土方工程量累计应等于挖土总工程量。

"204-1b 利用土方"报价预算定额汇总表　　表 3-56

定额编号	预算子目名称预算定额	单位	数 量	调整状态	说 明
1-1-5-5	填前挖松	1000m³	42×1200÷1000=50.4		
1-1-5-4	填前夯(压)实 12～15t 光轮压路机	1000m³	(43×135+45×860+42×2000)÷1000=128.51		135m 为 K0+000～K1+800 段、860m 为 K3+000～K4+000 段利用方回填与借土方回填根据回填工程量分配数据
1-1-4-2	人工挖土质台阶普通土	1000m³	40×524=20.96		524m 为利用方回填与借土方回填根据回填工程量分配数据
1-1-18-1	高速一级路 12～15t 压路机压土	1000m³	89.189		此工程量与清单工程量相等
1-1-20-1	机械整修路拱	1000m²	38×3.8=144.4		3.8km 为利用方回填与借土方回填根据回填工程量分配数据
1-1-20-3	整修边坡二级及二级以上等级公路	1km	3.8		
1-1-9-8	2.0m³ 内挖掘机挖装土方普通土	1000m³	0.927		因汽车运输损耗，增加的借土挖方及运输量
1-1-11-13	10t 内自卸汽车运土 1.7km	1000m³	0.951	+14×1	

说明：1. 工程量清单中的工程量计算均按设计图所示，以工程实体的净值计算，材料的操作损耗及运输损耗等不计量，而运用《公路工程预算定额(上、下册)》(JTG/T 3832—2018)报价，定额中规定汽车运输土方需增加 0.03 的土方运输损耗[见路基土、石方工程定额说明第(8)条]，因此，本题中利用汽车运输的远运利用土考虑的汽车运输损耗后达不到清单要求的利用方回填(压实方)，需借方补充，工程量计算如下：
  (1) 汽车运输利用方转化为填方(清单工程量)：(26200+9452)÷1.16+993÷1.09=31645(m³)(压实方)
  (2) 汽车运输利用方转化为填方(考虑运输损耗)：(26200+9452)÷(1.16+0.03)+993÷(1.09+0.03)=30846(m³)(压实方)
  (3) 因运输损耗需增加的借土(普通土)挖方：(31645-30846)×1.16=927(m³)(天然密实方)
  (4) 因运输损耗需增加的借土(普通土)运输量：(31645-30846)×(1.16+0.03)=951(m³)(天然密实方)
  2. 定额中土、石方工程项目定额水平均是在路基断面处施工的环境编制的，其工效水平较借土场集中取土为低，对借方而言，采用定额中的项目计算其挖装费用时，其人工、机械损耗完全可以把包括损耗部分在内的土石方数量完成，但对于运输来说，借方运输与利用方运输没有太大的差别，应考虑途中损耗的因素，增加其人工、机械台班的数量，以保证把实际需要的土、石方运至规定的地点。因此，运输损耗系数仅用于运输定额，挖装定额不考虑运输损耗系数。

"204-1e 借土填方"报价预算定额汇总表   表 3-57

定额编号	预算定额子目名称	单位	数 量	调整状态	说 明
1-1-1-9	除草(135kW 内推土机)	1000m²	25000/1000 = 25		
7-1-1-1	汽车便道平微区路基宽7m	1km	1.5		
1-1-9-8	2.0m³ 内挖掘机挖装土方普通土	1000m³	$(58222 + 3.5 \times 120 \times 0.3 \times 2 \times 1.16) \div 1000 = 58.514$		58222m³ 为表3-50中借方量,$3.5 \times 120 \times 0.3 \times 2 \times 1.16$ 为路基两侧超填土方量
1-1-11-13	10t 内自卸汽车运土1.8km	1000m³	$(58222 \div 1.16 \times 1.19 + 3.5 \times 120 \times 0.3 \times 2 \times 1.19) \div 1000 = 60.027$		借土挖方不考虑运输损耗,借土运输需考虑运输损耗
1-14-2	人工挖土质台阶普通土	1000m²	$(630 - 524) \times 40 \div 1000 = 4.24$		K2+150~K2+780 根据回填工程量分配,借土回填清单分配所得工程量
1-1-5-4	填前夯(压)实12~15t光轮压路机	1000m²	$[43 \times (1800 - 135) + 45 \times 140] \div 1000 = 77.895$		
1-1-18-1	高速一级路12~15t压路机压土	1000m³	$(58222 \div 1.16 + 3.5 \times 120 \times 0.3 \times 2) \div 1000 = 50.443$		$58222 \div 1.16 = 50191$(201-1e 清单工程量)路基两侧超填方清单不计量
1-1-20-1	机械整修路拱	1000m²	$38 \times 2000 \div 1000 = 76$		
1-1-20-3	整修边坡二级及二级以上等级公路	1km	$2 - 0.12 = 1.88$		K0+900~K1+020 路基两侧超填路段,因需刷坡,已包括整修边坡工作,无须再套此项定额
1-1-21-2	刷坡检底普通土	1000m³	$3.5 \times 120 \times 0.3 \times 2 \div 1000 = 0.252$		

说明:1. 整修边坡、整修路拱根据挖方路段和填方路段长度分配工程量,半填半挖路段根据挖填土方量分配整修边坡及路拱工程量。
 2. 填方路段根据利用土方及借土方回填工程量分配整修边坡、整修路拱、填前压实及人工挖土质台阶等工程量。
 3. 此部分各清单分配工程量累加需等于总值。

(3)若承包人实际清表6.2km,清表平均宽度为53m,清表厚度为30cm,则202-1a清理现场清单需区分情况进行计量与支付。

①若增加的清表长度和宽度为设计变更或监理人指示,则按变更或指示后的实际工程量计量与支付:

202-1a 清理现场计量工程量:$53 \times 6200 + 45 \times 1200 = 382600(m^2)$

202-1a 清理现场应支付工程款:$382600 \times 2.7 = 1033020$(元)

②若增加的清表长度和宽度为承包人自行增加的多清理工程量,则仍按原设计工程量计量与支付:

202-1a 清理现场计量工程量:$50 \times 6000 + 45 \times 1200 = 354000(m^2)$

202-1a 清理现场应支付工程款:$354000 \times 2.7 = 955800$(元)

(4)根据设计及监理工程师核实路基横断面图施工,实际完成借土回填方总量为52256m³(压实方),其中包括:①保证路基压实度而增加的超填方280m³;②由于远运利用汽车运输损耗增加的借土回填935m³;③因回填压实路基下沉增加借土回填6285m³,则:

204-1e 借土填方计量工程量:$52256 - 280 - 935 = 51041$(m³)

204-1e 借土填方应支付工程款:$51041 \times 18.03 = 920269.2$(元)

思考题

1. 公路工程计量的含义是什么?结合我国公路工程管理特点,承包人对"上"计量的程序是怎样的?承包人对"下"计量的程序是怎样的?

2. 简述路堤填方数量的计量方法。

3. 某平原微丘二级公路,路线总长度为30km,其路基土、石方工程的设计工程量见表3-58。试计算路基设计断面方、计价方数量。

路基土石方工程量　　　　　　　　表3-58

序　号	项目名称	单　位	数　量	附　注
1	本桩利用土方	m³	20000	硬土
2	远运利用土方	m³	45000	硬土,运距250km
3	借土方	m³	600000	硬土,运距4km
4	填土方	m³	665000	
5	本桩利用石方	m³	10000	软石
6	远运利用石方	m³	80000	软石,远距200m
7	填石方	m³	97826	

4. 某高速公路第L合同段长15km,路基宽26m,其中挖方路段长4.7km,填方路段长10.5km。招标文件图纸中路基土石方数量的主要内容见表3-59。

路基土石方数量　　　　　　　　表3-59

挖方(m³)				本桩利用(m³)			远运利用借方(m³)		
普通土	硬土	软石	次坚石	普通土	硬土	石方	土方	石方	普通土
265000	220000	404000	340000	50000	35000	105000	385000	450000	600000

注:表中挖方、利用方指天然密实方;借方指压实方。

根据招标文件技术规范的规定,路基挖方包括土石方的开挖和运输,路基填筑包括土石方的压实,借土填方包括土方的开挖、运输和压实费用。回答下列问题:

(1)计算各支付子目的计量工程数量。

(2)计算各支付子目应分摊的整修路拱和整修边坡的工程数量。

5. 某三级公路设计土石方数量见表3-60。

土 石 方 数 量　　　　　　　　　　　　表3-60

挖方(m³)				填方(m³)
松土	普通土	硬土	次坚石	
33300	105000	4500	29400	30000

已知该项目路线长度为28km,路基宽度为8.5m,挖方、填方路段长度各占45%、55%,全部挖方均可利用作路基填方,其中土方平均运距为200m,石方平均运距为60m。如需借方,其平均运距为1200m(按普通土考虑)。假设路基平均占地宽度为13m,填前压实沉陷厚度为0.12m,土的压实干密度为1.45t/m³,自然状态土的含水率约低于其最佳含水率2%,水的平均运距为1km。回答下列问题:

(1)计算该项目路基断面方、挖方、填方、利用方、借方和弃方数量。

(2)列出编制该项目土石方工程工程量清单、单位,清单单价计算所需定额代号及数量等内容,并填入表格中,需要时应列式计算。

6.某一级公路,总长10km,有以下工程数量:路基挖硬土360000m³,利用土方填方200000m³,级配碎石底基层(厚20cm)190000m²,水泥稳定碎石基层(厚35cm)190000m²,粗粒式沥青混凝土面层(厚6cm)180000m²,中粒式沥青混凝土面层(厚5cm)180000m²,细粒式沥青混凝土面层(厚4cm)180000m²,K1+800处有1-φ1.5m钢筋混凝土圆管涵1道,长45m;K6+500处有1-φ1.5m钢筋混凝土圆管涵1道,长53m;K9+500处有1-4.0×4.0m钢筋混凝土盖板涵1道,长43m。回答下列问题:

(1)编制该项目的招标清单子目。

(2)试从建设单位和承包人的角度编制利用土方的清单单价。

第4章 路面工程清单计量与计价

4.1 路面工程清单计量基本规则

路面工作内容包括在已完成并经监理人验收合格的路基上铺筑各种垫层、底基层、基层和面层;路面及中央分隔带排水施工;培土路肩、中央分隔带回填及路缘石设置,以及修筑路面附属设施等有关的作业。

4.1.1 路面工程清单工程量计量基本规则

(1)水泥混凝土路面模板制作安装及缩缝、胀缝的填灌缝材料、高密度橡胶板,均包含在浇筑不同厚度水泥混凝土面层的工程项目中,不另行计量。

(2)水泥混凝土路面养护用的养护剂、覆盖的麻袋、养护器材等,均包含在浇筑不同厚度水泥混凝土面层的工程项目中,不另行计量。

(3)水泥混凝土路面的钢筋包括传力杆、拉杆、补强角隅钢筋及结构受力连续钢筋、支架钢架。

(4)沥青混凝土路面和水泥混凝土路面所需的外掺剂不另行计量。

(5)沥青混合料、水泥混凝土和(底)基层混合料拌和场站、储料场的建设、拆除、恢复均包括在相应工程项目中,不另行计量。

(6)钢筋的除锈、制作安装、成品运输,均包含在相应工程的项目中,不另行计量。

4.1.2 路面工程定额工程量计量基本规则

(1)本章定额包括各种类型路面以及路槽、路肩、垫层、基层等,除沥青混合料路面、厂拌基层稳定土混合料运输以 1000m³ 路面实体为计算单位外,其他均以 1000m² 为计算单位。

(2)路面项目中的厚度均为压实厚度,培路肩厚度为净培路肩的夯实厚度。

(3)本定额中混合料是按最佳含水率编制,定额中已包括养护用水并适当扣除材料天然含水率,但山西、青海、甘肃、宁夏、新疆、西藏等省、自治区,由于湿度偏低,用水量可根据具体情况,在定额数量的基础上酌情增加。

(4)本章定额中凡列有洒水汽车的子目,均按 5km 范围内洒水汽车在水源处自吸水编制,不计水费。如工地附近无天然水源可利用,必须采用供水部门供水(如自来水)时,可根据定额子目中洒水汽车的台班数量,按每台班 35m³ 计算定额用水量,乘以供水部门规定的水价增列水费。洒水汽车取水的平均运距超过 5km 时可按路基工程的洒水汽车洒水定额中的增运定额增加洒水汽车的台班消耗,但增加的洒水汽车台班消耗量不得再计水费。

(5)本章定额中的水泥混凝土均已包括其拌和的费用,使用定额时不得再另行计量。

(6)压路机台班按行驶速度,即两轮光轮压路机为 2.0km/h、三轮光轮压路机为 2.5km/h、轮胎式压路机为 3.0km/h、振动压路机为 3.0km/h 进行编制。如设计为单车道路面宽度,两轮光轮压路机乘以1.14的系数、三轮光轮压路机乘以1.33的系数、轮胎式压路机和振动压路机乘以1.29的系数。

(7)自卸汽车运输稳定土混合料、沥青混合料和水泥混凝土定额项目,仅适用于平均运距在15km以内的混合料运输,当平均运距超过15km时,应按社会运输的有关规定计算其运输费用。当运距超过第一个定额运距单位时,其运距尾数不足一个增运定额单位的半数时不计,等于或超过半数时按一个增运定额运距单位计算。

4.2 路面垫层清单计量与计价

4.2.1 路面垫层清单工程量计量规则

路面垫层工程量清单计量规则见表4-1。

路面垫层工程量清单计量规则　　　　　表4-1

子目号	子目名称	单位	工程量计量	工程内容
302	垫层			
302-1	碎石垫层	m^3	依据图纸所示压实厚度,按照铺筑的顶面面积以平方米为单位计量	1.检查、清除路基上的浮土、杂物,并洒水湿润; 2.摊铺; 3.整平、整型; 4.洒水、碾压、整修
302-2	砂砾垫层	m^3		
302-3	水泥稳定土垫层	m^3		1.检查、清除路基上的浮土、杂物,并洒水湿润; 2.拌和、运输、摊铺; 3.整平、整型; 4.洒水、碾压、整修、初期养护
302-4	石灰稳定土垫层	m^3		

4.2.2 路面垫层定额工程量计量规则

(1)各类稳定土基层、级配碎石、级配砾石基层的压实厚度在15cm以内,填隙碎石一层的压实厚度在12cm以内,垫层、其他种类的基层和底基层压实厚度在20cm以内,拖拉机、平地机和压路机的台班消耗按定额数量计算。如超过上述压实厚度进行分层拌和、碾压,拖拉机、平地机和压路机的台班消耗按定额数量加倍计算,每1000m^3增加1.5个工日。

(2)人工沿路翻拌和筛拌稳定土混合料定额中均已包括土的过筛工消耗,因此,土的预算价格中不应再计算过筛费用。

(3)本节定额中土的预算价格,按材料采集及加工和材料运输定额中的有关项目计算。

4.2.3 计量与支付

1)支付

(1)费用的支付,主要包括:

a.承包人提供工程所需的材料、机具、设备和劳力等。

b.原材料的检验、级配颗粒组成与塑性指数的试验或混合料设计与试验,以及经监理人批准的按照规范所要求的试验路段的全部作业。

c. 铺筑前对下承层的检查和清扫,材料的运输、拌和、摊铺、整型、压实、养护等。

d. 质量检验所要求的检测、取样和试验等工作。

（2）按上述规定计量,经监理人验收并列入工程量清单的以下支付子目的工程量,其每一计量单位,将以合同单价支付。此项支付包括一切为完成本项工程所必需的全部费用。

2）支付子目

路面垫层清单支付子目见表4-2。

路面垫层清单支付子目　　表4-2

子目号	子目名称	单位
302-1	碎石垫层	
-a	厚…mm	m²
302-2	砂砾垫层	
-a	厚…mm	m²
302-3	水泥稳定土垫层	
-a	厚…mm	m²
302-4	石灰稳定土垫层	
-a	厚…mm	m²

4.2.4 例题分析

【例题4-1】 某水泥混凝土结构公路,全长5620m,路面结构如图4-1所示,路面宽度为12m,路肩宽为1m。计算公路工程垫层清单工程量。

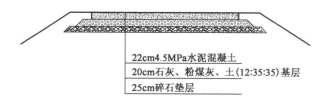

图4-1 路面结构图

解:碎石垫层面积:$5620 \times 12 = 67440(m^2)$

【例题4-2】 某山区潮湿路段共长1740m,路面宽度为15m,路肩宽为1.5m,路基加宽值为30cm,抛石挤淤层上面用碎石和砂垫层来保证路基稳定性,抛石挤淤断面示意图如图4-2所示,试计算道路垫层工程量并套用定额。

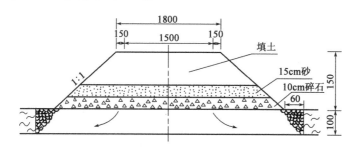

图4-2 路面断面示意图(尺寸单位:cm)

解：

(1)清单工程量计算

碎石垫层面积：$1740 \times [15 + 1.5 \times 2 + (1.5 - 0.1) \times 2] = 36192(m^2)$

砂垫层面积：$1740 \times [15 + 1.5 \times 2 + (1.5 - 0.25) \times 2] = 35670(m^2)$

(2)定额工程量计算

①碎石垫层面积：$1740 \times [15 + 1.5 \times 2 + (1.5 - 0.1) \times 2 + 0.3 \times 2] = 37236(m^2)$

套用定额：2-1-1-15、2-1-1-20，单位：1000m^2

基价：$37236/1000 \times (14447 - 5 \times 953) = 360519.0(元)$

②砂垫层面积：$1740 \times [15 + 1.5 \times 2 + (1.5 - 0.25) \times 2 + 0.3 \times 2] = 36714(m^2)$

套用定额：2-1-1-11，单位：1000m^2

基价：$36714/1000 \times 16072 = 590067.4(元)$

4.3 路面基层清单计量与计价

4.3.1 路面基层清单工程量计量规则

路面基层工程量清单计量规则见表4-3。

路面基层工程量清单计量规则　　　　表4-3

子目号	子目名称	单位	工程量计量	工程内容
303	石灰稳定土底基层、基层			
303-1	石灰稳定土底基层	m^2	依据图纸所示压实厚度，按照铺筑的顶面面积以平方米为单位计量	1. 检查、清理下承层、洒水； 2. 拌和、运输、摊铺； 3. 整平、整型； 4. 洒水、碾压、初期养护
303-2	搭板、埋板下石灰稳定土底基层	m^2	依据图纸所示尺寸、范围，按照铺筑体积以立方米为单位计量	
303-3	石灰稳定土基层	m^2	依据图纸所示压实厚度，按照铺筑的顶面面积以平方米为单位计量	
304	水泥稳定土底基层、基层			
304-1	水泥稳定土底基层	m^2	依据图纸所示压实厚度，按照铺筑的顶面面积以平方米为单位计量	1. 检查、清理下承层、洒水； 2. 拌和、运输、摊铺； 3. 整平、整型； 4. 洒水、碾压、初期养护
304-2	搭板、埋板下水泥稳定土底基层	m^2	依据图纸所示尺寸、范围，按照铺筑体积以立方米为单位计量	
304-3	水泥稳定土基层	m^2	依据图纸所示压实厚度，按照铺筑的顶面面积以平方米为单位计量	

续上表

子目号	子目名称	单位	工程量计量	工程内容
305	石灰粉煤灰稳定土底基层、基层			
305-1	石灰粉煤灰稳定土底基层	m²	依据图纸所示压实厚度,按照铺筑的顶面面积以平方米为单位计量	1.检查、清理下承层、洒水; 2.拌和、运输、摊铺; 3.整平、整型; 4.洒水、碾压、初期养护
305-2	搭板、埋板下石灰粉煤灰稳定土底基层	m²	依据图纸所示尺寸、范围,按照铺筑体积以立方米为单位计量	1.检查、清理下承层、洒水; 2.铺筑材料拌和、运输、摊铺; 3.整平、整型; 4.洒水、碾压、初期养护
305-3	石灰粉煤灰稳定土基层	m²	依据图纸所示压实厚度,按照铺筑的顶面面积以平方米为单位计量	
305-4	石灰煤渣稳定土基层	m²	依据图纸所示压实厚度,按照铺筑的顶面面积以平方米为单位计量	
306	级配碎(砾)石底基层、基层			
306-1	级配碎石底基层	m²	依据图纸所示压实厚度,按照铺筑的顶面面积以平方米为单位计量	1.检查、清理下承层、洒水; 2.铺筑材料拌和、运输、摊铺; 3.整平、整型; 4.洒水、碾压
306-2	搭板、埋板下级配碎石底基层	m²	依据图纸所示尺寸、范围,按照铺筑体积以立方米为单位计量	1.检查、清理下承层、洒水; 2.铺筑材料拌和、摊铺; 3.整平、整型; 4.洒水、碾压
306-3	级配碎石基层	m²	依据图纸所示压实厚度,按照铺筑的顶面面积以平方米为单位计量	
306-4	级配砾石底基层	m²	依据图纸所示压实厚度,按照铺筑的顶面面积以平方米为单位计量	1.检查、清理下承层、洒水; 2.铺筑材料拌和、运输、摊铺; 3.整平、整型; 4.洒水、碾压
306-5	搭板、埋板下级配砾石底基层	m²	依据图纸所示尺寸、范围,按照铺筑体积以立方米为单位计量	
306-6	级配砾石基层	m²	依据图纸所示压实厚度,按照铺筑的顶面面积以平方米为单位计量	
307	沥青稳定碎石基层(ATB)			
307-1	沥青稳定碎石基层(ATB)	m²	依据图纸所示级配类型、铺筑压实厚度,按照铺筑的顶面面积以平方米为单位计量	1.检查和清理下承层; 2.拌和设备安装、调试、拆除; 3.沥青铺筑材料加热、保温、输送,配运料,矿料加热烘干、拌和、出料; 4.运输、摊铺、压实、成型; 5.接缝; 6.初期养护

4.3.2 路面基层定额工程量计量规则

(1)各类稳定土基层、级配碎石、级配砾石基层的压实厚度在15cm以内,填隙碎石一层的压实厚度在12cm以内,垫层、其他种类的基层和底基层压实厚度在20cm以内,拖拉机、平地机和压路机的台班消耗按定额数量计算。如超过上述压实厚度进行分层拌和、碾压,拖拉机、平地机和压路机的台班消耗按定额数量加倍计算,每1000m³增加1.5个工日。

(2)各类稳定土基层定额中的材料消耗是按一定配合比编制的,当设计配合比与定额标明的配合比不同时,有关材料可按式(4-1)进行换算:

$$C_i = [C_d + B_d \times (H - H_0)] \times \frac{L_i}{L_d} \qquad (4-1)$$

式中:C_i——按设计配合比换算后的材料数量;
　　C_d——定额中基本压实厚度的材料数量;
　　B_d——定额中压实厚度每增减1cm的材料数量;
　　H_0——定额的基本压实厚度;
　　H——设计的压实厚度;
　　L_d——定额中标明的材料百分率;
　　L_i——设计配合比的材料百分率。

【例题4-3】 石灰粉煤灰稳定碎石基层,定额标明的配合比为石灰:粉煤灰:碎石=5:15:80,基本压实厚度为20cm;设计配合比为石灰:粉煤灰:碎石=4:11:85,设计压实厚度为22cm。求各种材料调整后的数量。

解:各种材料调整后的数量:

熟石灰:$[22.77 + 1.139 \times (22 - 20)] \times 4/5 = 20.494(t)$

粉煤灰:$[63.963 + 3.198 \times (22 - 20)] \times 11/15 = 51.60(m^3)$

碎　石:$[222.11 + 11.1 \times (22 - 20)] \times 85/80 = 259.58(m^3)$

(3)本节定额中土的预算价格,按材料采集及加工和材料运输定额中的有关项目计算。
(4)各类稳定土基层定额中的碎石土、砂砾土是指天然碎石土和天然砂砾土。
(5)各类稳定土底基层采用稳定土基层定额时,每1000m² 路面减少12~15t光轮压路机0.18台班。

4.3.3 计量与支付

1)石灰稳定土底基层、基层
(1)支付
①费用的支付,主要包括以下内容:
a.承包人提供工程所需的材料、机具、设备和劳力等。
b.原材料的检验、混合料设计与试验,以及经监理人批准的按照规范所要求的试验路段的全部作业。
c.铺筑前对下承层的检查和清扫,材料的拌和、运输、摊铺、压实、整型、养护等。

d. 质量检验所要求的检测、取样和试验等工作。

②按上述规定计量,经监理人验收并列入工程量清单的以下支付子目的工程量,其每一计量单位,将以合同单价支付。此项支付包括一切为完成本项工程所必需的全部费用。

(2)支付子目

石灰稳定土底基层、基层清单支付子目见表4-4。

石灰稳定土底基层、基层清单支付子目　　　　表4-4

子 目 号	子 目 名 称	单 位
302-1	石灰稳定土底基层	
-a	厚…mm	m²
303-2	搭板、埋板下石灰稳定土底基层	m³

2)水泥稳定土底基层/基层

(1)支付

①费用的支付,主要包括以下内容:

a. 承包人提供工程所需的材料、机具、设备和劳力等。

b. 原材料的检验、混合料设计与试验,以及经监理人批准的按照规范所要求的试验路段的全部作业。

c. 铺筑前对下承层的检查和清扫,混合料的拌和、运输、摊铺、压实、整型、养护等。

d. 质量检验所要求的检测、取样和试验等工作。

②按上述规定计量,经监理人验收并列入工程量清单的以下支付子目的工程量,其每一计量单位,将以合同单价支付。此项支付包括一切为完成本项工程所必需的全部费用。

(2)支付子目

水泥稳定土底基层、基层清单支付子目见表4-5。

水泥稳定土底基层、基层清单支付子目　　　　表4-5

子 目 号	子 目 名 称	单 位
304-1	水泥稳定土底基层	
-a	厚…mm	m²
304-2	搭板、埋板下水泥稳定土基层	m³
304-3	水泥稳定土基层	
-a	厚…mm	m²

3)石灰粉煤灰稳定土底基层/基层

(1)支付

①费用的支付,主要包括以下内容:

a. 承包人提供工程所需的材料、机具、设备和劳力等。

b. 原材料的检验、混合料设计与试验,以及经监理人批准的按照规范所要求的试验路段的全部作业。

c. 铺筑前对下承层的检查和清扫,混合料的拌和、运输、摊铺、压实、整型、养护等。

d. 质量检验所要求的检测、取样和试验等工作。

②按上述规定计量,经监理人验收并列入工程量清单的以下支付子目的工程量,其每一计量单位,将以合同单价支付。此项支付包括一切为完成本项工程所必需的全部费用。

(2)支付子目

石灰粉煤灰稳定土底基层、基层的清单支付子目见表4-6。

石灰粉煤灰稳定土底基层、基层清单支付子目　　　　表4-6

子目号	子目名称	单位
305	石灰粉煤灰稳定土底基层、基层	
305-1	石灰粉煤灰稳定土底基层	
-a	厚…mm	m²
305-2	搭板、埋板下石灰粉煤灰稳定土底基层	m³
305-3	石灰粉煤灰稳定土基层	
-a	厚…mm	m²
305-4	石灰煤渣稳定土基层	
-a	厚…mm	m²

4)级配碎(砾)石底基层、基层

(1)支付

①费用的支付,主要包括：

a.承包人提供工程所需的材料、机具、设备和劳力等。

b.原材料的检验、级配颗粒组成与塑性指数的试验等。

c.铺筑前对下承层的检查和清扫,材料的运输、拌和、摊铺、整型、压实等。

d.质量检验所要求的检测、取样和试验等工作。

②按上述规定计量,经监理人验收并列入工程量清单的以下支付子目的工程量,其每一计量单位,将以合同单价支付。此项支付包括一切为完成本项工程所必需的全部费用。

(2)支付子目

级配碎(砾)石底基层、基层的清单支付子目见表4-7。

级配碎(砾)石底基层、基层清单支付子目　　　　表4-7

子目号	子目名称	单位
306-1	级配碎石底基层	
-a	厚…mm	m²
306-2	搭板、埋板下级配碎石底基层	m³
306-3	级配碎石基层	
-a	厚…mm	m²
306-4	级配砾石底基层	
-a	厚…mm	m²
306-5	搭板、埋板下级配砾石底基层	m³
306-6	级配砾石基层	
-a	厚…mm	m²

5)沥青稳定碎石基层(ATB)

(1)支付

①沥青稳定碎石混合料,按图纸所示或监理人指示的平均铺筑面积,经监理人验收合格,按不同厚度分别以平方米计量。除监理人另有指示外,超过图纸所规定的面积均不予计量。

②费用的支付,主要包括以下内容：

a. 承包人提供工程所需的材料、机具、设备和劳力等。

b. 原材料的检验、混合料设计与试验,以及经监理人批准的按照规范所要求的试验路段的全部作业。

c. 铺筑前对下承层的检查和清扫,混合料的拌和、运输、摊铺、压实、整型、养护等。

d. 质量检验所要求的检测、取样和试验等工作。

(2) 支付子目

沥青稳定碎石基层清单支付子目见表4-8。

沥青稳定碎石基层清单支付子目　　　　　表4-8

子 目 号	子 目 名 称	单 位
307-1	沥青稳定碎石基层(ATB-25)	
-a	厚…mm	m²
-b	厚…mm	m²

4.3.4 实例分析

【例题4-4】 某道路全长3820m,路面宽度为14m,路面结构如图4-3所示。试计算该道路基层和底基层的工程量并套用定额。

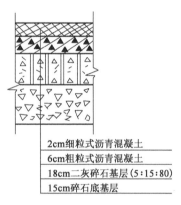

图4-3 路面结构图

解:

(1) 清单工程量计算

碎石底基层面积:$3820 \times 14 = 53480 (m^2)$

二灰碎石基层(5:15:80)面积:$3820 \times 14 = 53480 (m^2)$

(2) 定额工程量计算

碎石底基层面积:$3820 \times 14 = 53480 (m^2)$

套用定额:2-1-2-15、2-1-2-16,单位:1000m²

基价:$53480/1000 \times (16434 - 5 \times 746) = 679409.9(元)$

二灰碎石基层(5:15:80)面积:$3820 \times 14 = 53480 (m^2)$

套用定额:2-1-4-21、2-1-4-22,单位:1000m²

基价:$53480/1000 \times (36310 - 2 \times 1708) = 1759171.1(元)$

【例题4-5】 某条道路全长4500m,路面宽度为15m,两侧路肩宽为1.5m,路基加宽值为30cm,快车道宽为4m,慢车道宽为3.5m,道路横断面示意如图4-4所示,道路结构如图4-5所示。试计算道路基层和底基层的工程量并套用定额。

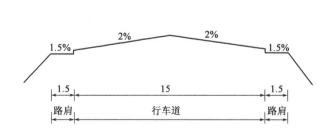

图4-4 道路横断面示意图(尺寸单位:m)

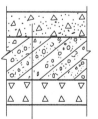

图4-5 道路结构图

解：

(1) 清单工程量计算

碎石底基层面积：$4500 \times 15 = 67500(m^2)$

人工拌和石灰、炉渣、土(15:30:55)基层面积：$4500 \times 15 = 67500(m^2)$

(2) 定额工程量计算

① 碎石底基层面积：$4500 \times (15 + 2 \times 1.5 + 2 \times 0.3) = 83700(m^2)$

套用定额：2-1-2-15、2-1-2-16，单位：$1000m^2$

基价：$83700/1000 \times (16434 - 5 \times 746) = 1063324.8(元)$

② 人工拌和石灰、炉渣、土(15:30:55)基层面积：$4500 \times (15 + 2 \times 1.5 + 2 \times 0.3) = 83700(m^2)$

套用定额：2-1-5-3，单位：$1000m^2$

基价：$83700/1000 \times 33899 = 2837346.3(元)$

4.4 路面面层清单计量与计价

4.4.1 路面面层清单工程量计量规则

路面面层工程量清单计量规则见表4-9。

路面面层工程量清单计量规则　　　　表4-9

子目号	子目名称	单位	工程量计量	工程内容
309	热拌沥青混合料面层			
309-1	细粒式沥青混凝土	m^2	依据图纸所示级配类型及铺筑压实厚度，按照铺筑的顶面面积以平方米为单位计量	1. 检查和清理下承层； 2. 拌和设备安装、调试、拆除； 3. 沥青加热、保温、输送，配运料，矿料加热烘干、拌和、出料； 4. 运输、摊铺、碾压、成型； 5. 接缝； 6. 初期养护
309-2	中粒式沥青混凝土			
309-3	粗粒式沥青混凝土			
310	沥青表面处置与封层			
310-1	沥青表面处置	m^2	依据图纸所示沥青种类、厚度、喷油量，按照沥青表面处治面积以平方米为单位计量	1. 检查和清理下承层； 2. 安拆除熬油设备； 3. 熬油、运油； 4. 沥青洒布车洒油； 5. 整型、碾压、找补； 6. 初期养护
310-2	封层	m^2	依据图纸所示沥青种类、厚度、喷油量，按照封层面积以平方米为单位计量	1. 检查和清扫下承层； 2. 试验段施工； 3. 专用设备洒布或施工封层； 4. 整型、碾压、找补； 5. 初期养护
311	改性沥青及改性沥青混合料			

续上表

子目号	子目名称	单位	工程量计量	工程内容
311-1	细粒式改性沥青混合料路面	m²	依据图纸所示级配类型及压实厚度,按照铺筑的顶面面积以平方米为单位计量	1. 检查和清理下承层; 2. 拌和设备安装、调试、拆除; 3. 改性沥青混合料生产; 4. 混合料运输、摊铺、碾压、成型; 5. 接缝; 6. 初期养护
311-2	中粒式改性沥青混合料路面			
311-3	SMA路面			
312	水泥混凝土面板			
312-1	水泥混凝土面板	m³	依据图纸所示厚度和混凝土强度等级,按照铺筑体积以立方米为单位计量	1. 检查和清理下承层、洒水湿润; 2. 模板制作、架设、安装、修理、拆除; 3. 混凝土拌和物配合比设计、配料、拌和、运输、浇筑、振捣、真空吸水、抹平、(刻)压纹、养护; 4. 切缝、灌缝; 5. 初期养护
312-2	钢筋	kg	1. 依据图纸所示水泥混凝土路面钢筋按图示质量以千克为单位计量; 2. 因搭接而增加的钢筋作为附属工作,不另行计量	1. 钢筋的保护、储存及除锈; 2. 钢筋整直、连接; 3. 钢筋截断、弯曲; 4. 钢筋安设、支承及固定

4.4.2 路面面层定额工程量计量规则

(1)泥结碎石、级配碎石、级配砾石、天然砂砾、粒料改善土壤路面面层的压实厚度在15cm以内,拖拉机、平地机和压路机的台班消耗按定额数量计算。如超过上述压实厚度进行分层拌和、碾压,拖拉机、平地机和压路机的台班消耗按定额数量加倍计算,每1000m³增加1.5个工日。

(2)泥结碎石及级配碎石、级配砾石面层定额中,均未包括磨耗层和保护层,需要时应按磨耗层和保护层定额另行计算。

(3)沥青表面处治路面、沥青贯入式路面和沥青上拌下贯式路面的下贯层以及透层、黏层、封层定额中已计入热化、熬制沥青用的锅、灶等设备的费用,使用定额时,不得另行计算。

(4)沥青碎石混合料、沥青混凝土和沥青碎石玛蹄脂混合料路面定额中,均已包括混合料拌和、运输、摊铺作业时的损耗因素,路面实体按路面设计面积乘以压实厚度计算。

(5)沥青路面定额中均未包括透层、黏层和封层,需要时可按有关定额另行计算。

(6)沥青路面定额中的乳化沥青和改性沥青,均按外购成品料进行编制;如在现场自行配制,其配制费用计入材料预算价格中。

(7)当沥青玛蹄脂碎石混合料设计采用的纤维稳定剂的掺加比例与定额不同时,可按设计用量调整定额中纤维稳定剂的消耗。

(8)沥青路面定额中,均未考虑为保证石料与沥青的黏附性而采用的抗剥离措施的费用,需要时,应根据石料的性质按设计提出的抗剥离措施计算其费用。

(9)在冬五区、冬六区采用层铺法施工沥青路面时,其沥青用量可按定额用量乘以下列系数:

沥青表面处治,1.05;沥青贯入式基层,1.02,面层,1.028;沥青上拌下贯式下贯部分,1.043。

(10)本节定额是按一定的油石比编制的。当设计采用的油石比与定额不同时,可按设计油石比调整定额中的沥青用量。换算公式如下:

$$S_i = S_d \times \frac{L_i}{L_d} \tag{4-2}$$

式中:S_i——按设计油石比换算后的沥青数量;

S_d——定额中的沥青数量;

L_i——定额中标明的油石比;

L_d——设计采用的油石比。

4.4.3 计量与支付

1)热拌沥青混合料面层

(1)支付

①热铺沥青混凝土,应按图纸所示或监理人指示的平均铺筑面积,经监理人验收合格,按粗、中、细粒式沥青混凝土和不同厚度分别以平方米为单位计量。除监理人另有指示外,超过图纸所规定的面积均不予计量。

②费用的支付,主要包括以下内容:

a.承包人提供工程所需的材料、机具、设备和劳力等。

b.原材料的检验、混合料设计与试验,以及经监理人批准的按照规范所要求的试验路段的全部作业。

c.铺筑前对下承层的检查和清扫,材料的拌和、运输、摊铺、压实、整型、养护等。

d.质量检验所要求的检测、取样和试验等工作。

③按上述规定计量,经监理人验收并列入工程量清单的以下支付子目的工程量,其每一计量,将以合同单价支付。此项支付包括一切为完成本项工程所必需的全部费用。

(2)支付子目

沥青混合料面层清单支付子目见表4-10。

沥青混合料面层清单支付子目 表4-10

子目号	子目名称	单位
309-1	细粒式沥青混凝土	
-a	厚…mm	m²
-b	厚…mm	m²
309-2	中粒式沥青混凝土	
-a	厚…mm	m²
-b	厚…mm	m²
309-3	粗粒式沥青混凝土	
-a	厚…mm	m²
-b	厚…mm	m²

2)沥青表面处置与封层

(1)支付

①沥青表面处治按图纸所示或监理人指示铺筑,经监理人验收合格,按不同厚度分别以平方米为单位计量。封层按图纸规定的或监理人指示的喷洒面积,经监理人验收合格,以平方米为单位计量。表面处治除监理人另有指示外,超过图纸规定的面积不予计量。

②支付费用主要包括下列内容:

a. 承包人提供工程所需的材料,使用的工具、设备和劳力等。

b. 材料的检验、试验,以及按规范规定的全部作业。

c. 喷洒前对层面的检查和清扫,材料的加热、运输、喷洒、养护等工作。

③按上述规定计量,经监理人验收并列入工程量清单的以下支付子目的工程量,其每一计量单位,将以合同单价支付。此项支付包括一切为完成本项工程所必需的全部费用。

(2)支付子目

沥青表面处清单支付子目见表4-11。

沥青表面处清单支付子目 表4-11

子 目 号	子 目 名 称	单 位
310-1	沥青表面处治	
-a	厚…mm	m²
-b	厚…mm	m²
310-2	封层	m²

3)改性沥青及改性沥青混合料

(1)支付

①费用的支付,主要包括以下内容:

a. 承包人提供工程所需的材料、机具、设备和劳力等。

b. 原材料的检验、混合料设计与试验,以及经监理人批准的按照规范所要求的试验路段的全部作业。

c. 铺筑前对下承层的检查和清扫,材料的拌和、运输、摊铺、压实、整型、养护等。

d. 质量检验所要求的检测、取样和试验等工作。

②按上述规定计量,经监理人验收并列入工程量清单的以下支付子目的工程量,其每一计量单位,将以合同单价支付。此项支付包括一切为完成本项工程所必需的全部费用。

(2)支付子目

改性沥青清单支付子目见表4-12。

改性沥青清单支付子目 表4-12

子 目 号	子 目 名 称	单 位
311-1	细粒式改性沥青混合料路面	
-a	厚…mm	m²
-b	厚…mm	m²
311-2	中粒式改性沥青混合料路面	
-a	厚…mm	
-b	厚…mm	m²

续上表

子目号	子目名称	单位
311-3	SMA 路面	
-a	厚…mm	m²
-b	厚…mm	m²

4)水泥混凝土面板

(1)支付

①水泥混凝土面板按图纸和监理人指示铺筑的面积,经监理人验收合格后,按不同厚度以平方米为单位计量。除监理人另有指示外,任何超过图纸所规定的尺寸的计算面积均不予计量。水泥混凝土路面的补强钢筋及拉杆、传力杆等钢筋按图纸要求设置,经监理人现场验收后以千克为单位计量。因搭接而增加的钢筋不予计入。接缝材料等未列入支付子目中的其他材料均含入水泥混凝土路面单价之中,不独计量与支付。

②费用的支付,主要包括以下内容:

a.承包人提供工程所需的材料、机具、设备和劳力等。

b.原材料的检验,混合料设计与试验,以及经监理人批准的按照规范所要求的试验路段的全部作业。

c.铺筑混凝土面板前对基层的检查和清扫,混凝土混合料的拌和、运输、摊铺、浇筑、接缝、养护等。

d.质量检验所要求的检测、取样和试验等。

③按上述规定计量,经监理人验收并列入工程量清单的以下支付子目的工程量,其每一计量单位,将以合同单价支付。此项支付包括一切为完成本项工程所必需的全部费用。

(2)支付子目

水泥混凝土面板清单支付子目见表4-13。

水泥混凝土面板清单支付子目 表4-13

子目号	子目名称	单位
312	水泥混凝土面板	
312-1	水泥混凝土面板	
-a	厚…mm(混凝土弯拉强度…MPa)	m³
-b	厚…mm(混凝土弯拉强度…MPa)	m³
312-2	钢筋	
-a	光圆钢筋(HPB235、HPB300)	kg
-b	带肋钢筋(HRB335、HRB400)	kg

4.4.4 例题分析

【例题4-6】 某双向两车道路全长为7440m,路面宽度为8m,两侧路肩宽度均为1m,路肩两侧设置边沟,其中K0+980~K1+720由于土基湿软,设置一层砂垫层,以保证路基的稳定性。砂垫层处治法、道路结构分别如图4-6和图4-7所示。试计算道路的工程量并套用定额。

解:

(1)清单工程量计算

砂砾石地层面积:$7440 \times (8 + 1 \times 2) = 74400 (m^2)$

水泥稳定土(10%)面积:$7440 \times (8+1\times 2) = 74400(m^2)$

沥青混凝土面层面积:$7440 \times 8 = 59520(m^2)$

砂垫层面积:$(1720-980) \times (8+1\times 2+1.5\times 1.5\times 2+1\times 2) = 12210(m^2)$

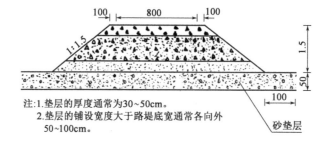

图 4-6　砂垫层处治法图(尺寸单位:cm)

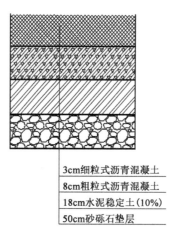

图 4-7　道路结构图

(2)定额工程量计算

①砂砾石地层面积:$7440 \times (8+1\times 2+2a) = (74400+14880a)(m^2)$

套用定额:2-1-2-13、2-1-2-14,单位:$1000m^2$

②水泥稳定土(10%)面积:$7440 \times (8+1\times 2+2a) = (74400+14880a)(m^2)$

套用定额:2-1-2-1、2-1-2-2,单位:$1000m^2$

③沥青混凝土面层(8cm厚,粗粒式)体积:$59520 \times 0.08 = 4761.6(m^3)$

套用定额:2-2-11-3(拌和)、2-2-13-7、2-2-13-8(运输)、2-2-14-15(铺筑),单位:$1000m^3$,路面实体

沥青混凝土面积(3cm厚,细粒式)体积:$59520 \times 0.03 = 1785.6(m^3)$

套用定额:2-2-11-17(拌和)、2-2-13-7、2-2-13-8(运输)、2-2-14-17(铺筑),单位:$1000m^3$,路面实体

④砂垫层面积:$(1720-980) \times (8+1\times 2+1.5\times 1.5\times 2+1\times 2+2a) = (12210+740a)(m^2)$

套用定额:2-1-1-12,单位:$1000m^2$

注:a为路基一侧加宽值。

【例题 4-7】 山区道路在挖方路段 K1+440~K3+820,路面宽度为 16m,道路平面和结构分别如图 4-8 和图 4-9 所示。试计算道路的工程量并套用定额。

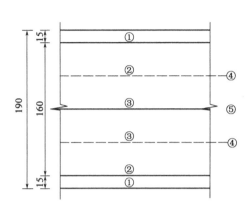

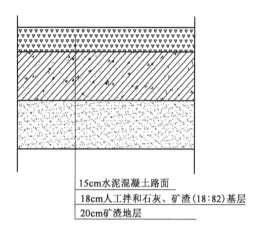

图 4-8 道路平面图(尺寸单位:10cm)
①-硬路肩;②-慢车道;③-快车道;④-标线;⑤-纵缝

图 4-9 道路结构图

解:
(1)清单工程量计算

矿渣地层面积:$(3820-1440) \times 19 = 45220(m^2)$

人工拌和石灰、炉渣(18:82)基层面积:$(3820-1440) \times 19 = 45220(m^2)$

水泥混凝土路面面积:$(3820-1440) \times 16 = 38080(m^2)$

(2)定额工程量计算

矿渣地层面积:$(3820-1440) \times (19+2a) = (45220+5660a)(m^2)$

套用定额:2-1-1-14、2-1-1-19,单位:1000m^2

人工拌和石灰、炉渣(18:82)基层面积:$(3820-1440) \times (19+2a) = (45220+5660a)(m^2)$

套用定额:2-1-5-1、2-1-5-2,单位:1000m^2

水泥混凝土路面面积:$(3820-1440) \times 16 = 38080(m^2)$

套用定额:2-2-17-3、2-2-17-4,单位:1000m^2 路面

注:a 为路基一侧加宽值。

4.5 路面及中央分隔带排水计量与计价

4.5.1 路面及中央分隔带清单工程量计量规则

路面及中央分隔带工程量清单计量规则见表 4-14。

路面及中央分隔带工程量清单计量规则　　表 4-14

子目号	子目名称	单位	工程量计量	工程内容
314	路面及中央分隔带排水			

续上表

子目号	子目名称	单位	工程量计量	工程内容
314-1	排水管	m	依据图纸所示位置,分不同类型及规格,按埋设管长以米为单位计量	1. 基槽开挖填筑、废方弃运; 2. 垫层(基础)铺筑; 3. 排水管制作; 4. 安放排水管; 5. 接头处理; 6. 回填、压实; 7. 出水口处理
314-2	纵向雨水沟(管)	m	依据图纸所示位置,分不同类型及规格,按埋设长度以米为单位计量	1. 基槽开挖、废方弃运; 2. 垫层(基础)铺筑; 3. 模板制作、安装、拆除、修理; 4. 钢筋制作与安装; 5. 盖板预制及安装; 6. 混凝土拌和、运输、浇筑; 7. 养护; 8. 安放排水管; 9. 接头处理; 10. 回填、压实; 11. 出水口处理
314-3	集水井	座	依据图纸所示位置,分不同类型及规格,按设置的集水井数量,以座为单位计量	1. 基坑开挖及废方弃运; 2. 地基平整夯实,垫层及基础施工; 3. 模板制作、安装、拆除、修理; 4. 钢筋制作与安装; 5. 混凝土拌和、运输、浇筑、养护; 6. 井壁外围回填,夯实
314-4	中央分隔带渗沟	m	依据图纸所示位置,分不同类型,按埋设长度以米为单位计量	1. 基槽开挖、废方弃运; 2. 垫层(基础)铺筑; 3. 制管、打孔; 4. 安放排水管; 5. 接头处理; 6. 填碎石、铺设土工布; 7. 回填、压实
314-5	沥青油毡防水层	m²	依据图纸所示位置,按铺设的防水层面积以平方米为单位计量	1. 下承层清理; 2. 喷涂黏结层; 3. 铺油毡; 4. 接缝处理
314-6	路肩排水沟	m	依据图纸所示位置及断面尺寸,按照不同类型的路肩排水沟长度,以米为单位计量	1. 场地清理; 2. 地基平整夯实,排水沟断面开挖; 3. 铺设垫层; 4. 模板制作、安装、拆除; 5. 钢筋制作、安装; 6. 混凝土拌和、运输、浇筑、养护; 7. 预制件预制(现浇)、运输、装卸、安装; 8. 回填、清理

续上表

子目号	子目名称	单位	工程量计量	工程内容
314-7	拦水带	m	依据图纸所示位置及断面尺寸,分不同类型,按照拦水带长度,以米为单位计量	1. 混凝土制作、运输、浇筑、振捣、养护、拆模、刷漆; 2. 开槽; 3. 预制块装运、安装、接缝防漏处理; 4. 沥青混凝土配运料、拌和、运输、摊铺、压实、成型、初期养护; 5. 清理

4.5.2 路面及中央分隔带定额工程量计量规则

(1)排水沟的挖基费用按人工挖截水沟、排水沟定额计算,其他排水工程的挖基费用按路基工程土、石方工程的相关定额计算。

(2)排水沟定额未包括垫层的费用,需要时按有关定额另行计算。

(3)工程量计算规则:

①本章定额砌筑工程的工程量为砌体的实际体积,包括构成砌体的砂浆体积。

②本章定额预制混凝土构件的工程量为预制构件的实际体积,不包括预制构件中空心部分的体积。

③挖排水沟的工程量为设计水沟断面面积乘以水沟长度和水沟圬工体积之和。

4.5.3 计量与支付

1)支付

按上述规定计量,经监理人验收并列入工程量清单的以下工程子目的工程量,其每一计量单位,将以合同单价支付。此项支付包括材料、劳力、设备、运输等及其他为完成工程所必需的所有费用,是对完成工程的全部偿付。

2)支付子目

路面及中央分隔带清单支付子目见表4-15。

路面及中央分隔带清单支付子目　　　　　　表4-15

子目号	子目名称	单位
314-1	排水管	m
314-2	纵向雨水沟(管)	m
314-3	集水井	座
314-4	中央分隔带渗沟	m
314-5	沥青油毡防水层	m²
314-6	路肩排水沟	m
314-7	拦水带	
-a	沥青混凝土拦水带	m
-b	水泥混凝土拦水带	m

4.5.4 例题分析

【**例题 4-8**】 根据图 4-10 和表 4-16 对该中央分隔带进行组价。

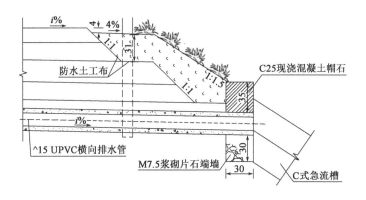

图 4-10 中央分隔带设计图(尺寸单位:cm)

中央分隔带数量 表 4-16

工 程 名 称	长度	M7.5 浆砌片石	C25 现浇混凝土	C20 现浇混凝土	φ150mmPVC 管	开挖土方
	m	m³	m³	m³	m	m³
横向排水管	543	5.2	4.2	24.4	543	35.8

解:该中央分隔带的清单子目见表 4-17。

清 单 子 目 表 4-17

子目号	子目名称	单 位	工 程 量
314-1	排水管		
-a	PVC-U 管(φ150mm)	m	543

该清单项下的定额见表 4-18。

定 额 组 价 表 4-18

定额号	定 额 名 称	单位	工程量	定 额 调 整
1-3-5-19	横向排水管安装	10m	54.3	
4-11-5-6	混凝土垫层	10m³	2.44	普 C10-32.5-4,-10.2,普 C20-32.5-4,+10.2
4-5-2-1	浆砌片石基础、护底、截水墙	10m³	0.52	
4-6-3-2	墩、台帽混凝土(钢模泵送)	10m³ 实体	0.42	泵 C30-32.5-4,-10.4,泵 C25-32.5-4,+10.4
4-11-11-14	混凝土搅拌站拌和(40m³/h 内)	100m³	0.044	
4-11-11-24	6m³ 内混凝土搅运车运 1km	100m³	0.044	

【**例题 4-9**】 根据图 4-11 和表 4-19 计算工程量并对该路段 21 处集水井组价。

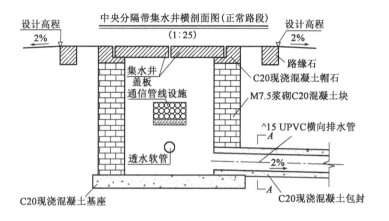

图 4-11 集水井横剖面图

工 程 数 量   表 4-19

工程项目	C20 现浇混凝土集水井帽石	C20 预制混凝土块集水井井身	C20 现浇混凝土集水井基座	C30 预制混凝土集水井盖板	集水井盖板钢筋	开挖土方	备注
单位	m³/处	m³/处	m³/处	m³/处	kg/处	m³/处	1号预制混凝土块：0.0183m³/块
数量	0.121	0.817	0.266	0.120	6.510	0.910	2号预制混凝土块：0.0236m³/块

解：

(1) 计算工程量

C20 现浇混凝土基座：$0.266 \times 21 = 5.586 (m^3)$

C20 现浇帽石：$0.121 \times 21 = 2.541 (m^3)$

C20 现浇混凝土总量：$5.586 + 2.541 = 8.127 (m^3)$

C20 预制混凝土块井身：$0.817 \times 21 = 17.157 (m^3)$

C30 预制混凝土集水井盖板：$0.120 \times 21 = 2.52 (m^3)$

集水井盖板钢筋：$6.510 \times 21 = 136.71 (kg)$

开挖土方：$0.91 \times 21 = 19.11 (m^3)$

(2) 组价

见表 4-20。

定 额 组 价   表 4-20

定额编号	定额名称	单位	工程量	定额调整
1-1-6-2	人工挖运普通土 20m	1000m³	0.019	
4-11-5-6	混凝土垫层	10m³	0.56	普 C10-32.5-4，-10.2，普 C20-32.5-4，+10.2
4-7-28-10	预制混凝土块件钢模	10m³	1.72	
4-5-5-1	预制块墩、台、墙镶面高 10m 内	10m³	1.72	
4-6-3-2	墩、台帽混凝土（钢模泵送）	10m³	0.255	泵 C30-32.5-4，-10.4，泵 C20-32.5-4，+10.4

续上表

定额编号	定额名称	单位	工程量	定额调整
1-3-4-9	预制混凝土水沟盖板矩形	10m³	0.251	普C20-32.5-2,-10.1,普C30-32.5-2,+10.1
1-2-4-11	水沟盖板钢筋	1t	0.138	2001001量1.025,2001002量0
1-2-4-12	安装水沟盖板	10m³	0.251	
4-11-11-14	混凝土搅拌站拌和(40m³/h内)	100m³	0.258	
4-11-11-24	6m³内混凝土搅运车运1km	100m³	0.257	

 思考题

某一级公路,路线全长30.859km,设计车速为100km/h,路基宽度为16m,路面宽度为15m。底基层采用多渣基层,厚度为22cm;基层采用石灰粉煤灰碎石(5:15:80),厚度为20cm;面层采用沥青混凝土,厚度为10cm,其中上面层采用中粒式沥青混凝土,厚度为4cm,下面层采用粗粒式沥青混凝土,厚度为6cm。其路面工程量清单见表4-21。试确定路面工程量清单单价所涉及的相关定额的定额代号、单位、数量和定额调整等内容,并填入表格中,需要时应列式计算或文字说明。

路面工程量　　　　表4-21

层(部)位	编号	工程项目名称	单位	数量	单价(元)
底基层	301	多渣底基层	1000m²	483.72	
基层	302	石灰粉煤灰碎石基层	1000m²	467.72	
面层	303	沥青混凝土	1000m²	460.02	

第5章　桥梁与涵洞工程清单计量与计价

5.1　桥梁涵洞工程清单计量基本规则

根据《公路工程工程量清单计量规则》(2018年版),桥梁涵洞工程包括:桥梁荷载试验、补充地质勘探、钢筋、挖基、混凝土灌注桩、钢筋混凝土沉桩、钢筋混凝土沉井、扩大基础;现浇混凝土下部构造、混凝土上部构造、预应力钢材、现浇预应力上部构造、预制预应力混凝土上部构造、斜拉桥上部构造、钢架拱上部构造;浆砌块片石及混凝土预制块、桥面铺装、桥梁支座、伸缩缝装置、涵洞工程。

5.1.1　桥梁涵洞工程量清单计量基本规则

(1)桥梁涵洞工程的基础、下部构造、上部构造混凝土的钢筋,包括钢筋及钢筋骨架用的铁丝、钢板、套筒、焊接、钢筋垫块或其他固定钢筋的材料以及钢筋除锈、制作安装、成品运输,作为钢筋工程的附属工作,不另行计量。

(2)圆管涵、倒虹吸管、盖板涵、拱涵、通道的钢筋,均包含在各项目内,不另行计量。附属结构包括缘石、人行道、防撞墙、栏杆、护栏、桥头搭板、枕梁、抗震挡块、支座垫块等构造物。

(3)预应力钢材、斜拉索的除锈制作安装运输及锚具、锚垫板、定位筋、连接件、封锚、护套、支架、附属装置和所有预埋件,包括在相应的工程项目内,不另行计量。

(4)本章所列工程项目涉及的养护、场地清理、吊装设备、拱盔、支架、工作平台、脚手架的搭设及拆除、模板的安装及拆除,均包含在相应工程项目内,不另行计量。

(5)混凝土拌和场站、构件预制场、储料场的建设、拆除、恢复,安装架设设备摊销、预应力张拉台座的设置及拆除均包含在相应工程项目内,不另行计量。

材料的计量尺寸为设计净尺寸。

(6)桥梁支座,包括固定支座、圆板式支座、球冠圆板式支座,以立方分米(dm^3)为单位计量,盆式支座按套计量。

(7)设计图纸标明的及由于地基出现溶洞等情况而进行的桥涵基底处理计量规则详见清单计量规则路基工程部分的特殊路基处理。

5.1.2　桥梁涵洞工程定额计量基本规则

1)一般规则

(1)现浇混凝土、预制混凝土、构件安装的工程量为构筑物或预制构件的实际体积,不包括其中空心部分的体积,钢筋混凝土项目的工程量不扣除钢筋(钢丝、钢绞线)、预埋件和预留孔道所占的体积。

(2)钢筋工程量为钢筋的设计质量,预算定额中已计入施工操作损耗,一般钢筋因接长所需增加的钢筋质量已包括在定额中,不得将这部分质量计入钢筋设计质量内。但对于某些特殊的工程,必须在施工现场分段施工采用搭接接长时,其搭接长度的钢筋质量未包括在定额中,应在钢筋的设计质量内计算。

2)混凝土工程

(1)定额中混凝土强度等级均按一般图纸选用,其施工方法除小型构件采用人拌人捣外,其他均按机拌机捣计量。

(2)定额中混凝土工程除小型构件、大型预制构件底座、混凝土搅拌站安拆和钢柜架桥式码头项目中已考虑混凝土的拌和费用外,其他混凝土项目中均未考虑混凝土的拌和费用,应按有关定额另行计算。

(3)定额中混凝土均按露天养护考虑,如采用蒸汽养护,应从各有关定额中按每10m³扣减人工1.0个工日及其他材料费4元,并按蒸汽养护有关定额计算。

(4)定额中混凝土工程均已包括操作范围内的混凝土运输。现浇混疑土工程的混凝土平均运距超过50m时,可根据施工组织设计的混凝土平均运距,按杂项工程中混凝土运输定额增列混凝土运输。

(5)定额中采用泵送混凝土的项目均已包括水平和向上垂直泵送所消耗的人工、机械,当水平泵送距离超过定额综合范围时,可按表5-1增列人工及机械消耗量。向上垂直泵送不得调整。

人工及机械消耗量 表5-1

项　　目		定额综合的水平泵送距离(m)	每100m³混凝土每增加水平距离50m增列数量	
			人工(工日)	混凝土输送泵(台班)
基础	灌注桩	100	1.08	0.24
	其他	100	0.89	0.16
上、下部结构		50	1.97	0.32
桥面铺装		250	1.97	0.32

(6)凡预埋在混凝土中的钢板、型钢、钢管等预埋件,均作为附属材料列入混凝土定额内。至于连接用的钢板、型钢等,则包括在安装定额内。

(7)大体积混凝土项目必须采用埋设冷却管来降低混凝土水化热时,可根据实际需要另行计算。

(8)除另有说明外,混凝土定额中均已综合脚手架、上下架、爬梯及安全围护等搭拆及摊销费用,使用定额时不得另行计算。

3)钢筋工程

(1)定额中凡钢筋直径在10mm以上的接头,除注明为钢套筒连接外,均采用电弧搭接焊或电阻对接焊。

(2)定额中的钢筋按选用图纸分为光圆钢筋、带肋钢筋,如设计图纸的钢筋比例与定额有出入,可调整钢筋品种的比例关系。

(3)定额中的钢筋是按一般定尺长度计算的,如设计提供的钢筋连接用钢套筒数量与定额有出入,可按设计数量整定额中的钢套筒消耗,其他消耗不调整。

4)模板工程

(1)模板不单列项目。混凝土工程中所需的模板包括钢模板、组合钢模板、木模板,均按其周转摊销量计入混凝土定额中。

(2)定额中的模板均为常规模板,当设计或施工对混凝土结构的外观有特殊要求需要对模板进行特殊处理时,可根据定额中所列的混凝土模板接触面积增列相应的特殊模板材料的费用。

(3)定额中所列的钢模板材料指工厂加工的适用于某种构件的定型钢模板,其质量包括立模所需的钢支撑及有关配件;组合钢模板材料指市场供应的各种型号的组合钢模板,其质量仅为组合钢模板的质量,不包括立模所需的支撑、拉杆等配件,定额中已计入所需配件材料的摊销量;木模板按工地制作编制,定额中将制作所需的工、料、机械台班消耗按周转摊销量计算。

(4)定额中均已包括各种模板的维修、保养所需的工、料及费用。

5)设备摊销费

定额中设备摊销费的设备指属于固定资产的金属设备,包括万能杆件、装配式钢桥柜架及有关配件拼装的金属架桥设备。挂篮、移动模架设备摊销费按设备质量以每吨每月180元计算,其他设备摊销费按设备质量以每吨每月140元计算(除设备本身折旧费用,还包括设备的维修、保养等费用)。各项目中凡注明允许调整的,可按计划使用时间调整。

5.2 桥梁钢筋工程清单计量与计价

本节工作内容包括桥梁及结构物工程中钢筋的供应、试验、储存、加工及安装,主要为桥梁工程的基础钢筋、下部结构钢筋、上部结构钢筋和附属结构钢筋。

5.2.1 清单工程量计量规则

桥梁钢筋工程工程量清单计量规则见表5-2。

桥梁钢筋工程工程量清单计量规则 表5-2

子目号	子目名称	单位	工程量计量	工程内容
403	钢筋			
403-1	基础钢筋(含灌注桩、承台、桩系梁、沉桩、沉井等)	kg	1. 依据图纸所示及钢筋表所列钢筋质量以千克为单位计量; 2. 固定钢筋的材料、定位架立钢筋、钢筋接头、吊装钢筋、钢板、铁丝作为钢筋作业的附属工作,不另行计量	1. 钢筋的保护、储存及除锈; 2. 钢筋整直、接头; 3. 钢筋截断、弯曲; 4. 钢筋安设、支承及固定
403-2	下部结构钢筋	kg	1. 依据图纸所示及钢筋表所列钢筋质量以千克为单位计量; 2. 固定钢筋的材料、定位架立钢筋、钢筋接头、吊装钢筋、钢板、铁丝作为钢筋作业的附属工作,不另行计量	1. 钢筋的保护、储存及除锈; 2. 钢筋整直、接头; 3. 钢筋截断、弯曲; 4. 钢筋安设、支承及固定
403-3	上部结构钢筋	kg	1. 依据图纸所示及钢筋表所列钢筋质量以千克为单位计量; 2. 固定钢筋的材料、定位架立钢筋、钢筋接头、吊装钢筋、钢板、铁丝作为钢筋作业的附属工作,不另行计量	1. 钢筋的保护、储存及除锈; 2. 钢筋整直、接头; 3. 钢筋截断、弯曲; 4. 钢筋安设、支承及固定

续上表

子目号	子目名称	单位	工程量计量	工程内容
403-4	附属结构钢筋	kg	1. 依据图纸所示及钢筋表所列钢筋质量以千克为单位计量； 2. 缘石、人行道、防撞墙、栏杆、桥头搭板、枕梁、抗震挡块、支座垫块等构造物，其所用钢筋以及伸缩缝预埋的钢筋，均列入本子目计量； 3. 固定钢筋的材料、定位架立钢筋、钢筋接头、吊装钢筋、钢板、铁丝作为钢筋作业的附属工作，不另行计量	1. 钢筋的保护、储存及除锈； 2. 钢筋整直、接头； 3. 钢筋截断、弯曲； 4. 钢筋安设、支承及固定

5.2.2 计量与支付

1）支付

按上述规定计量，经监理人验收的列入了工程量清单的以下支付子目的工程量，其每一计量单位，将以合同单价支付。此项支付包括材料、劳力、设备、检验及其他为完成钢筋工程所必需的费用，是对完成工程的全部偿付。

2）支付子目

钢筋清单支付子目见表 5-3。

钢筋清单支付子目　　　　表 5-3

子目号	子目名称	单位
403-1	基础钢筋（包括灌注桩、承台、沉桩、沉井等）	
-a	HPB300 钢筋	kg
-b	HRB400 钢筋	kg
403-2	下部结构钢筋	
-a	HPB300 钢筋	kg
-b	HRB400 钢筋	kg
403-3	上部结构钢筋	
-a	HPB300 钢筋	kg
-b	HRB400 钢筋	kg
403-4	附属结构钢筋	
-a	HPB300 钢筋	kg
-b	HRB400 钢筋	kg

注：附属结构包括缘石、人行道、防撞墙、栏杆、护栏、桥头搭板、枕梁、抗震挡块、支座垫块等构造物，其所用钢筋，均列入 403-4 项内。

5.2.3 例题分析

【例题 5-1】 某桥梁工程，其系梁钢筋构造如图 5-1 所示。图中除钢筋直径以毫米计外，其余均以厘米计；图中 $\phi 8mm$ 钢筋为 Ⅰ 级钢筋，$\phi 22mm$ 为 Ⅱ 级钢筋。

回答下列问题:

(1)试计算该系梁Ⅰ级钢筋和Ⅱ级钢筋的设计工程量,给出该系梁钢筋部分施工图预算涉及的子目及其相关定额名称、编号、单位和定额工程量。

(2)试给出该系梁钢筋部分所涉及的清单子目、编号、单位和清单工程量。

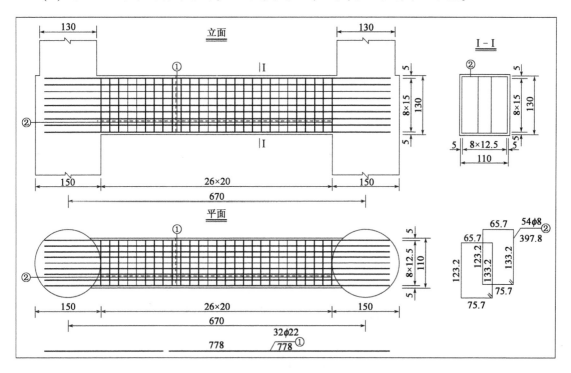

图 5-1 某桥梁工程系梁钢筋构造图(尺寸单位:mm)

解:

(1) Ⅰ钢筋(ϕ8mm)工程量:$54 \times 3.978 \times 0.395 = 84.85(kg)$

Ⅱ钢筋(ϕ22mm)工程量:$32 \times 7.78 \times 2.984 = 742.90(kg)$

该系梁钢筋部分施工图预算涉及的子目及其相关定额名称、编号、单位和定额工程量见表5-4。

定 额 组 价　　　　　　　　　　　　　　　　　　　　　表5-4

子目号或定额号	子目名称或定额名称	单位	工程量	定额调整
4-6-4-10	现场加工系梁钢筋(Ⅰ钢筋)	1t	84.85/1000	HPB300钢筋1.1,HRB400钢筋0
4-6-4-10	现场加工系梁钢筋(Ⅱ钢筋)	1t	742.90/1000	HPB300钢筋0,HRB400钢筋1.1

(2)该系梁钢筋部分所涉及的清单子目、编号、单位和清单工程量见表5-5。

清 单 子 目　　　　　　　　　　　　　　　　　　　　　表5-5

子目号	子目名称	单位	工程量
403-2	下部结构钢筋		
-a	HPB300钢筋	kg	84.85
-b	HRB400钢筋	kg	742.90

5.3 基础挖方清单计量与计价

5.3.1 基础挖方定额工程量计量

1) 工程量计量规则

(1) 基坑开挖工程量按基坑容积计算。基坑结构如图 5-2 所示,图 a) 基坑为平截方锥,图 b) 基坑为截头圆锥。其计算公式如下:

$$V = \frac{h}{6} \times [ab + (a + a_1)(b + b_1) + a_1 b_1] \quad (基坑为平截方锥时) \quad (5-1)$$

$$V = \frac{\pi h}{3} \times (R^2 + Rr + r^2) \quad (基坑为截头圆锥时) \quad (5-2)$$

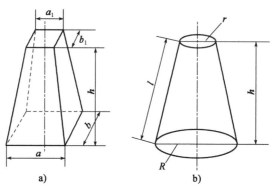

图 5-2 基坑结构图

(2) 基坑挡土板的支挡面积,按坑内所需支挡的实际侧面积计算。

(3) 墩(台)基坑水泵台班消耗 = 湿处挖基工程量×挖基水泵台班 + 墩(台)座数×修筑水泵台班

(4) 基坑水泵台班消耗表中水位高度栏中"地面水"适用于围堰内挖基,水位高度指施工水位至坑顶的高度,其水泵消耗台班已包括排除地下水所需台班数量,不得再按"地下水"加计水泵台班;"地下水"适用于岸滩湿处的挖基,水位高度指施工水位至坑底的高度,其工程量应为施工水位以下的湿处挖基工程数量,施工水位至坑顶部分的挖基,应按干处挖基对待,不计水泵台班。

2) 相关说明

(1) 干处挖基指开挖无地面水及地下水位以上部分的土壤,湿处挖基指开挖在施工水位以下部分的土壤。挖基坑石方、淤泥、流沙不分干处、湿处,均采用同一定额。

(2) 开挖基坑土、石方运输按弃土于坑外 10m 范围内考虑,如坑上水平运距超过 10m,另按路基土、石方增运定额计算。

(3) 基坑深度为坑的顶面中心高程至底面的数值。在同一基坑内,不论开挖哪一深度均执行该基坑的全深度定额。

(4) 电动卷扬机配抓斗及人工开挖配卷扬机吊运基坑土、石方定额中,已包括移动摇头扒杆用工,但摇头扒杆的配置数量应根据工程需要按吊装设备定额另行计算。

(5) 开挖基坑定额中已综合了基底夯实、基坑回填及检平石质基底用工,湿处挖基还包括挖边沟、挖集水井及排水作业用工,使用定额时不得另行计算。

(6)开挖基坑定额中不包括挡土板,需要时应据实按有关定额另行计算。

(7)机械挖基定额中已综合了基底高程以上20cm范围内采用人工开挖和基底修整用工。

(8)本节基坑开挖定额均按原土回填考虑,若采用取土回填,应按路基工程有关定额另计取土费用。

(9)挖基定额中未包括水泵台班,挖基及基础、墩台修筑所需的水泵台班按"基坑水泵台班消耗表"的规定计算,并计入挖基项目中。

5.3.2 基础挖方清单工程量计量与支付

1)计量

基坑开挖及回填工程量清单计量规则见表5-6。

基坑开挖及回填工程量清单计量规则　　　　　　表5-6

子目号	子目名称	单位	工程量计量	工程内容
404	基坑开挖及回填			
404-1	干处挖土方	m³	1. 根据图示,取用底、顶面间平均高度的棱柱体体积,分别按干处、水下及土、石,以立方米为单位计量; 2. 在地下水位以上开挖的为干处挖方;在地下水位以下开挖的为水下挖方; 3. 基坑底面、顶面及侧面的确定应符合下列规定: 　a.基坑开挖底面:按图纸所示的基底高程线计算。 　b.基坑开挖顶面:按设计图纸横断面上所标示的原地面线计算。 　c.基坑开挖侧面:按顶面到底面,以超出基底周边0.5m的竖直面为界	1. 场地清理; 2. 围堰、排水; 3. 基坑开挖; 4. 基坑支护; 5. 基坑检查、修整; 6. 基坑回填、压实; 7. 弃方清运
404-2	水下挖土方	m³		
404-3	干处挖石方	m³		1. 场地清理; 2. 围堰、排水; 3. 钻爆; 4. 出渣; 5. 基坑支护; 6. 基坑检查、修整; 7. 基坑回填、压实; 8. 弃方清运
404-4	水下挖石方	m³		

2)支付

按上述规定计量,经监理人验收的列入了工程量清单的以下支付子目的工程量,其每一计量单位,将以合同单价支付。此项支付包括材料、劳力、设备、运输等及其他为完成挖基及回填工程所必需的费用,是对完成工程的全部偿付。

3)支付子目

基坑开挖及回填清单支付子目见表5-7。

基坑开挖及回填清单支付子目　　　　　　表5-7

子目号	子目名称	单位
404-1	干处挖土方	m³
404-2	水下挖土方	m³
404-3	干处挖石方	m³
404-4	水下挖石方	m³

5.3.3 例题分析

【例题 5-2】 某桥梁共有 6 个墩台、基坑开挖工程,采取 2 个坑平行施工,用电动卷扬机配抓斗开挖。其中某岸墩基坑已知施工期无常水,运距 20m,水中挖砂砾 37.5m³、水中挖岩石 185.0m³、基坑总挖方 269.5m³、基底以上 20cm 处用人工挖方 12.5m³。试列出该基坑工程造价所涉及相关定额的名称、代号、数量等内容。

分析:

(1)根据预算定额开挖基坑部分的节说明中的规定,可知该基坑的干处挖基工程量为地下水位以上的土方:269.5 − 37.5 − 185.0 = 47.0(m³)

开挖深度按节说明 3 的规定均按坑全深计。但由于该基坑采用机械挖基坑土石方,故本题没有必要区分干处、湿处挖基以及基坑深度等。

(2)根据节说明 2,定额包括弃运土石到坑外 10m 范围的工作,本题的运距为 20m,需增加相应增运定额。

(3)根据节说明 7,"机械挖基定额中已综合了基底高程以上 20cm 范围内采用人工开挖和基底修整用工。"因此,本题中人工挖方 12.5m³ 不予考虑。

该基坑涉及相关子目及定额见表 5-8。

定 额 组 价　　　　　　　　　　表 5-8

序号	工 程 项 目	定 额 代 号	单 位	数 量	调整或说明
1	挖基坑土方	4-1-3-1	1000m³	0.0845	
2	挖基坑石方	4-1-3-9	1000m³	0.185	
3	推土机推土	1-1-12-4	1000m³	0.2695	增运 10m

【例题 5-3】 某桥梁墩台基坑位于河岸干处,设计坑底为 6m×6m 的正方形,基坑深 5m,其中坑底以上 1m 范围内有地下水,土质均为黏性土。采用人工挖基坑,坡比为 1:0.5,湿处采用挡土板对四周进行支挡,挡土板总面积为 30m²,采用集水井方式排基坑水,为保证施工方便,基坑底各边需有 0.5m 的工作宽度。回答下列问题:

(1)列出编制该基坑工程施工图预算所涉及的相关定额及定额工程量。

(2)编制该基坑涉及的工程量清单子目及清单工程量。

(3)若问题(1)中该基坑的施工图预算建筑安装工程费为 6 万元,其中干处挖基的建筑安装工程费为 4.3 万元,确定问题(2)中清单子目的合理综合单价及总价。

(4)在问题(3)的基础上,若施工单位开挖到基坑底后,为保证施工质量,用素混凝土对基坑底进行了整体硬化以增强基底的承载能力,该部分共花费 800 元,问监理工程师该如何对该基坑工程进行计量与支付?

解:

(1)计算。

①人工挖基坑土方总量:$5/6 \times [7^2 + (12+7) \times (12+7) + 12^2] = 461.67(m^3)$

②人工挖基坑土方湿处工程量:$1/6 \times [7^2 + (8+7) \times (8+7) + 8^2] = 56.33(m^3)$

③人工挖基坑土方干处工程量:$461.67 − 56.33 = 405.34(m^3)$

④挡土板工程量:30m²

⑤根据本书 5.3.1 节中关于水泵台班消耗的计量规则并查阅预算定额说明中的"基坑水泵台班消耗表",计算该基坑排水水泵台班消耗:$56.33/10 \times 0.04 + 2.44 = 2.67$(台班)

该基坑工程施工图预算所涉及的相关定额及定额工程量见表 5-9。

定额组价 表 5-9

序号	工程项目	定额代号	单位	数量	调整或说明
1	人工挖土方干处	4-1-1-2	1000m³	0.405	
2	人工挖土方湿处	4-1-1-4	1000m³	0.056	
3	挡土板	4-1-4-1	100m²	0.3	
4	水泵台班消耗		台班	2.94	

(2)根据本书 5.3.2 节中基坑挖方的计量规则,即:基础挖方按干处、水下及土、石,以立方米为单位计量;基础挖方侧面按顶面到底面,以超出基底周边 0.5m 的竖直面为界;完成基础挖方所做的地面排水及围堰、基坑支撑及抽水、基坑回填与压实、错台开挖及斜坡开挖等,作为挖基工程的附属工作,不另行计量,所以该基坑工程包括 2 个工程量清单子目,分别为干处挖土方和湿处挖土方,其中:

干处挖土方清单工程量:$(6+0.5 \times 2) \times (6+0.5 \times 2) \times (5-1) = 196 (m^3)$

湿处挖土方清单工程量:$(6+0.5 \times 2) \times (6+0.5 \times 2) \times 1 = 49 (m^3)$

该基坑涉及的工程量清单子目及清单工程量见表 5-10。

清单子目 表 5-10

子目编号	子目名称	单位	工程量	综合单价	总价
404-1	干处挖土方	m³	196		
404-2	水下挖土方	m³	49		

(3)根据各项施工图预算建筑安装工程费直接确定清单子目综合单价即可。实际投标过程中,施工企业多采用企业定额或者项目经验确定各清单子目综合单价。以预算定额作为参考,清单子目见表 5-11。

清单子目 表 5-11

子目编号	子目名称	单位	工程量	综合单价	总价
404-1	干处挖土方	m³	196	219.39	43000.44
404-2	水下挖土方	m³	49	346.94	17000.06

(4)根据计量与支付规则,施工单位应按图施工,为保证工程质量而多施工的部分或者超出施工图纸的工程量均不予计量。因此,监理工程师应该按照问题(3)中的清单子目进行计量与支付。

5.4 混凝土灌注桩及沉井清单计量与计价

5.4.1 混凝土灌注桩及沉井定额工程量计量

1)工程量计量规则

(1)灌注桩成孔工程量按设计入土深度计算。定额中的孔深指护筒顶至桩底(设计高程)的深度。造孔定额中同一孔内的不同土质,不论其所在的深度如何,均采用总孔深定额。

(2)人工挖孔的工程量按护筒(护壁)外缘所包围的面积乘以设计孔深计算。

(3)浇筑水下混凝土的工程量按设计桩径横断面面积乘以设计桩长计算,不得将扩孔因素计入工程量。

(4)灌注桩工作平台的工程量按施工组织设计需要的面积计算。

(5)钢护筒的工程量按护筒的设计质量计算。设计质量为加工后的成品质量,包括加劲肋及连接用法兰盘等全部钢材的质量。当设计提供不出钢护筒的质量时,可参考表5-12的质量进行计算,桩径不同时可内插计算。

护筒单位质量换算　　表5-12

桩径(cm)	100	120	150	200	250	300	350
护筒单位质量(kg/m)	267.0	390.0	568.0	919.0	1504.0	1961.0	2576.0

(6)沉井制作的工程量:重力式沉井为设计图纸井壁及隔墙混凝土数量;钢丝网水泥薄壁浮运沉井为刃脚及骨架钢材的质量,但不包括铁丝网的质量;钢壳沉井的工程量为钢材的总质量。

(7)沉井下沉定额的工程量按沉井刃脚外缘所包围的面积乘以沉井刃脚下沉入土深度计算。沉井下沉按土、石所在的不同深度分别采用不同下沉深度的定额。定额中的下沉深度指沉井顶面到作业面的高度。定额中已综合了溢流(翻砂)的数量,不得另加工程量。

(8)沉井浮运、接高、定位落床定额的工程量为沉井刃脚外缘所包围的面积,分节施工的沉井接高的工程量应按各节沉井接高工程量之和计算。

2)相关说明

(1)灌注桩造孔根据造孔的难易程度,将土质分为8种:

①砂土:粒径不大于2mm的砂类土,包括淤泥、轻亚黏土。

②黏土:亚黏土、黏土、黄土,包括土状风化。

③砂砾:粒径2~20mm的角砾、圆砾含量(指质量比,下同)小于或等于50%,包括缯石及粒状风化。

④砾石:粒径2~20mm的角砾、圆砾含量大于50%,有时还包括粒径20~200mm的碎石、卵石,其含量在10%以内,包括块状风化。

⑤卵石:粒径20~200mm的碎石、卵石含量大于10%,有时还包括块石、漂石,其含量在10%以内,包括块状风化。

⑥软石:饱和单轴极限抗压强度在40MPa以下的各类松软的岩石,如盐岩,胶结不紧的砾岩、泥质页岩、砂岩,较坚实的泥灰岩、块石土及漂石土,软而节理较多的石灰岩等。

⑦次坚石:饱和单轴极限抗压强度为40~100MPa的各类较坚硬的岩石,如硅质页岩,硅质砂岩,白云岩,石灰岩,坚实的泥灰岩,软玄武岩,片麻岩,正长岩,花岗岩等。

⑧坚石:饱和单轴极限抗压强度在100MPa以上的各类坚硬的岩石,如硬玄武岩,坚实的石灰岩、白云岩、大理岩、石英岩、闪长岩、粗粒花岗岩、正长岩等。

(2)灌注桩成孔定额分为人工挖孔、卷扬机带冲抓锥冲孔、卷扬机带冲击锥冲孔、冲击钻机钻孔、回旋钻机钻孔、潜水钻机钻孔6种。定额中已按摊销方式计入钻架的制作、拼装、移位、拆除及钻头维修所耗用的工、料、机械台班数量,钻头的费用已计入设备摊销费中,使用本节定额时不得另行计算。

(3) 灌注桩混凝土定额按机械拌和、工作平台上导管倾注水下混凝土编制，定额中已包括混凝土灌注设备（如导管等）摊销的工、料费用及扩孔增加的混凝土数量，使用定额时不得另行计算。

(4) 钢护筒定额中，干处埋设按护筒设计质量的周转摊销量计入定额中，使用定额时不得另行计算。水中埋设按护筒全部设计质量计入定额中，可根据设计确定的回收量按规定计算回收金额。

(5) 护筒定额中，已包括陆地上埋设护筒用的黏土或水中埋设护筒定位用的导向架及钢质或钢筋混凝土护筒接头用的铁件、硫黄胶泥等埋设时用的材料、设备消耗，使用定额时不得另行计算。

(6) 浮箱工作平台定额中，每只浮箱的工作面积为 $3 \times 6 = 18(m^2)$。

(7) 使用成孔定额时，应根据施工组织设计的需要合理选用定额子目，当不采用泥浆船的方式进行水中灌注桩施上时，除按 90kW 以内内燃拖轮数量的一半保留拖轮和驳船的数量外，其余拖轮和驳船的消耗应扣除。

(8) 在河滩、水中采用筑岛方法施工时，应采用陆地上成孔定额计算。

(9) 本节定额是按一般黏土造浆进行编制的，如实际采用膨润土造浆，其膨润土的用量可按定额中黏土用量乘以系数进行计算。即：

$$Q = 0.095 \times V \times 1000 \quad (5-3)$$

式中：Q——膨胀土的用量(kg)；

V——黏土的用量(m^3)。

(10) 当设计桩径与定额采用桩径不同时，可按表 5-13 进行系数调整。

桩 径 换 算 系 数 表 5-13

桩径(cm)		120	130	140	160	170	180	190	210	220	230	240
调整系数	冲击锥、冲击钻	0.85	0.9	0.95	0.8	0.85	0.9	0.95	0.88	0.91	0.94	0.97
	回旋钻		0.94	0.97	0.75	0.82	0.87	0.92	0.88	0.91	0.94	0.96
计算基数		桩径 150cm 以内			桩径 200cm 以内				桩径 250cm 以内			

桩径(cm)		260	270	280	290	310	320	330	340
调整系数	回旋钻	0.72	0.78	0.85	0.92	0.7	0.78	0.85	0.93
计算基数		桩径 300cm 以内				桩径 350cm 以内			

(11) 沉井制作分钢筋混凝土重力式沉井、钢丝网水泥薄壁浮运沉井、钢壳浮运沉井三种。沉井浮运、落床、下沉、填塞定额，均适用于以上三种沉井。

(12) 沉井下沉用的工作台、三角架、运土坡道、卷扬机工作台均已包括在定额中。井下爆破材料除硝铵炸药外，其他列入"其他材料费"中。

(13) 沉井下水轨道的钢轨、枕木、铁件按周转摊销量计入定额中，定额还综合了轨道的基础及围堰等的工、料，使用定额时不得另行计算。但轨道基础的开挖工作本定额中未计入，需要时按有关定额另行计算。

(14) 沉井浮运定额仅适用于只有一节的沉井或多节沉井的底节，分节施工的沉井除底节外的其余各节的浮运、接高均应执行沉井接高定额。

(15) 导向船、定位船船体本身加固所需的工、料、机消耗及沉井定位落床所需的锚绳均已综合在定额中,使用定额时不得另行计算。

5.4.2 混凝土灌注桩及沉桩清单工程量计量与支付

1)钻孔灌注桩清单工程量计量与计价

(1)计量

钻孔灌注桩工程量清单计量规则见表5-14。

钻孔灌注桩工程量清单计量规则　　　　　　　表5-14

子目号	子目名称	单位	工程量计量	工程内容
405	钻孔灌注桩			
405-1	钻孔灌注桩			
-a	陆上钻孔灌注桩	m	1. 依据图纸所示桩长及混凝土强度等级,按照不同桩径的桩长以米为单位计量; 2. 施工图设计水深小于2m(含2m)的为陆上钻孔灌注桩; 3. 桩长为桩底高程至承台底面或系梁底面。对于与桩连为一体的柱式墩台,如无承台或系梁时,则以桩位处原始地面线为分界线,地面线以下部分为灌注桩桩长。若图纸有标示的,按图纸标示为准	1. 安设护筒及设置钻孔平台; 2. 钻机安拆,就位; 3. 钻孔、成孔、成孔检查; 4. 安装声测管; 5. 混凝土制拌、运输、浇筑; 6. 破桩头; 7. 按招标文件技术规范405.11小节的规定进行桩基检测
-b	水中钻孔灌注桩	m	1. 依据图纸所示桩长及混凝土强度等级,按照不同桩径的桩长以米为单位计量; 2. 施工图设计水深大于2m的为水中钻孔灌注桩; 3. 桩长为桩底高程至承台底面或系梁底面。对于与桩连为一体的柱式墩台,如无承台或系梁时,则以桩位处原始地面线为分界线,地面线以下部分为灌注桩桩长。若图纸有标示的,按图纸标示为准	1. 搭设水中钻孔平台、筑岛或围堰、横向便道; 2. 钻机安拆,就位; 3. 钻孔、成孔、成孔检查; 4. 安装声测管; 5. 混凝土制拌、运输、浇筑; 6. 破桩头; 7. 按招标文件技术规范405.11小节的规定进行桩基检测
405-2	钻取混凝土芯样检测（暂定工程量）	m	1. 按实际钻取的混凝土芯样长度,分不同钻径以米为单位计量; 2. 如混凝土质量合格,钻取的芯样给予计量,否则不予计量	1. 场地清理; 2. 钻机安拆、钻芯; 3. 取样、试验
405-3	破坏荷载试验用桩（暂定工程量）	m	依据图纸所示桩长及混凝土强度等级,按照不同桩径的桩长以米为单位计量	1. 钻孔平台搭设、筑岛或围堰; 2. 钻机安拆,就位; 3. 钻孔、成孔、成孔检查; 4. 安装声测管; 5. 混凝土制拌、运输、浇筑; 6. 破桩头

(2)支付

按上述规定计量,经监理人验收的列入了工程量清单的以下支付子目的工程量,其每一计量单位,将以合同单价支付。此项支付包括材料、劳力、设备、运输等及其他为完成钻孔灌注桩工程所必需的费用,是对完成工程的全部偿付。

(3)支付子目

钻孔灌注桩清单支付子目见表5-15。

钻孔灌注桩清单支付子目　　　　　表5-15

子目号	子目名称	单位
405-1	钻孔灌注桩(φ…m)	m
-a	陆上钻孔灌注桩	m
-b	水中钻孔灌注桩	m
405-2	钻取混凝土芯样检测(暂定工程量)	m
405-3	破坏荷载试验用桩(暂定工程量)	m

2)挖孔灌注桩清单工程量计量与计价

(1)计量

挖孔灌注桩工程量清单计量规则见表5-16。

挖孔灌注桩工程量清单计量规则　　　　　表5-16

子目号	子目名称	单位	工程量计量	工程内容
407	挖孔灌注桩			
407-1	挖孔灌注桩	m	1.依据图纸所示桩长及混凝土强度等级，按照不同桩径的桩长以米为单位计量； 2.桩长为桩底高程至承台底面或系梁底面。对于与桩连为一体的柱式墩台，如无承台或系梁时，则以桩位处原始地面线为分界线，地面线以下部分为灌注桩桩长，若图纸有标示的，按图纸标示为准	1.设置支撑与护壁； 2.挖孔、清孔、通风、钎探、排水； 3.安装声测管； 4.混凝土制拌、运输、浇筑； 5.破桩头； 6.按招标文件技术规范405.11小节的规定进行桩基检测
407-2	钻取混凝土芯样检测(暂定工程量)	m	1.按实际钻取的混凝土芯样长度，分不同钻径以米为单位计量； 2.如混凝土质量合格，钻取的芯样给予计量，否则不予计量	1.场地清理； 2.钻机安拆、钻芯； 3.取样、试验
407-3	破坏荷载试验用桩(暂定工程量)	m	依据图纸所示桩长及混凝土强度等级，按照不同桩径的桩长以米为单位计量	1.设置支撑与护壁； 2.挖孔、清孔、通风、钎探、排水； 3.安装声测管； 4.混凝土制拌、运输、浇筑； 5.破桩头

(2)支付

按上述规定计量，经监理人验收列入了工程量清单以下支付子目的工程量，其每一计量单位，将以合同单价支付。此项支付包括材料、劳力、设备、运输等及其他为完成挖灌注桩工程所必需的费用，是对完成工程的全部偿付。

(3)支付子目

挖孔灌注桩清单支付子目见表5-17。

挖孔灌注桩清单支付子目　　　　　表5-17

子目号	子目名称	单位
407-1	挖孔灌注桩	m
407-2	钻取混凝土芯样（暂定工程量）	m
407-3	破坏荷载试验用桩（暂定工程量）	m

3）沉桩清单工程量计量与计价

（1）计量

沉桩工程量清单计量规则见表5-18。

沉桩工程量清单计量规则　　　　　表5-18

子目号	子目名称	单位	工程量计量	工程内容
406	沉桩			
406-1	钢筋混凝土沉桩	m	依据图纸所示桩长及混凝土强度等级，按照不同桩径的桩长以米为单位计量	1. 钢筋混凝土桩预制、养护、移运、沉入、桩头处理； 2. 锤击、射水、接桩
406-2	预应力混凝土沉桩	m	依据图纸所示桩长及混凝土强度等级，按照不同桩径的桩长以米为单位计量	1. 预应力混凝土桩预制、养护、移运、沉入、桩头处理； 2. 锤击、射水、接桩
406-3	试桩（暂定工程量）	m	依据图纸所示桩长及混凝土强度等级，按照不同桩径的桩长以米为单位计量	1. 钢筋混凝土或预应力混凝土桩预制、养护、移运、沉入、桩头处理； 2. 锤击、射水、接桩

（2）支付

按上述规定计量，经监理人验收列入了工程量清单的以下支付子目的工程量，其每一计量单位，将以合同单价支付。此项支会包括材料、劳力、设备、运输等及其他为完成沉井基础所必需的费用，是对完成工程的全部偿付。

（3）支付子目

沉桩清单支付子目见表5-19。

沉桩清单支付子目　　　　　表5-19

子目号	子目名称	单位
406-1	钢筋混凝土沉桩	m
406-2	预应力混凝土沉桩	m
406-3	试桩（暂定工程量）	m

5.4.3 例题分析

【例题5-4】 某预应力混凝土连续梁桥，桥跨组合为50m+(3×80)m+50m，桥梁全长345.50m，桥梁宽度为25.00m。基础为钻孔灌注桩，采用回旋钻机施工，桥墩为每排三根共6

根桩径2.50m的桩,桥台为8根桩径2.00m的桩。承台尺寸为8.00m×20.00m×3.00m。除桥台为干处施工外,其余均为水中施工(水深5m以内)。混凝土均要求采用集中拌和、泵送施工,水上混凝土施工考虑搭便桥的方法,便桥费用不计。该工程计划工期为18个月。其施工图设计的主要工程数量见表5-20。

工程数量 表5-20

项 目		钻孔深度(m)				钢筋(t)
		砂土	砂砾	软石	次坚石	
灌注桩	桩径2.5m	87	862	176	27	329
	桩径2.0m	67	333	160	—	
承台		封底混凝土(m³)		承台混凝土(m³)		钢筋(t)
		720		1440		68

回答下列问题:

(1)列出该桥梁基础施工图预算所涉及的相关子目名称、编号和工程量,以及所涉及相关定额的名称、单位、定额代号、数量等内容,并填入表格中,需要时应列式计算。

(2)列出该桥梁基础涉及的清单子目、编号和工程量,进一步列出在进行清单组价时所涉及相关定额的名称、单位、定额代号和数量。

分析:

(1)桩基础和承台工程造价涉及的相关定额应根据其施工工艺进行选择,即:施工平台搭设→护筒埋设→钻机就位→钻孔→清孔→下放钢筋笼→浇筑混凝土→养护、围堰施工→水下混凝土封底→钢筋加工→模板安装→浇筑承台混凝土→养护。其中,钻孔定额按孔径和孔深选择,孔径按照平均深度进行考虑,桩径2.0m的平均孔深为:(67+333+160)/16=35(m),桩径2.5m的平均孔深为(87+862+176+27)/24=48(m);混凝土需考虑其拌和及拌和站建设的定额,拌和工程量需考虑损耗量调整;桩基础的清孔、导管、泥浆制备等工作均已包括在混凝土浇筑定额中,无须另选定额;桥墩桩径在水中施工,需考虑搭设工作平台定额;由于承台在水中,考虑用钢套箱围堰施工,围堰高度以高出水面0.5m为宜,钢套箱定额中的设备摊销费是按照4个月进行考虑的,实际需按照施工组织设计进行调整。

(2)根据《公路工程工程量清单计量规则》(2018年版),灌注桩按不同孔径分别计量,钢筋在第403节单独计量,承台混凝土为基础混凝土在第410节按混凝土强度等级分别计量。由于题目中未说明钢筋的种类,此处全部按照Ⅰ级钢筋进行考虑。灌注桩按桩径2.0m和2.5m分别计量,其中拌和站定额工程量按混凝土占比进行确定,混凝土拌和的定额工程量需考虑损耗量。

解:

(1)计算。

①钻孔灌注桩护筒数量的确定。

根据钻孔土质情况,拟定桩径2.00m的护筒长度平均为3.5m,其重量为:

8×2×3.50×0.919=51.46(t)

根据钻孔土质情况,拟定桩径2.50m的护筒长度平均为10.0m,其重量为:

6×4×10.00×1.504=360.96(t)

②水中施工钻孔工作平台数量的确定。

根据承台平面尺寸,拟定工作平台尺寸为 $10m \times 25m$,其面积为:
$10 \times 25 \times 4 = 1000(m^2)$
③钻孔灌注桩混凝土数量的确定。
桩径 2.0m:$(67+333+160) \times 2.0^2 \times \pi \div 4 = 1758.4(m^3)$
桩径 2.5m:$(87+862+176+27) \times 2.5^2 \times \pi \div 4 = 5652(m^3)$
桩基础混凝土总量:$1758.4 + 5652 = 7410.4(m^3)$
④承台采用钢套箱施工,其重量为:
$(8+20) \times 2 \times 5.5 \times 4 \times 0.15 = 184.8(t)$
⑤该桥梁桩基础施工图预算所涉及的相关子目名称、编号和工程量,以及所涉及相关定额的名称、单位、定额代号、数量等内容见表 5-21。

定 额 组 价   表 5-21

子目号或定额编号	子目名称或定额名称	单位	工程量	定额调整或说明
20	桩基础	m³	7410.4	
4-4-4-65	桩径2.0m内孔深40m内砂土	10m	6.7	
4-4-4-67	桩径2.0m内孔深40m内砂砾	10m	33.3	
4-4-4-70	桩径2.0m内孔深40m内软石	10m	16	
4-4-4-313	桩径2.5m内孔深60m内砂土	10m	8.7	
4-4-4-315	桩径2.5m内孔深60m内砂砾	10m	86.2	
4-4-4-318	桩径2.5m内孔深60m内软石	10m	17.6	
4-4-4-319	桩径2.5m内孔深60m内次坚石	10m	2.7	
4-4-9-7	桩径2.0m内钢护筒	t	51.46	
4-4-9-8	桩径2.5m内钢护筒	t	360.96	
4-4-10-1	水中施工工作平台	100m²	10	
4-4-8-15	灌注桩混凝土	10m³	741.04	
4-4-8-26	灌注桩钢筋	t	329	
4-11-11-12	桩基混凝土拌和	10m³	741.04	×1.197
4-11-11-7	混凝土搅拌站	1座	1	
	承台	m³	1440	
4-2-6-1	钢套箱	10t	18.48	设备摊销费×18/4
4-6-1-11	承台封底混凝土	10m³	72	
4-6-1-9	承台混凝土	10m³	144	
4-6-1-13	承台钢筋	t	68	
4-11-11-12	承台混凝土拌和	10m³	216	×1.04

(2)该桥梁基础涉及的清单子目、编号和工程量,以及在进行清单组价时所涉及相关定额的名称、单位、定额代号和数量见表 5-22。

清单子目与定额组价 表5-22

子目号或定额号	清单子目名称或定额名称	单位	工程量	定额调整
403-1	基础钢筋			
-a	HPB300 钢筋	kg	397000	
4-4-8-26	桩基焊接连接钢筋（Ⅰ钢筋）	1t	329	HPB300 钢筋 1.021，HRB400 钢筋 0
4-6-1-13	承台钢筋（Ⅰ钢筋）	1t	68	HPB300 钢筋 1.021，HRB400 钢筋 0
405-1	钻孔灌注桩			
-a	φ2.0m	m	560	
4-4-4-65	桩径2.0m内孔深40m内砂土	10m	6.7	
4-4-4-67	桩径2.0m内孔深40m内砂砾	10m	33.3	
4-4-4-70	桩径2.0m内孔深40m内软石	10m	16	
4-4-9-7	桩径2.0m内钢护筒	t	51.46	
4-4-8-15	灌注桩混凝土	10m³	175.84	
4-11-11-12	桩基混凝土拌和	10m³	175.84	×1.197
-b	φ2.5m	m	1152	
4-4-4-313	桩径2.5m内孔深60m内砂土	10m	8.7	
4-4-4-315	桩径2.5m内孔深60m内砂砾	10m	86.2	
4-4-4-318	桩径2.5m内孔深60m内软石	10m	17.6	
4-4-4-319	桩径2.5m内孔深60m内次坚石	10m	2.7	
4-4-9-8	桩径2.5m内钢护筒	t	360.96	
4-4-10-1	水中施工工作平台	100m²	10	
4-4-8-15	灌注桩混凝土	10m³	565.2	
4-11-11-12	桩基混凝土拌和	10m³	565.2	×1.197
410-1	混凝土基础			
-a	C30	m³	1440	
4-2-6-1	钢套箱	10t	18.48	设备摊销费×18/4
4-6-1-11	承台封底混凝土	10m³	72	
4-6-1-9	承台混凝土	10m³	144	
4-6-1-13	承台钢筋	t	68	
4-11-11-12	承台混凝土拌和	10m³	216	×1.04

【例题5-5】 某预应力5跨混凝土连续梁桥，全桥全长350m。0号台和5号台位于岸上，1号~4号墩均在水中，水深5.0m以内。桥台采用10根φ2.0m钻孔灌注桩，桩长30~40m；桥墩均采用6根φ2.5m钻孔灌注桩，桩长30~40m。承台尺寸为800cm×1850cm×300cm。施工组织考虑搭便桥进行施工（便桥费用此处不计），混凝土在岸上集中拌和、泵送施工，桩基、承台混凝土的平均泵送距离为250m。桥台钢护筒按单根长度3.5m计，桥墩钢护筒按单根长度10m计，钢套箱按150kg/m²计。经统计，施工图所列主要工程数量见表5-23。

工 程 数 量　　　　　　　　　表 5-23

项　目		钻孔深度(m)				混凝土(m³)	钢筋(t)
		砂土	砂砾	软石	次坚石		
灌注桩	桩径2.5m	92	629	135	32	4474.5	800.7
	桩径2.0m	81	562	117	—	2198	
承台		封底混凝土(m³)		承台混凝土(m³)		挖基(m³)	钢筋(t)
		888		2608		1020	234.72

回答下列问题：

(1) 列出该桥基础工程施工图预算所涉及的项目表子目名称、单位和工程量，以及所涉及相关定额的名称、单位、定额表号、数量、定额调整等内容，并填入表中，需要时应列式计算或文字说明。混凝土拌和站的安拆此处不考虑，统一在临时工程中考虑。

(2) 编制该桥梁基础工程所涉及的相关工程量清单子目号、子目名称、单位和工程量。

分析：

(1) 本题考核桩基础的施工工艺过程与造价相关的临时工程及辅助工作，包括水中施工平台、钢套箱、钢护筒工程量的计算等。

(2) 主要考核桩基础部分的清单计量规则及其清单工程量计算规则。

解：

(1) 首先根据施工工艺，计算各个工序及临时工程的定额工程量。

① 钻孔灌注桩钢护筒。

陆上桩，桩径2.0m的单根护筒长度按3.5m计，共20根，其质量为：

$20 \times 3.5 \times 0.919 = 64.33(t)$

水中桩，桩径2.5m的单根护筒长度按10m计，共24根，其质量为：

$24 \times 10 \times 1.504 = 360.96(t)$

② 水中施工平台搭设。

根据承台的平面尺寸，拟定平面尺寸为12m×22.5m，其面积为：

$12 \times 22.5 \times 4 = 1080(m^2)$

③ 钻孔桩通过的土层及桩身混凝土。

一般施工图的工程数量表中不列钻孔的深度，土质情况根据地质柱状图统计，设计图一般不列。钻孔的总深度一般与桩长不相等。此处按题意所给数量直接使用。桩身混凝土一般在设计图的数量表中给出，预算时按桩长和桩径验算即可。

④ 根据题目中给定的资料，可知：

水中钻孔灌注桩成孔长度：$92 + 629 + 135 + 32 = 888(m)$

平均桩入土长度：$888 \div 24 = 37(m)$

按设计混凝土数量反算桩长：$4474.5 \div (2.5^2 \times \pi \div 4) \div 24 = 37.98(m)$

即平均桩长比入土深度大1m，因此，应考虑设置砂垫层，其费用按筑岛围堰方式计算，然后设置无底钢套箱。

一般单壁钢套箱可按表面积大约为$150kg/m^2$计算，高度按高于施工水位0.5m计。

四套钢套箱质量：$(8 + 18.5) \times 2 \times 4.5 \times 0.15 \times 4 = 143.1(t)$

筑岛围堰数量:(10+20)×2×4=8520(m)
筑岛体积:10×20×1×4=800(m³)
⑤混凝土运输。
因泵送水平距离平均为250m,定额综合距离为100m,超过150m。
100m³ 灌注桩需增加:人工3×1.08=3.24,混凝土输送泵3×0.24=0.72
100m³ 承台需增加:人工3×0.89=2.67,混凝土输送泵3×0.16=0.48
⑥混凝土拌和。
(4474.5+2198)×1.197+(888+2608)×1.04=11622.8(m³)
⑦相关定额选用及数量见表5-24。

定 额 组 价 表5-24

子目号或定额编号	子目名称或定额名称	单位	工程量	定额调整或说明
20	桩基础	m³	6672.5	
4-4-4-65	桩径2.0m内孔深40m内砂土	10m	8.1	
4-4-4-67	桩径2.0m内孔深40m内砂砾	10m	56.2	
4-4-4-70	桩径2.0m内孔深40m内软石	10m	11.7	
4-4-4-305	桩径2.5m内孔深40m内砂土	10m	9.2	
4-4-4-307	桩径2.5m内孔深40m内砂砾	10m	62.9	
4-4-4-310	桩径2.5m内孔深40m内软石	10m	13.5	
4-4-4-311	桩径2.5m内孔深40m内次坚石	10m	3.2	
4-4-9-7	桩径2.0m内钢护筒	t	34.937	
4-4-9-8	桩径2.5m内钢护筒	t	147.024	
4-4-10-1	水中施工工作平台	100m²	10.8	
4-4-8-15	灌注桩混凝土	10m³	667.25	人工加0.324,混凝土泵加0.072
4-4-8-26	灌注桩钢筋	t	800.7	
4-11-11-12	桩基混凝土拌和	10m³	667.25	×1.197
	承台	m³		
4-2-6-1	钢套箱	10t	14.31	
4-6-1-11	承台封底混凝土	10m³	88.8	人工加0.267,混凝土泵加0.048
4-6-1-9	承台混凝土	10m³	260.8	人工加0.267,混凝土泵加0.048
4-6-1-13	承台钢筋	t	234.72	
4-11-11-12	承台混凝土拌和	10m³	349.6	×1.04
4-2-2-1	筑岛围堰	10m	852	
4-2-5-2	筑岛填心	10m³	80	
4-1-3-3	基坑土方开挖	1000m³	1.02	

(2)根据《公路工程工程量清单计量规则》(2018年版),该桥梁基础工程中,灌注桩按不同桩径的长度分别计量,其中钢筋单独计量,拟定光圆钢筋占1/3;承台混凝土在混凝土基础

节(第410节)计量,拟定承台混凝土的强度等级为C30,基坑开挖在第404节计量;护筒、破桩头,以及必要时在水中填土筑岛、搭设工作台架等工作作为附属工作,不另行计量。

①桩长清单工程量计算。

根据《公路工程工程量清单计量规则》,灌注桩按不同桩径的桩长以米为单位计量,计量桩长应自桩底高程至承台底或系梁底。由于本题的设计桩长和桩的入土长度不一致,所以需要利用桩基混凝土反算桩长。

桩径2.0m反算平均桩长:$2198 \div (2.0^2 \times \pi \div 4) \div 20 = 34.98(m)$

桩径2.5m反算平均桩长:$2198 \div (2.5^2 \times \pi \div 4) \div 24 = 37.98(m)$

②该桥梁基础工程所涉及的相关工程量清单子目号、子目名称、单位和工程量见表5-25。

清单子目　　　　　　　　　　　　　　　表5-25

子目号	清单子目名称	单位	工程量
403-1	基础钢筋		
-a	HPB300钢筋	kg	345140
-b	HRB400钢筋	kg	690280
404-1	干处挖土方	m³	1020
405-1	钻孔灌注桩		
-a	φ2.0m	m	71.22×20
-b	φ2.5m	m	37.98×24
410-1	混凝土基础		
-a	C30(承台混凝土)	m³	2608

5.5 结构混凝土工程定额工程量计量规则、清单计量与计价

5.5.1 现浇混凝土结构定额工程量计量

(1)定额中未包括现浇混凝土及钢筋混凝土上部构造所需的拱盔、支架,需要时按有关定额另行计算。

(2)定额中片石混凝土中片石含量均按15%计算。

(3)有底模承台适用于高桩承台施工。

(4)使用套箱围堰浇筑承台混凝土时,应采用无底模承台的定额。

(5)定额中均未包括扒杆、提升模架、拐脚门架、悬浇挂篮、移动模架等金属设备,需要时按有关定额另行计算。

(6)桥面铺装定额中,橡胶沥青混凝土仅适用于钢桥桥面铺装。

(7)墩台高度为基础顶、承台顶或系梁底到盖梁顶、墩台帽顶或0号块件底的高度。

(8)索塔高度为基础顶、承台顶或系梁底到索塔顶的高度。当塔墩固结时,工程量为基础顶面或承台顶面以上至塔顶的全部数量;当塔墩分离时,工程量应为桥面顶部以上至塔顶的数量,桥面顶部以下部分的数量应按墩台定额计算。

(9)斜拉索锚固套筒定额中已综合加劲钢板和钢筋的数量,其工程量以混凝土箱梁中锚固套筒钢管的质量计算。

(10)斜拉索钢锚箱的工程量为钢锚箱钢板、剪力钉、定位件的质量之和,不包括钢管和型钢的质量。

(11)桥梁拱盔、木支架及简单支架均按有效宽度8.5m计,钢支架按有效宽度12.0m计,如实际宽度与定额不同时可按比例换算。

(12)木结构制作按机械配合人工编制,配备的木工机械均已计入定额中。结构中的半圆木构件,用圆木对剖加工所需的工日及机械台班均已计入定额内。

(13)所有拱盔均包括底模板及工作台的材料,但不包括现浇混凝土的侧模板。

(14)桁构式拱盔安装、拆除用的人字扒杆、地描移动用工及拱盔缆风设备工料已计入定额,但不包括扒杆制作的工、料,扒杆数量根据施工组织设计另行计算。

(15)桁构式支架定额中已包括了墩台两旁支撑排架及中间拼装、拆除用支撑架,支撑架已加计了拱矢高度并考虑了缆风设备。定额以孔为计量单位。

(16)支架及轻型门式钢支架的帽梁和地梁已计入定额中,地梁以下的基础工程未计入定额中,需要时按有关定额另行计算。

(17)简单支架定额适用于安装钢筋混凝土双曲拱桥拱肋及其他桥梁需增设的临时支架。稳定支架的缆风设施已计入本定额内。

(18)涵洞拱盔支架、板涵支架定额单位的水平投影面积为涵洞长度乘以净跨径。

(19)桥梁拱盔定额单位的立面积是指起拱线以上的弓形侧面积,其工程量按式(5-4)(及表5-26)计算:

$$F = K \times (净跨径)^2 \quad (5-4)$$

各拱矢度的 K 值表 表5-26

拱矢度	1/2	1/2.5	1/3	1/3.5	1/4	1/4.5	1/5	1/5.5
K	0.393	0.298	0.241	0.203	0.172	0.154	0.138	0.125
拱矢度	1/6	1/6.5	1/7	1/7	1/8	1/9	1/10	
K	0.113	0.104	0.096	0.090	0.084	0.076	0.067	

(20)桥梁支架定额单位的立面积为桥梁净跨径乘以高度,拱桥高度为起拱线以下至地面的高度,梁式桥高度为墩台帽顶至地面的高度,这里的地面指支架地梁的底面。

(21)钢拱架的工程量为钢拱架及支座金属构件的质量之和,其设备摊销费按4个月计算,若实际使用期与定额不同可予以调整。

(22)钢管支架定额指采用直径大于30cm的钢管作为立柱,在立柱上采用金属构件搭设水平支撑平台的支架,其中下部指立柱顶面以下部分,上部指立柱顶面以上部分。下部工程量按立柱质量计算,上部工程按支架水平投影面积计算。

5.5.2 预制、安装混凝土结构定额工程量计量

1)工程量计算规则

(1)预制构件的工程量为构件的实际体积(不包括空心部分的体积),但预应力构件的工程量为构件预制体积与构件端头封铺混凝土的数量之和。预制空心板的空心堵头混凝土已综合在预制定额内,计算工程量时不应再计列这部分混凝土的数量。

(2)使用定额时,构件的预制数量应为安装定额中括号内所列的构件备制数量。

(3)安装的工程量为安装构件的体积。

(4)构件安装时的现浇混凝土的工程量为现浇混凝土和砂浆的数量之和。但如在安装定额中已计列砂浆消耗的项目,则在工程量中不应再计列砂浆的数量。

(5)预制、悬拼预应力箱梁临时支座的工程量为临时支座中混凝土及硫黄砂浆的体积之和。

(6)移动模架的质量包括托架(牛腿)、主梁、鼻梁、横梁、吊架、工作平台及爬梯的质量,不包括液压构件和内外模板(含模板支撑系统)的质量。

(7)缆索吊装的索跨指两塔架间的距离。

2)其他说明

(1)预制钢筋混疑土上部构造中,矩形板、空心板、连续板、少筋微弯板、预应力桁架梁、顶推预应力连续梁、桁柱架拱、刚架拱均已包括底模板,其余系按配合底座(或台座)施工考虑。

(2)预制立交箱涵、箱梁的内模、翼板的门式支架等工、料已包括在定额中。

(3)顶推预应力连续梁按多点顶推的施工工艺编制,顶推使用的滑道单独编列子目,其他滑块、拉杆、拉锥器及顶推用的机具、预制箱梁的工作平台均摊入顶推定额中。顶推用的导梁及工作平台底模顶升千斤顶以下的工程,本定额中未计入,应按有关定额另行计算。

(4)构件安装是指从架设孔起吊起至安装就位,整体化完成的全部施工工序。本节定额中除安装矩形板、空心板及连续板等项目的现浇混凝土可套用桥面铺装定额计算外,其他安装上部构造定额中均单独编列有现浇混凝土子目。

(5)本节定额中凡采用金属结构吊装设备和缆索吊装设备安装的项目,均未计入吊装设备的费用,应按有关定额另行计算。

(6)金属结构吊装设备定额是根据不同的安装方法划分子目的,如"单导梁"是指安装用的拐脚门架、蝴蝶架、导梁等全套设备。定额是以10t设备质量为单位,并列有参考质量。实际质量与定额数量不同时,可根据实际质量计算,但设备质量不包括列入材料部分的铁件、钢丝绳、鱼尾板、道钉及列入"小型机具使用费"内的滑车等。

(7)预制场用龙门架、悬浇箱梁用的墩顶拐脚门架,可套用高度9m以内的跨墩门架定额,但质量应根据实际计算。

(8)安装金属支座的工程量是指半成品钢板的质量(包括座板、齿板、垫板、辊轴等)。至于锚栓、梁上的钢筋网、铁件等均以材料数量综合在定额内。

5.5.3 结构混凝土工程清单工程量计量与计价

1)计量

结构混凝土工程量清单计量规则见表5-27。

结构混凝土工程量清单计量规则 表5-27

子目号	子目名称	单位	工程量计量	工程内容
410	结构混凝土工程			
410-1	混凝土基础(包括支撑梁、桩基承台、桩系梁,但不包括桩基)	m³	依据图纸所示体积分不同强度等级以立方米为单位计量	1. 场地清理; 2. 搭拆作业平台; 3. 安拆套箱或模板;安设预埋件; 4. 混凝土配料运料、拌和、运输、浇筑、振捣、养护; 5. 施工缝、沉降缝设置处理; 6. 混凝土的冷却管制作安装,通水、降温; 7. 防水、防冻、防腐措施

续上表

子目号	子目名称	单位	工程量计量	工程内容
410-2	混凝土下部结构			
-a	桥台混凝土	m³	1. 依据图纸所示体积分不同强度等级以立方米为单位计量; 2. 直径小于200mm的管子、钢筋、锚固件、管道、泄水孔或桩所占混凝土体积不予扣除	1. 场地清理; 2. 搭拆作业平台、支架; 3. 安拆模板;安设预埋件(包括支座预埋件、防震锚栓及套筒等); 4. 混凝土配运料、拌和、运输、浇筑、振捣、养护; 5. 施工缝、沉降缝设置处理; 6. 防水、防冻、防腐措施
-b	桥墩混凝土	m³	1. 依据图纸所示体积分不同强度等级以立方米为单位计量; 2. 直径小于200mm的管子、钢筋、锚固件、管道、泄水孔或桩所占混凝土体积不予扣除	1. 场地清理; 2. 搭拆作业平台、支架; 3. 安拆模板;安设预埋件(包括支座预埋件、防震锚栓及套筒等); 4. 混凝土配运料、拌和、运输、浇筑、振捣、养护; 5. 防水、防冻、防腐措施
-c	盖梁混凝土	m³	1. 依据图纸所示体积分不同强度等级以立方米为单位计量; 2. 直径小于200mm的管子、钢筋、锚固件、管道、泄水孔或桩所占混凝土体积不予扣除; 3. 墩梁固结混凝土计入本子目。桥墩上的支座垫石、防震挡块混凝土计入附属结构混凝土	1. 场地清理; 2. 搭拆作业平台、支架; 3. 安拆模板;安设预埋件(包括支座预埋件、防震锚栓及套筒等); 4. 混凝土配运料、拌和、运输、浇筑、振捣、养护
-d	台帽混凝土	m³	1. 依据图纸所示体积分不同强度等级以立方米为单位计量; 2. 直径小于200mm的管子、钢筋、锚固件、管道、泄水孔或桩所占混凝土体积不予扣除; 3. 耳背墙混凝土计入本子目。桥台上的支座垫石、防震挡块混凝土计入附属结构混凝土	1. 场地清理; 2. 搭拆作业平台、支架; 3. 安拆模板;安设预埋件(包括支座预埋件、防震锚栓及套筒等); 4. 混凝土配运料、拌和、运输、浇筑、振捣、养护
410-3	现浇混凝土上部结构	m³	1. 依据图纸所示体积分不同强度等级以立方米为单位计量; 2. 直径小于200mm的管子、钢筋、锚固件、管道、泄水孔或桩所占混凝土体积不予扣除	1. 平整场地; 2. 搭拆工作平台; 3. 支架搭设、预压与拆除; 4. 安拆模板;安设预埋件; 5. 混凝土配运料、拌和、运输、浇筑、养护; 6. 施工缝、伸缩缝设置处理
410-4	预制混凝土上部结构	m³	1. 依据图纸所示体积分不同强度等级以立方米为单位计量; 2. 直径小于200mm的管子、钢筋、锚固件、管道、泄水孔或桩所占混凝土体积不予扣除	1. 搭拆工作平台; 2. 安拆模板;安设预埋件(吊环、预埋连接件); 3. 混凝土配运料、拌和、运输、浇筑、养护; 4. 构件预制、运输、安装

续上表

子目号	子目名称	单位	工程量计量	工程内容
410-5	桥梁上部结构现浇整体化混凝土	m³	1. 依据图纸所示体积分不同强度等级以立方米为单位计量； 2. 直径小于200mm的管子、钢筋、锚固件、管道、泄水孔或桩所占混凝土体积不予扣除； 3. 铰缝、湿接缝、先简支后连续现浇接头混凝土计入本子目	1. 工作面清理； 2. 搭拆作业平台； 3. 安拆支架、模板； 4. 混凝土配运料、拌和、运输、浇筑、养护
410-6	现浇混凝土附属结构	m³	1. 依据图纸所示体积分不同强度等级以立方米为单位计量； 2. 直径小于200mm的管子、钢筋、锚固件、管道、泄水孔或桩所占混凝土体积不予扣除； 3. 现浇缘石、人行道、防撞墙、栏杆、护栏、桥头搭板、枕梁、抗震挡块、支座垫石等列入本子目	1. 工作面清理； 2. 搭拆作业平台； 3. 安拆支架、模板； 4. 混凝土配运料、拌和、运输、浇筑、养护
410-7	预制混凝土附属结构	m³	1. 依据图纸所示体积分不同强度等级以立方米为单位计量； 2. 直径小于200mm的管子、钢筋、锚固件、管道、泄水孔或桩所占混凝土体积不予扣除； 3. 预制安装缘石、人行道、防撞墙、栏杆、护栏、桥头搭板、枕梁、抗震挡块、支座垫石等列入本子目	1. 预制场地建设、拆除； 2. 搭拆工作平台； 3. 安拆模板； 4. 混凝土配运料、拌和、运输、浇筑、养护； 5. 构件预制、运输、安装

2) 支付

按上述规定计量，经监理人验收的列入了工程量清单的以下支付子目的工程量，其每一计量单位，将以合同单位支付。此项支付包括材料、劳力、设备、试验、运输、安装及其他为完成混凝土工程所必要的费用，是对完成工程的全部偿付。

3) 支付子目

结构混凝土工程清单支付子目见表5-28。

结构混凝土工程清单支付子目　　　　表5-28

子目号	子目名称	单位
410-1	混凝土基础（包括支撑梁、桩基承台，但不包括桩基）	m³
410-2	混凝土下部结构	m³
-a	桥台混凝土	m³
-b	桥墩混凝土	m³
-c	盖梁混凝土	m³
-d	台帽混凝土	m³
410-3	现浇混凝土上部结构	m³
410-4	预制混凝土上部结构	m³
410-5	上部结构现浇整体化混凝土	m³
410-6	现浇混凝土附属结构	m³
410-7	预制混凝土附属结构	m³

注：1. 子目号410-1～410-4按不同类型及混凝土等级分列子项。
　　2. 预制板、梁和拱上建筑的整体化现浇混凝土，以子项列在410-5子目内。
　　3. 子目号410-6、410-7混凝土附属结构包括缘石、人行道、防撞墙、栏杆、护栏、桥头搭板、枕梁、抗震挡块、支座垫块等，按其种类及混凝土等级分列子项。

5.5.4 例题分析

【例题 5-6】 某桥梁下部构造设计为薄壁空心墩(横断面形式如图 5-3 所示,单位为 cm),墩身设计高度为 80m,拟采用翻模法施工,每次浇筑高度为 4m,每节施工周期为 7d。根据施工现场布置,混凝土输送泵设置在距桥墩 150m 的地方,混凝土要求采用集中拌和施工,混凝土拌和站距输送泵的距离为 2km。根据本工程所处的地理位置的要求,混凝土的外观质量比一般结构要高,据调查,工程所在地区的组合钢模内衬板的价格为 140 元/m^2,一般可以连续使用 5 次。

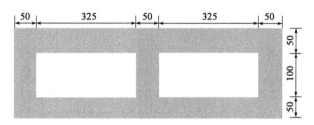

图 5-3 薄壁空心墩横断面

根据上述基础资料,列出编制该空心墩施工图预算所涉及相关定额的名称、单位、定额代号、数量定额调整等内容,并填入表格中,需要时应列式计算或文字说明。

分析:

本题主要考核桥梁下部结构的施工工艺过程、下部结构定额应用的方法,以及下部结构施工所需的模板提升架等工程量的计算。其中,模板提升架不同尺寸对应的质量表在定额 4-7-31 [《公路工程预算定额(上、下册)》(JTG/T B06-02—2007)603 页]可查出,实际尺寸与表中尺寸不一致时需按比例进行调整,表中 8.6m×2.6m 的模板提升架质量为 11t;挂篮、移动模架设备摊销费按设备质量以每吨每月 180 元计算,其他设备摊销费按设备质量以每吨每月 140 元计算,除设备本身折旧费用,还包括设备的维修、保养等费用,定额中按 4 个月进行编制。定额选择时,除考虑桥梁下部结构施工工艺、下部结构组成部分,还需注意施工辅助设施的考虑与选择。

解:

(1) 空心墩工程数量计算。

空心墩长度:0.5 + 3.25 + 0.5 + 3.25 + 0.5 = 8(m)

空心墩宽度:0.5 + 1.0 + 0.5 = 2(m)

空心墩混凝土数量的计算:(8×2 − 3.25×1×2)×80 = 760(m^3)

空心墩施工工期的计算:80÷4×7 = 140(d) = 4.7(月)

(2) 空心墩模板内衬板费用计算。

内衬板套数:80÷4÷5 = 4(套)

内衬板费用:(8+2)×2×4×4×140 = 44800(元)

模板提升架数量计算:(8×2)÷(8.6×2.6)×11 = 7.87(t)

模板提升架设备摊销费调整计算:使用期按安拆 1.5 个月、施工 5 个月,共 6.5 个月计算。

设备摊销费增加:140×7.87×(6.5−4) = 2754.5(元)

(3) 空心墩施工辅助设施。

考虑到墩身高达 80m,为了保证施工安全,应配备施工电梯和塔式起重机各一台。使用期按施工 4.7 个月计算,考虑到施工中会有部分时间处于停使状态,因此按 150d 计算。

(4)该空心墩施工图预算所涉及相关定额的名称、单位、定额代号、数量定额调整等内容见表 5-29。

定 额 组 价　　　　　　　　　　　表 5-29

定额名称	定额代号	单位	数量	定额调整
现浇空心墩混凝土	4-6-2-43	10m³	76	
混凝土内衬板费用		元	44800	
混凝土集中拌和	4-11-11-14	10m³	76	1.06
混凝土运输(第一个 1km)	4-11-11-24	10m³	76	1.06
混凝土运输(每增加 0.5km)	4-11-11-25	10m³	76	1.06×2
泵送混凝土增加 100m(人工)		工日	2.82×7.6	2
泵送混凝土增加 100m(输送泵)		台班	0.36×7.6	2
模板提升架安拆	4-7-28-9	10t	0.787	
模板提升架设备摊销费增加		元	2754.5	
施工电梯安拆	4-11-15-1	1 部	1	
施工电梯费用	4-11-15-7	1 台·d	150	
塔式起重机安拆	4-11-16-1	1 部	1	
塔式起重机使用费用	4-11-16-5	1 台·d	150	
混凝土拌和站安拆	4-11-11-9	1 座	1	

若需要编制该桥梁下部结构所涉及的工程量清单,则只需在 410-2 小节按混凝土强度等级及结构类型建立子目即可,即该部分只涉及一个清单子目且在 410-2 小节计量。若进一步需对该清单子目进行组价,则只需在该清单子目下选择表 5-29 所涉及的定额即可。

【例题 5-7】 某大桥为 5×25m 预应力混凝土分体小箱梁梁桥,桥梁全长 133m,下部结构采用重力式桥台和柱式桥墩,桥台高 8.6m,桥墩高 9.1m。桥梁下部结构主要工程量为:U 形桥台 C30 混凝土 453.6m³,台帽 C40 混凝土 192.7m³;柱式桥墩立柱 C40 混凝土 374.8m³,盖梁 C40 混凝土 196.3m³。施工要求采用集中拌和运输,混凝土拌和场设在距离桥位 500m 的一片荒地,拌和站采用 40m³/h 的规格,拌和站安拆及场地费用不计。试编制该桥梁下部结构的工程量清单。

解:本题主要考察桥梁下部结构工程的计量规则,根据《公路工程标准施工招标文件》(2018 年版)下册第 410 节计量规定以及《公路工程工程量清单计量规则》(2018 年版),可知桥梁下部结构是按照不同结构类型以及混凝土强度等级分别计量,为此本题按照桥台、台帽、桥墩和盖梁以及混凝土强度等级编制工程量清单,其中混凝土拌和站的安拆不单独计量。该桥梁下部结构工程量清单见表 5-30。

清 单 子 目　　　　　　　　　　　表 5-30

子目号	子目名称	单位	工程量
410-2	下部混凝土结构		
-a	C30(U 形桥台)	m³	453.6
-b	C40 台帽	m³	192.7

续上表

子目号	子目名称	单位	工程量
-c	C40 柱式桥墩	m³	374.8
-d	C40 盖梁	m³	196.3

【例题 5-8】 某桥梁全长 312m,上部构造为 10×30m 预应力混凝土(后张法)T 形梁结构,桥梁宽度为 26m,桥梁走向由东至西(纵坡为 4%),从东岸的整体式路基过渡到西岸的分离式路基,左右幅分离式最大中心距离为 35m,两岸路基工程已全部完工(可做预制场使用)。预应力混凝土 T 梁单幅每孔桥 7 片梁,梁高 1.8m,梁顶宽 1.6m,梁底宽 0.48m。上部构造预制、安装总工期为 8 个月,每片梁预制周期为 12d,每月有效预制天数为 25d,吊装设备安拆时间为 1 个月,不计临时轨道、预制场场地及拌和站安拆费用。其施工图设计的主要工程量见表 5-31。

主要工程量 表 5-31

序号	项目	单位	工程量	备注
1	预制 T 梁	混凝土	m³	2856	C50
2		钢绞线	t	90.238	其中工作长度重 4.512t
3		锚具	套	980	OVM15-6,390 套; OVM15-7,590 套
4		HPB300 钢筋	t	219.683	
5		HRB400 钢筋	t	371.164	

回答下列问题:

(1)根据上述资料,合理选择预制场的位置并加以说明。

(2)列出该桥上部构造施工图预算所涉及相关定额的定额代号、单位、数量、定额调整等内容,并填入表格中,对辅助工程及定额调整应列式计算,必要时需加文字说明。

解:

(1)结合项目实际,预制场位置应当选择在桥梁的东岸。主要理由:①东岸为整体式路基,便于预制场布设和左右幅集中预制,可降低辅助工程的投入;②桥梁纵坡 4% 较大,若预制场布设在西岸,桥梁顺坡架设不利于安全控制。

(2)主要辅助工程及定额调整计算。

①预制底座计算。

需要预制 T 形梁的数量:$10 \times 7 \times 2 = 140$(片)

T 形梁的预制、安装总工期为 8 个月,考虑到预制与安装存在一定的时差,本题按 1 个月考虑,因此,预制与安装的工期均按 7 个月计算,每片梁预制需要 12d,故需要底座数量为:

预制底座:$140 \times 12 \div (25 \times 7) = 9.6$(个),即底座数量应不少于 10 个。

底座面积:$10 \times (30+2) \times (1.6+1) = 832 (m^2)$

由于预制场设置在路基上,不需要考虑预制场地平整。

②吊装设备计算。

由于按 10 个底座计算能满足工期要求,则:

场地龙门架:龙门架应配备 2 套(即预制 1 套,存梁 1 套),重量参考《公路工程预算定额》(JTG/T 3832—2018)的参考重量按跨径 20m、高 9m 计算,即 $29.7 \times 2 = 59.4(t)$。吊装设备使用期按安拆 1 个月、使用 8 个月共 9 个月计算,设备摊销费为 $9 \times 140 \times 10 = 12600(元)$。

双导梁(或架桥机):桥梁左右幅分离,需考虑安拆 2 次,重量参考《公路工程预算定额》(JTG/T 3832—2018)的参考重量 $130 \times 2 = 260(t)$ 计算,设备使用期按安拆 1 个月、使用 7 个月共 8 个月计算,因此左右幅各 4 个月,设备摊销费为 $4 \times 140 \times 10 = 5600(元)$。

③预制构件运距计算。

T 梁运输的平均运距:$10 \times 30 \div 2 = 150(m)$

T 梁单片梁的重量:$2856 \times 2.60 \div 140 = 53.04(t)$

④预应力钢绞线束数量及锚具调整的计算。

钢绞线束数:$980 \div 2 \div 90.238 = 5.43(束/t)$

钢绞线调整束数:$5.43 - 3.82 = 1.61(束/t)$

锚具调整:

OVM15-6 共 390 套,为新增锚具,其每 1t 钢绞线定额消耗量为:$390 \div 90.238 \times 1.01 = 4.37(套)$

OVM15-7 共 590 套,每 1t 钢绞线定额消耗量为:$590 \div 90.238 \times 1.01 = 6.60(套)$

⑤定额组价见表 5-32。

定额组价 表 5-32

序号	工程细目		定额代号	单 位	数 量	定额调整或系数
1	T 梁预制		4-7-14-2	10m³	285.6	
2	混凝土拌和		4-11-11-3	100m³	28.56	1.01
3	HPB300 钢筋		4-7-14-3	1t	219.683	HPB300 钢筋 1.025,HRB400 钢筋 0
4	HRB400 钢筋		4-7-14-3	1t	371.164	HPB300 钢筋 0,HRB400 钢筋 1.025
5	T 梁安装		4-7-14-9	10m³	285.6	
6	预应力钢绞线		4-7-19-17	1t	90.238	新增 OVM15-6,4.37 套;OVM15-7,6.60 套
7			4-7-19-18	1t	90.238	1.61
8	大梁预制底座		4-11-9-1	10m²	83.2	
9	T 梁运输	第一个 50m	4-8-2-6	100m³	28.56	
10		每增运 50m	4-8-2-15	100m³	28.56	2
11	T 梁运输出坑堆放		4-8-2-6	100m³	28.56	
12	双导梁		4-7-28-2	10t	26	设备摊销费,5600 元
13	预制场龙门架		4-7-28-4	10t	5.94	设备摊销费,12600 元

【例题 5-9】 某铁路桥上部结构为 30m 整体式连续板梁桥,桥梁结构如图 5-4 所示。试计算其工程量并套用定额。

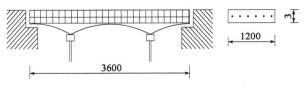

图 5-4 上部结构图(尺寸单位:cm)

解:
(1)清单工程量计算
$V = 36 \times 12 \times 0.03 = 12.96(\text{m}^3)$
(2)定额工程量计算
套用定额:4-7-11-1,单位:10m³
定额基价:$4955 \times 12.96/10 = 6421.68(元)$

5.6 预应力钢材及混凝土清单计量与计价

5.6.1 预应力钢材定额工程量计量

1)工程量计量规则

(1)预应力钢绞线、预应力精轧螺纹粗钢筋及配锥形(弗氏)铀的预应力钢丝的工程量为锚固长度与工作长度的质量之和。

(2)配墩头锚的预应力钢丝的工程量为锚固长度的质量。

(3)先张钢绞线质量为设计图纸质量,定额中已包括钢绞线损耗及预制场构件间的工作长度和张拉工作长度。

(4)制作、张拉预应力钢筋、钢丝束定额,是按不同的锚头形式分别编制的,当每吨钢丝的束数或每吨钢筋的根数有变化时,可根据定额进行抽换。定额中的"××锚"是指金属加工部件的质量,锚头所用其他材料已分别列入定额中有关材料或其他材料费内。定额中的束长为一次张拉的长度。

(5)预应力钢筋、钢丝束及钢绞线定额中均已计入预应力管道及压浆的消耗量,使用定额时不得另行计算。墩头锚的锚具质量可按设计数量进行调整。

(6)对于钢绞线不同型号的锚具,使用定额时可按表 5-33 规定计算。

锚具型号对照表   表 5-33

设计采用锚具型号(孔)	1	4	5	6	8	9	10	14	15	16	17	24
套用定额的锚具型号(孔)	3			7				12		19		22

(7)定位钢支架质量为定位支架型钢、钢板、钢管质量之和,以吨为单位计算。

(8)锚固拉杆质量为拉杆、连接器、螺母(包括锁紧和球面)、垫圈(包括锁紧和球面)质量之和,以吨为单位计算。

(9)锚固体系环氧钢绞线质量以吨为单位计算。本定额包括了钢绞线张拉的工作长度。

(10)塔顶门架质量为门架型钢质量,以吨为单位计算。钢格栅以钢格栅和反力架质量之和计算,以吨为单位。

(11)牵引系统长度为牵引系统所需的单侧长度,以米为单位计算。

(12)猫道系统长度为猫道系统的单侧长度,以米为单位计算。

(13)索夹质量包括索夹主体、螺母、螺杆、防水螺母、球面垫圈质量,以吨为单位计算。

(14)缠丝长度以主缆长度扣除锚跨区、塔顶区、索夹处无须缠丝的主缆长度后的单侧长度计量,以米为单位计算。

(15)缆套包括套体、锚碇处连接件、标准镀锌紧固件质量,以吨为单位计算。

(16)钢箱梁质量为钢箱梁(包括箱梁内横隔板)、桥面板(包括横肋)、横梁、钢锚箱质量之和。

(17)钢拱肋的工程量以设计质量计算,包括拱肋钢管、横撑、腹板、拱脚处外侧钢板、拱脚接头钢板及各种加劲块,不包括支座和钢拱肋内的混凝土的质量。

2)其他说明

(1)本节钢桁梁桥定额是按高强螺栓栓接、连孔拖拉架设法编制的,钢索吊桥的加劲桁拼装定额也是按高强螺栓栓接编制的,如采用其他方法施工应另行计算。

(2)钢桁架桥中的钢桁梁,施工用的导梁钢衔和连接及加固杆件,钢索吊桥中的钢桁、钢纵横梁、悬吊系统构件、套筒及拉杆构件均为半成品,使用定额时应按半成品价格计算。

(3)主索锚碇除套筒及拉杆、承托板以外,其他项目如锚洞开挖、衬砌、护索罩的预制、安装,检查井的砌筑等,应按其他章节有关定额另计。

(4)钢索吊桥定额中已综合了缆索吊装设备及钢桁油漆项目,使用定额时不得另行计算。

(5)抗风缆结构安装定额中未包括锚碇部分,使用定额时应按有关定额另行计算。

(6)安装金属栏杆的工程量是指钢管的质量。至于栏杆座钢板、插销等,均以材料数量综合在定额内。

(7)定额中成品构件单价构成:

工厂化生产,无须施工企业自行加工的产品为成品构件,以材料单价的形式进入定额。其材料单价为出厂价格+运输至施工场地的费用。

①平行钢丝拉索、吊杆、系杆、索股等以吨为单位,以平行钢丝、钢丝绳或钢绞线质量计量,不包括锚头和PE或套管等防护料的质量,但锚头和PE或套管防护料的费用应含在成品单价中。

②钢绞线斜拉索的工程量以钢绞线的质量计算,其单价包括厂家现场编索和锚具费用。悬索桥锚固系统预应力环氧钢绞线单价中包括两端锚具费用。

③钢箱梁、索鞍、拱肋、钢纵横梁等以吨为单位。钢箱梁和拱肋单价中包括工地现场焊接费用。

(8)施工电梯、施工塔式起重机未计入定额中。需要时根据施工组织设计另行计算其安拆及使用费。

(9)钢管拱桥定额中未计入钢塔架、扣塔、地描、索道的费用,应根据施工组织设计套用桥涵工程预算定额第七节相关定额另行计算。

(10)悬索桥的主缆、吊索、索夹、检修道定额未包括涂装防护,应另行计算。

(11)本节定额未含施工监控费用,需要时另行计算。

(12)本节定额未含施工期间航道占用费,需要时另行计算。

5.6.2 预应力钢材清单工程量计量与计价

1)计量

预应力混凝土工程量清单计量规则见表5-34。

预应力混凝土工程量清单计量规则　　　　　　　表 5-34

子目号	子目名称	单位	工程量计量	工程内容
411	预应力混凝土工程			
411-1	先张法预应力钢丝	kg	1. 依据图纸所示构件长度计算的预应力钢材质量，分不同材质以千克为单位计量； 2. 除上述计算长度以外的锚固长度及工作长度的预应力钢材含入相应预应力钢材报价之中，不另行计量	1. 制作安装预应力钢材； 2. 制作安装管道； 3. 安装锚具、锚板； 4. 张拉； 5. 放张； 6. 封锚头
411-2	先张法预应力钢绞线	kg		
411-3	先张法预应力钢筋	kg		
411-4	后张法预应力钢丝	kg	1. 按图示两端锚具间的理论长度计算的预应力钢材质量，分不同材质以千克为单位计量； 2. 除上述计算长度以外的锚固长度及工作长度的预应力钢材含入相应预应力钢材报价之中，不另行计量	1. 制作安装预应力钢材； 2. 制作安装管道； 3. 安装锚具、锚板； 4. 张拉； 5. 压浆； 6. 封锚头
411-5	后张法预应力钢绞线	kg		
411-6	后张法预应力钢筋	kg		
411-7	现浇预应力混凝土上部结构	m³	1. 依据图纸所示体积分不同强度等级以立方米为单位计量； 2. 钢筋、钢材所占体积及单个面积在 0.03m² 以内的孔洞不予扣除	1. 平整场地； 2. 搭拆工作平台；支架搭设、预压与拆除； 3. 安拆模板； 4. 混凝土配运料、拌和、运输、浇筑、养护； 5. 施工缝、伸缩缝设置处理
411-8	预制预应力混凝土上部结构	m³	1. 依据图纸所示体积分不同强度等级以立方米为单位计量； 2. 钢筋、钢材所占体积及单个面积在 0.03m² 以内的孔洞不予扣除； 3. 后张法预应力混凝土梁封端混凝土工程量列入本子目	1. 搭拆工作平台； 2. 安拆模板； 3. 混凝土配运料、拌和、运输、浇筑、养护； 4. 构件预制、运输、安装

2）支付

按上述规定计量，经监理人验收的列入了工程量清单的以下支付子目的工程量，其每一计量单位，将以合同单价支付。此项支付包括材料、劳力、设备、试验、运输等及其他完成预应力混凝土工程所必需的费用，是对完成工程的全部偿付。

3）支付子目

预应力混凝土工程清单支付子目见表 5-35。

预应力混凝土工程清单支付子目　　　　　　　表 5-35

子目号	子目名称	单位
411-1	先张法预应力钢丝	kg
411-2	先张法预应力钢绞线	kg
411-3	先张法预应力钢筋	kg
411-4	后张法预应力钢丝	kg
411-5	后张法预应力钢绞线	kg
411-6	后张法预应力钢筋	kg

续上表

子 目 号	子 目 名 称	单 位
411-7	现浇预应力混凝土上部结构	m³
411-8	预制预应力混凝土上部结构	m³

注：1. 预应力钢丝及预应力钢绞线，应注明其松弛级别（Ⅰ级为普通松弛级，Ⅱ级为低松弛级），如在工程中两种级别均采用，则在子目内分别以子目列出。

2. 子目号411-7、411-8中的预应力混凝土结构，按不同结构类型及不同混凝土等级分列子项。

5.6.3 例题分析

【例题5-10】 向阳村大桥一块中板的预应力钢绞线（后张法）分布（包含附属材料用量）如图5-5~图5-7所示，其数量见表5-36和表5-37。其中波纹管的密度为1kg/m，定位钢筋1号钢束和2号钢束消耗比为1:1。求这块中板的清单工程量、定额工程量。（整座桥的钢绞线计算方法类似）

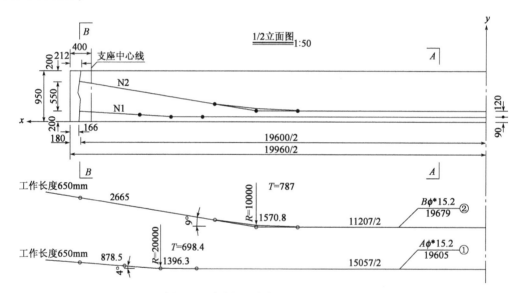

图5-5 预应力钢绞线布筋图（尺寸单位：mm）

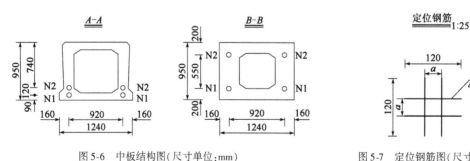

图5-6 中板结构图（尺寸单位：mm）　　图5-7 定位钢筋图（尺寸单位：mm）

钢束及锚具明细　　表5-36

板位	钢束编号	规格	束数	计算长度(mm)	下料长度(mm)	预应力钢束共长(m)	张拉端锚具(套)	波纹管总长(m)	引伸量(mm)
中板	1	A=5	2	19605	20805	41.6	4×15-5	38.6	61.2
	2	B=4	2	19679	20879	41.8	4×15-4	38.8	60.3

一块中板预应力材料数量　　　　　　　　　　　　　　　　表5-37

项　　目		共长(m)	单位重(kg/m)	共重(kg)
钢绞线	4ϕ^s15.2	41.8	4.404	184
	5ϕ^s15.2	41.6	5.505	229
金属波纹管	D_m=55mm	77.4		
定位钢筋	ϕ10	128	0.617	79.0
锚具		YM15-4(套)		4
		YM15-5(套)		4

解：
(1)清单工程量计算
钢绞线质量 = 184 + 229 = 413(kg)
清单子目见表5-38。

清 单 子 目　　　　　　　　　　　　　　　　表5-38

子目号或定额编号	子目名称或定额名称	单位	工程量	定额调整或说明
411-5	后张法预应力钢绞线	kg	413	

(2)定额工程量计算

分析： 预应力钢绞线的总(下料)长度由三部分构成：计算长度(张拉长度)、锚固长度(锚具内的长度)、工作长度(预留的长度)。定额的长度选择标准有20m以内、40m以内、80m以内、120m以内，以张拉长度(19.605m、19.679m)为参考。

本题中选择20m以内。但定额的工程量计算应该以下料长度乘以每米质量来计算。钢绞线群锚有4孔和5孔两种类型，总重量分别是184kg、229kg。

4孔的束数：束数 = 锚具套数/2 = 4/2 = 2(束)
5孔的束数：束数 = 锚具套数/2 = 4/2 = 2(束)

波纹管：因为本题提及波纹管采用金属波纹管，故不对该部分的定额作调整。目前很多项目常常采用塑料波纹管，需要将金属波纹管调整成塑料波纹管，并且将含钢带点焊机波纹管卷制机的台班数量调整为0，因为此时不需要金属波纹管卷制机。该项目只需要调整波纹管占的比例。

原定额中每1t钢绞线，配了0.1t的金属波纹管。调整方式如下：
4孔的波纹管质量 = 38.6×1÷1000 = 0.0386(t)
4孔的每1t钢绞线的波纹管质量 = 0.0386÷0.184 = 0.210
同理，5孔的每1t钢绞线波纹管质量 = 0.0388÷0.229 = 0.169
4孔：每吨的束数 = 2/0.184 = 10.870
5孔：每吨的束数 = 2/0.229 = 8.734
定位(光圆)钢筋的量调整：
4孔：0.79÷2÷0.184 = 0.215
5孔：0.79÷2÷0.229 = 0.172
除此之外，定额中的3孔需要调整为4孔、5孔，束数需按上述计算量调整。
411-5子目对应定额见表5-39。

定 额 组 价　　　　　　　　　　　　　表5-39

定额编号	定 额 代 号	定额单位	数量	定 额 调 整
4-7-19-3	钢绞线束长20m内4孔10.870束/t	1t	0.184	+4×(-8.07),2001001量0.215,2003002量0.21,6005005换6005006,6005006量21.739
4-7-19-3	钢绞线束长20m内5孔8.734束/t	1t	0.229	+4×(-10.206),2001001量0.172,2003002量0.169,6005005换6005007,6005007量17.467

5.7 砌石工程清单计量与计价

砌石工程工作包括石砌及混凝土预制块砌桥梁墩台、翼墙、拱圈等建筑,也可作为涵洞、锥坡、挡土墙、护坡、导流构造物砌体工程的参考。

5.7.1 砌石工程定额工程量计量

(1)定额中的M5、M7.5、M12.5水泥砂浆为砌筑用砂浆,M10、M15水泥砂浆为勾缝用砂浆。

(2)定额中已按砌体的总高度配置了脚手架,高度在10m以内的配踏步,高度大于10m的配井字架,并计入搭拆用工,其材料用量均以摊销方式计入定额中。

(3)浆砌混凝土预制块定额中,未包括预制块的预制,应按定额中括号内所列预制块数量,另按预制混凝土构件的有关定额计算。

(4)浆砌料石或混凝土预制块作镶面时,其内部应按填腹石定额计算。

(5)桥涵拱圈定额中,未包括拱盔和支架,需要时应按桥涵工程预算定额第九节拱盔、支架工程中有关定额另行计算。

(6)定额中均未包括垫层及拱背、台背填料和砂浆抹面,需要时应按桥涵工程预算定额第十一节杂项工程中有关定额另行计算。

(7)砌筑工程的工程量为砌体的实际体积,包括构成砌体的砂浆体积。

5.7.2 砌石工程清单工程量计量与计价

1)计量

砌石工程量清单计量规则见表5-40。

砌石工程量清单计量规则　　　　　　　　　　　　　表5-40

子目号	子目名称	单位	工程量计量	工程内容
413	砌石工程			
413-1	浆砌片石	m³	依据图纸所示位置及尺寸砌筑体积分不同砂浆强度等级以立方米为单位计量	1.基础清理; 2.基底检查; 3.选修石料; 4.铺筑基础垫层; 5.搭、拆脚手架; 6.配、拌、运砂浆; 7.砌筑、勾缝、抹面、养护; 8.沉降缝设置
413-2	浆砌块石	m³		
413-3	浆砌料石	m³		
413-4	浆砌预制混凝土块	m³		

2) 支付

按上述规定计量,经监理人验收的列入了工程量清单的以下支付子目的工程量,其每一计量单位,将以合同单价支付。此项支付包括材料、劳力、运输、安砌等及其他为完成砌体工程所必需的费用,是对完成工程的全部偿付。

3) 支付子目

砌石工程清单支付子目见表 5-41。

砌石工程清单支付子目   表 5-41

子目号	子目名称	单 位
413-1	浆砌片石	
-a	M…	m³
413-2	浆砌块石	
-a	M…	m³
413-3	浆砌料石	
-a	M…	m³
413-4	浆砌预制混凝土块	
-a	M…	m³

注:按不同结构及砂浆等级分别在子项列出。

5.7.3 例题分析

【例题 5-11】 某桥的桥台采用 M7.5 浆砌块石修筑,墙高 8m,浆砌块石和耗用量为 647m³,计算清单工程量、定额工程量。

解:清单子目见表 5-42。

清单子目   表 5-42

子目号或定额编号	子目名称或定额名称	单位	工程量	定额调整或说明
413-2-a	重力式桥台 M7.5 浆砌块石	m³	647	

该定额工、料、机中材料采用的是 M7.5 浆砌片石,所以不需要替换。定额组价见表 5-43。

定额组价   表 5-43

定额名称	定额代号	定额单位	数量	定额调整
4-5-3-4	浆砌块石实体式台、墙高 10m 以内	10m³	64.7	

5.8 桥面铺装清单计量与计价

5.8.1 桥面铺装清单工程量计量与计价

1) 计量

桥面铺装工程量清单计量规则见表 5-44。

桥面铺装工程量清单计量规则　　　　表 5-44

子目号	子目名称	单位	工程量计量	工程内容
415	桥面铺装			
415-1	沥青混凝土桥面铺装	m³	依据图纸所示位置、尺寸,按照铺筑体积以立方米为单位计量	1. 清理下承层; 2. 拌和设备安装、调试、拆除; 3. 沥青混合料拌和、运输、摊铺、压实、成型; 4. 接缝; 5. 初期养护
415-2	水泥混凝土桥面铺装	m³	依据图纸所示位置、尺寸,分不同强度等级,按铺筑体积以立方米为单位计量	1. 场地清理; 2. 混凝土配运料、拌和、运输、浇筑、振捣、养护; 3. 施工缝、沉降缝设置处理
415-3	防水层			
-a	桥面混凝土表面处理	m²	按图示处理的桥面混凝土表面净面积以平方米为单位计量	1. 场地清理; 2. 混凝土面板铣刨(喷砂)拉毛; 3. 铣刨(喷砂)拉毛后清理、平整
-b	铺设防水层	m²	依据图纸所示位置及尺寸,在桥面铺装前铺设防水材料,按图示铺装净面积分不同材质以平方米为单位计量	1. 场地清理; 2. 桥面清洁; 3. 铺装防水材料; 4. 安拆作业平台; 5. 安设排水设施
415-4	桥面排水			
-a	竖、横向集中排水管	kg 或 m	1. 依据图纸所示位置及尺寸,在桥面安设泄水孔,按图示数量分不同材质、管径计量;铸铁管、钢管以千克为单位计量;PVC 管以米为单位计量; 2. 接头、固定泄水管的金属构件不予计量。铸铁泄水孔作为附属工作,不另行计量	1. 场地清理; 2. 安拆作业平台; 3. 钻孔安设排水管锚固件; 4. 安设排水设施
-b	桥面边部碎石盲沟	m³	依据图纸所示位置及尺寸,按照盲沟体积以立方米为单位计量	1. 边部切割; 2. 清理; 3. 盲沟设置

2) 支付

按上述规定计量,经监理人验收的列入了工程量清单的以下支付子目的工程量,其每一计量单位,将以合同单价支付。此项支付包括材料、劳力、设备及其他为完成桥面铺装工程所必需的费用,是本节规定的全部工程的偿付。

3) 支付子目

桥面铺装工程清单支付子目见表 5-45。

桥面铺装工程清单支付子目　　　　　　　　　　　　　　　　　　表 5-45

子目号	子目名称	单位
415	桥面铺装	
415-1	沥青混凝土桥面铺装	m³
415-2	水泥混凝土桥面铺装	m³
415-3	防水层	
-a	桥面混凝土表面处理	m²
-b	铺设防水层	m²
415-4	桥面排水	
-a	竖、横向集中排水管	
-a-1	铸铁管	kg
-a-2	钢管	kg
-a-3	PVC 管	m
-b	桥面边部碎石盲沟	m³

注:桥面铺装应按其材料、等级及厚度分列子项。

5.8.2 桥面伸缩装置清单工程量计量与计价

1)计量

桥面伸缩装置工程量清单计量规则见表 5-46。

桥面伸缩装置工程量清单计量规则　　　　　　　　　　　　　　　　表 5-46

子目号	子目名称	单位	工程量计量	工程内容
417	桥梁接缝和伸缩装置			
417-1	橡胶伸缩装置	m	依据图纸所示位置及尺寸,按图示的橡胶条伸缩装置长度(包括人行道、缘石、护栏底座与行车道等全部长度)以米为单位计量	1. 切割清理伸缩装置范围内混凝土;设置预埋件; 2. 伸缩装置定位、安装
417-2	模数式伸缩装置	m	依据图纸所示位置及尺寸,安装图示类型和规格的模数式伸缩装置,按图示长度(包括人行道、缘石、护栏底座与行车道等全部长度),分不同伸缩量以米为单位计量	1. 切割清理伸缩装置范围内混凝土;设置预埋件; 2. 伸缩装置定位、安装; 3. 混凝土拌和、运输、浇筑、压纹、养护
417-3	梳齿板式伸缩装置	m	依据图纸所示位置及尺寸,按图示的梳齿板式伸缩装置长度(包括人行道、缘石、护栏底座与行车道等全部长度),分不同伸缩量以米为单位计量	1. 切割清理伸缩装置范围内混凝土;设置预埋件; 2. 伸缩装置定位、安装; 3. 混凝土拌和、运输、浇筑、压纹、养护
417-4	填充式材料伸缩装置	m	依据图纸所示位置及尺寸,按图示的填充式材料伸缩装置长度(包括人行道、缘石、护栏底座与行车道等全部长度),分不同材质以米为单位计量	1. 切割清理伸缩装置范围内混凝土; 2. 跨缝板安装; 3. 材料填充、养护

2）支付

按上述规定计量,经监理人验收的列入了工程量清单的以下支付子目的工程量,其每一计量单位,将以合同单位支付。此项支付包括材料、劳力、运输、工具、安装等及其他为完成伸缩装置工程所必需的费用,是对完成工程的全部偿付。

3）支付子目

桥面伸缩装置工程清单支付子目见表5-47。

桥面伸缩装置工程清单支付子目 表5-47

子目号	子目名称	单位
417-1	橡胶伸缩装置	m
417-2	模数式伸缩装置	m
417-3	梳齿板式伸缩装置	m
417-4	填充式材料伸缩装置	m

注:伸缩装置应按型号或要求的伸缩合计量,分列子项。分列子项时先小型后大型。人行道伸缩装置、缘石伸缩装置、护栏底座伸缩装置与车行道伸缩装置合并计量,取平均单价。

5.8.3 例题分析

【例题5-12】 某桥进行桥面铺装,消耗材料如下:$\phi 8mm$以上的光圆钢筋16053kg,$\phi 8mm$以内的光圆钢筋53229kg,$\phi 8mm$以上带肋钢筋28030kg。桥面行车道面积为6750m^2,铺装用沥青混凝土采用厚40mm的AC-13改性沥青商品混凝土、厚60mm的AC-20改性沥青商品混凝土(就近购买,不计运费),防水层采用厚180mm的C50混凝土,泄水管采用PVC泄水孔,长度为382.5m(90处)。桥梁伸缩装置采用D80模数伸缩装置,用料如下:模数伸缩缝耗材耗用71道(710m),每道耗材80kg,预留槽混凝土消耗9.4m^3,总共消耗钢板524kg。求清单工程量、定额工程量。

分析:桥面铺装的钢筋属于上部结构的钢筋,应该将钢筋归入403-3子目里。沥青混凝土桥面铺装的定额在415-1子目下,但注意清单计价以平方米进行计价,定额以立方米计量。

解:清单子目见表5-48。

HPB300钢筋总共消耗量 = 16053 + 53229 = 69282(kg)

清单子目 表5-48

子目号	子目名称	单位	清单数量
403-3	上部结构钢筋	kg	
-a	HPB300钢筋	kg	69282
-b	HRB400钢筋	kg	28030
415-1	沥青混凝土桥面铺装	m^2	
-a	AC-13改性沥青混凝土(厚40mm)	m^2	6750
-b	AC-20改性沥青混凝土(厚60mm)	m^2	6750
415-3	防水层	m^2	
-a	C50防水层混凝土(厚180mm)	m^2	6750

续上表

子目号	子目名称	单位	清单数量
417-2	模数式伸缩装置	m	
-a	D80	m	710

403-3-a 对应定额见表 5-49。

403-3-a 对应定额　　　　　　　　　　　　　　　表 5-49

定额编号	定 额 名 称	定额单位	工程量	定额调整或说明
4-6-13-8	水泥及防水混凝土钢筋 ϕ8mm 上	1t	16.053	2001001 量 1.025,2001002 量 0
4-6-13-7	水泥及防水混凝土钢筋 ϕ8mm 内	1t	53.229	2001001 量 1.025,2001002 量 0

403-3-b 对应定额见表 5-50。

403-3-b 对应定额　　　　　　　　　　　　　　　表 5-50

定额编号	定 额 名 称	定额单位	工程量	定额调整或说明
4-6-13-8	水泥及防水混凝土钢筋 ϕ8mm 上	1t	28.030	2001001 量 0,2001002 量 1.025

415-1-a 对应定额见表 5-51。

需要将材料中的石油沥青替换为 AC-13 改性沥青商品混凝土。

415-1-a 对应定额　　　　　　　　　　　　　　　表 5-51

定额编号	定 额 名 称	定额单位	工 程 量
4-6-13-6	行车道铺装沥青混凝土	10m^3	6750×0.04/10=27

415-1-b 对应定额见表 5-52。

需要将材料中的石油沥青替换为 AC-20 改性沥青商品混凝土。

415-1-b 对应定额　　　　　　　　　　　　　　　表 5-52

定额编号	定 额 名 称	定额单位	工 程 量
4-6-13-6	行车道铺装沥青混凝土	10m^3	6750×0.06/10=40.5

415-3-a 对应定额见表 5-53。

415-3-a 对应定额　　　　　　　　　　　　　　　表 5-53

定额编号	定 额 名 称	定额单位	工 程 量
4-6-13-4	行车道铺装垫层防水混凝土	10m^3	6750×0.18/10=121.5
4-11-11-14	混凝土搅拌站拌和(40m^3/h 内)	100m^3	1215×1.02/100=12.393
4-11-11-24	6m^3 内混凝土搅运车运 1km	100m^3	12.393
4-11-7-13	泄水管	10 个	9

说明:4-6-13-4 中防水混凝土为 C30,需要替换成 C40,混凝土运输的损耗计为 2%。4-11-7-13 泄水管定额中,采用的是铸铁泄水管,由于本题要求的是 PVC 泄水管,所以需要替换工、料、机(将铸铁管替换为 PVC 泄水管,单位为 m)。在长度的换算时,需要计算每一个泄水管有多少米,并且将泄水管的个数估计出来。除此之外,还应计入泄水管的损耗,为 6%。计算:382.5×1.06/90=4.51(m),即每处消耗泄水管为 4.51m,定额调整为 4.51m。

417-2-a 对应的定额见表 5-54。

417-2-a 对应定额　　　　　　　　　　　　　　　　　　　　　表5-54

定额编号	定额名称	定额单位	工程量
4-11-7-1	模数伸缩缝伸缩量80~480mm	1m	710
4-11-7-5	预留槽混凝土	10m³	0.94
4-11-7-6	预留槽钢筋	1t	5.68
4-11-11-24	6m³内混凝土搅运车运1km	100m³	9.4×1.02/100=0.096
4-11-11-14	混凝土搅拌站拌和(40m³/h内)	100m³	9.4×1.02/100=0.096

5.9 涵洞工程清单计量与计价

5.9.1 涵洞工程清单工程量计量与计价

1）计量

涵洞工程工程量清单计量规则见表5-55。

涵洞工程工程量清单计量规则　　　　　表5-55

子目号	子目名称	单位	工程量计量	工程内容
419	圆管涵及倒虹吸管涵			
419-1	单孔钢筋混凝土圆管涵	m	1.依据图纸所示，按不同孔径的涵身长度（进出口端墙外侧间距离）计算，以米为单位计量； 2.基底软基处理参照第205节的相关规定计量，并列入第205节相应子目	1.基坑排水； 2.挖基、基底清理； 3.基座砌筑或浇筑； 4.垫层材料铺筑； 5.钢筋制作安装； 6.预制或现浇钢筋混凝土管； 7.铺涂防水层； 8.安装、接缝； 9.砌筑进出口（端墙、翼墙、八字墙井口）； 10.防水、防冻、防腐措施； 11.回填
419-2	双孔钢筋混凝土圆管涵	m		
419-3	钢筋混凝土圆管倒虹吸管涵	m		

2）支付

按上述规定计量，经监理人验收的列入工程量清单的以下工程子目的工程量，其每一计量单位将以合同单价支付。此项支付包括材料、劳力、设备、运输等及其他为完成工程所必需的费用，是对完成工程的全部偿付。

在支付方式上，管涵（含倒虹吸管）完成基础的浇筑或砌筑，经监理人检查认可后，支付管涵（含倒虹吸管）工程费用的30%；管涵（含倒虹吸管）工程全部完成后，再支付工程费用的余下部分。

3）支付子目

涵洞工程清单支付子目见表5-56。

子 目 号	子 目 名 称	单 位
419-1	单孔钢筋混凝土圆管涵	m
419-2	双孔钢筋混凝土圆管涵	m
419-3	钢筋混凝土圆管倒虹吸管涵	m

涵洞工程清单支付子目　　表 5-56

5.9.2　例题分析

【**例题 5-13**】　根据图 5-8～图 5-11、表 5-57 对该圆管涵进行组价。图中尺寸除高程以米计外,其余均以厘米计。管涵涵身及基础每隔 4～6m 设一道沉降缝。

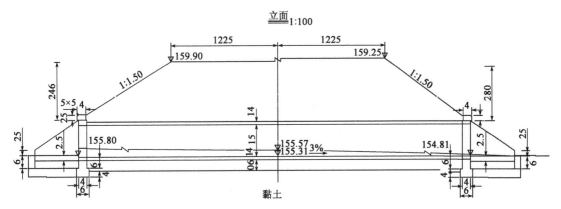

图 5-8　涵洞立面图

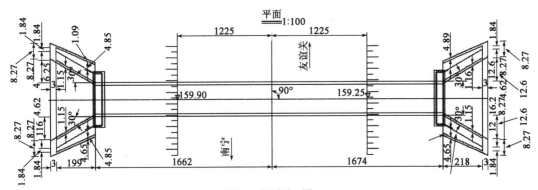

图 5-9　涵洞平面图

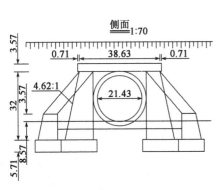

图 5-10　涵洞侧面图

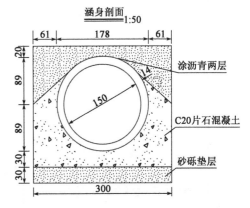

图 5-11　涵洞剖面图

工 程 数 量 表 5-57

孔数孔径 (孔-m)	涵长 (m)	进出口形式		洞身				砂砾垫层 (m²)
		进口	出口	混凝土(m³)		钢筋(kg)		
				预制管节 C30	现浇基础 C20	R235 钢筋 φ8mm	HRB 钢筋 φ10mm	
1	2	3	4	5	6	7	8	9
1-φ1.0	14.1	跌井	八字	9.7	9.1	490.2		6.1

现浇 C30 帽石 (m³)	洞口				挖基(m³)		干砌片石换填 (m³)
	C30 混凝土(m³)		M7.5 浆砌片石(m³)				
	八字墙、端墙墙身	八字墙、端墙基础	排水沟、跌井、急流槽	洞口铺砌	土方	石方	
10	11	12	13	14	15	16	17
0.26	4.4	2.1	20.4	4.3			

解：涵洞工程中帽石、八字墙基础与墙身没有相应的定额与之对应，需要借助桥梁方面的定额。现浇帽石采用 4-6-3-2 墩、台帽混凝土(钢模非泵送)，八字墙基础采用 4-6-1-1 轻型墩台基础混凝土(跨径4m 内)，八字墙墙身采用 4-6-2-2 轻型墩台混凝土(跨径4m 内)。清单子目及定额组价见表 5-58。

清单子目及定额组价 表 5-58

清单编号	名　　称	单位	清单数量	备　注
419-1	单孔钢筋混凝土圆管涵			
-a	1-φ1.0m	m	14.100	
定额编号	定额名称	定额单位	工程量	调整状态
4-1-3-3	基坑≤1500m³ 1.0m³ 内挖掘机挖土	1000m³	0	
1-1-11-5	10t 内自卸车运土增 0.5km(5km 内)	1000m³ 天然密实方	0	
4-11-5-1	填砂砾(砂)垫层	10m³	0.183	
4-7-5-5	现浇管座混凝土	10m³	0.91	普 C15-32.5-4, -10.2, 片 C20-32.5-8 砾, +10.2
4-7-4-1	预制圆管涵 φ1m 内混凝土	10m³	0.97	
4-7-4-3	预制圆管涵普通钢筋	1t	0.49	
4-8-3-7	4t 内汽车式起重机装卸 1km	100m³	0.097	
4-7-5-3	起重机安装 φ1.0m 内圆管涵	10m³	0.97	
4-11-1-1	沥青麻絮沉降缝	10m²	0.203	
4-11-4-5	涂沥青防水层	10m²	2.656	
4-6-3-1	墩、台帽混凝土(钢模非泵送)	10m³ 实体	0.026	
4-6-1-1	轻型墩台基础混凝土(跨径4m 内)	10m³	0.21	普 C15-32.5-8, -10.2, 普 C20-32.5-8, +10.2

续上表

清单编号	名　称	单位	清单数量	备　注
4-6-2-2	轻型墩台混凝土(跨径4m内)	10m³	0.44	普C20-32.5-4,-10.2, 普C30-32.5-4,+10.2
4-5-2-1	浆砌片石基础、护底、截水墙	10m³	0.43	
4-5-2-7	浆砌片石锥坡、沟、槽、池	10m³	20.4	
4-11-11-14	混凝土搅拌站拌和(40m³/h内)	100m³	0.159	
4-11-11-22	3m³内混凝土搅运车运1km	100m³	0.159	

【例题 5-14】 高速公路有一直径为150cm的钢筋混凝土圆管涵,涵洞壁厚为15cm,涵长为32.5(=13×2.5)m。其施工图设计的工程量见表5-59。

工　程　量　　　　　　　　　　　　　表5-59

涵身		涵身基础		洞口					挖土方
钢筋	混凝土	混凝土	砂砾石	混凝土帽石	浆砌片石端墙与基础	浆砌片石锥坡与基础	浆砌片石隔水墙与铺砌	砂浆勾缝	
kg	m³	m³	m³	m³	m³	m³	m³	m³	m³
2751	25	109	66	3	29	27	13	45	2174

回答下列问题:

(1)简述圆管涵工程中防水层及伸缩缝沥青麻絮工程量的计算方法。

(2)列出该涵洞工程造价所涉及相关定额的名称、单位、定额代号、数量等内容,并填入表格,需要时应列式计算。

解:

(1)每节涵管的质量:25×2.4/13=4.62(t)

因此,管节运输应选用载货质量6t以内的载货汽车。

涵管外径为1.5+0.3=1.8(m),因此涵管涂防水沥青:1.8×3.14×32.5=183.78(m²)

伸缩缝共12道,缝宽1cm,涵管接头沥青麻絮填塞:1.8×3.14×12×0.01=0.68(m²)

(2)定额组价见表6-60。

定　额　组　价　　　　　　　　　　　　表5-60

1-1-9-5	1.0m³内挖掘机挖装土方普通土	1000m³天然密实方	2.174	
1-1-11-3	8t内自卸汽车运土1km	1000m³天然密实方	2.174	
4-11-5-1	填砂砾(砂)垫层	10m³	6.6	
4-7-5-5	现浇管座混凝土	10m³	10.9	
4-11-11-1	混凝土搅拌机拌和(250L内)	10m³	10.9	定额×1.02
4-11-11-20	1t机动翻斗车运100m	100m³	1.09	定额×1.02
4-7-4-2	预制圆管涵φ2m内混凝土	10m³	2.5	
4-11-11-1	混凝土搅拌机拌和(250L内)	10m³	2.5	
4-11-11-20	1t机动翻斗车运100m	100m³	0.25	
4-7-4-3	预制圆管涵普通钢筋	1t	2.7	
4-7-5-4	起重机安装φ1.0m上圆管涵	10m³	2.5	
4-8-3-8	6t内汽车式起重机装卸1km	100m³	0.25	

续上表

4-11-1-1	沥青麻絮沉降缝	10m²	0.068	
4-11-4-5	涂沥青防水层	10m²	18.378	
4-5-2-4	浆砌片石实体式台、墙高10m内	10m³	2.9	
4-5-2-7	浆砌片石锥坡、沟、槽、池	10m³	2.7	
4-5-2-1	浆砌片石基础、护底、截水墙	10m³	1.3	
4-6-3-1	墩、台帽混凝土(木模非泵送)	10m³实体	0.3	
4-11-11-1	混凝土搅拌机拌和(250L内)	10m³	0.3	定额×1.02
4-11-11-20	1t机动翻斗车运100m	100m³	0.03	定额×1.02

5.10 通道工程清单计量与计价

5.10.1 通道工程清单工程量计量与计价

1)计量

通道工程量清单计量规则见表5-61。

通道工程量清单计量规则　　　　　表5-61

子目号	子目名称	单位	工程量计量	工程内容
420	盖板涵、箱涵			
420-1	钢筋混凝土盖板涵	m	1.依据图纸所示,按不同跨径的盖板涵长度以米为单位计量; 2.基底软基处理参照第205节的相关规定计量,并列入第205节相应子目	1.场地清理; 2.围堰、排水,基坑开挖,基坑支护; 3.基础及涵台施工; 4.施工缝设置、处理; 5.盖板预制、运输、安装; 6.砂浆制作、填缝; 7.防水、防冻、防腐措施; 8.回填
420-2	钢筋混凝土箱涵	m	1.依据图纸所示,按不同跨径的箱涵长度以米为单位计量; 2.基底软基处理参照第205节的相关规定计量,并列入第205节相应子目	1.围堰、排水,基坑开挖; 2.垫层、基础施工; 3.搭拆作业平台; 4.模板安设、加固、检查; 5.钢筋安设、支承及固定; 6.混凝土配运料、拌和、运输、浇筑、养护; 7.施工缝设置、处理; 8.防水、防冻、防腐措施; 9.回填
420-3	钢筋混凝土盖板通道涵	m	1.依据图纸所示,按不同跨径的盖板通道涵长度以米为单位计量; 2.基底软基处理参照第205节的相关规定计量,并列入第205节相应子目	1.场地清理; 2.围堰、排水,基坑开挖,基坑支护; 3.基础及涵台施工; 4.施工缝设置、处理; 5.盖板预制、运输、安装; 6.砂浆制作、填缝; 7.铺设通道路面;砌筑边沟; 8.防水、防冻、防腐措施; 9.回填

续上表

子目号	子目名称	单位	工程量计量	工程内容
420-4	钢筋混凝土箱形通道涵	m	1. 依据图纸所示,按不同跨径的箱型通道涵长度计算以米为单位计量; 2. 基底软基处理参照第205节的相关规定计量,并列入第205节相应子目	1. 围堰、排水,基坑开挖; 2. 垫层、基础施工; 3. 搭拆作业平台; 4. 模板安设、加固、检查; 5. 钢筋安设、支承及固定; 6. 混凝土配运料、拌和、运输、浇筑、养护; 7. 施工缝设置、处理; 8. 铺设通道路面、砌筑边沟; 9. 防水、防冻、防腐措施; 10. 回填
421	拱涵			
421-2	拱形通道涵			
-a	石拱通道涵	m	1. 依据图纸所示,按不同跨径的石拱通道涵长度以米为单位计量; 2. 基底软基处理参照第205节的相关规定计量,并列入第205节相应子目	1. 场地清理; 2. 围堰、排水,基坑开挖,基坑支护; 3. 基础及涵台施工; 4. 搭拆作业平台; 5. 安拆支架、拱盔; 6. 选修石料,配砂浆; 7. 砌筑; 8. 勾缝、抹面、养护; 9. 铺设通道路面;砌筑边沟; 10. 防水、防冻、防腐措施
-b	混凝土拱通道涵	m	1. 依据图纸所示,按不同跨径的混凝土拱通道涵长度以米为单位计量; 2. 基底软基处理参照第205节的相关规定计量,并列入第205节相应子目	1. 场地清理; 2. 围堰、排水,基坑开挖,基坑支护; 3. 基础及涵台施工; 4. 搭拆作业平台; 5. 安拆支架、拱盔; 6. 配、拌、运混凝土、浇筑、养护; 7. 铺设通道路面;砌筑边沟; 8. 防水、防冻、防腐措施

2) 支付

按上述规定计量,经监理人验收的列入工程量清单的以下工程子目的工程量,其每一计量单位将以合同单价支付。此项支付包括材料、劳力、设备、运输等及其他为完成工程所必需的费用,是对完成工程的全部偿付。

3) 支付子目

通道工程清单支付子目见表5-62。

通道工程清单支付子目   表5-62

子目号	子目名称	单位
420-1	钢筋混凝土盖板涵(…m×…m)	m
420-2	钢筋混凝土箱涵(…m×…m)	m
420-3	钢筋混凝土盖板通道涵(…m×…m)	m
420-4	钢筋混凝土箱形通道涵(…m×…m)	m

续上表

子目号	子目名称	单位
421-1	拱涵	
-a	石拱涵	m
-b	混凝土拱涵	m
421-2	拱形通道涵	
-a	石拱通道涵	m
-b	混凝土拱通道涵	m

5.10.2 例题分析

【例题5-15】 某高速公路有一处1-5×3钢筋混凝土盖板涵,进出口均为八字墙,其施工图设计主要工程数量见表5-63。列出该涵洞工程造价所涉及相关定额的名称、单位、定额代号、数量等内容,并填入表格中,需要时应列式计算。

主要工程数量　　　　　　　　　　　　　　　表5-63

项目	单位	工程量
C35 预制混凝土盖板	m³	126
盖板钢筋 R235	kg	3067
盖板钢筋 HRB335	kg	16352
台身 C20 混凝土	m³	298
台身基础 C20 混凝土	m³	519
帽石 C30 混凝土	m³	1.44
端墙身 C20 混凝土	m³	17
端墙基础 C20 混凝土	m³	2.15
开挖基坑土方	m³	820
M7.5 浆砌石涵底铺砌	m³	47.5

注:盖板预制场运距1.5km,弃土场运距1.5km。

解: 混凝土拌和量:$126 \times 1.01 + (298 + 519 + 1.44 + 17 + 2.15) \times 1.02 = 981.6(m^3)$

定额组价见表5-64。

定额组价　　　　　　　　　　　　　　　表5-64

定额代号	工程细目	单位	数量	定额调整或系数
4-7-9-2	预制矩形板混凝土(跨径8m内)	10m³	12.6	普 C30-32.5-4,-10.1,普 C35-32.5-4,+10.1
4-8-3-9	8t 内汽车式起重机装卸 1.5km	100m³	1.26	+13×1
4-7-10-1	起重机安装矩形板	10m³	12.6	
4-7-9-3	预制矩形板钢筋	1t	19.419	2001001 量 0.269,2001002 量 0.756
4-6-2-3	轻型墩台混凝土(跨径8m内)	10m³	29.8	
4-6-1-2	轻型墩台基础混凝土(跨径8m内)	10m³	51.9	普 C15-32.5-8,-10.2,普 C20-32.5-8,+10.2
4-6-3-1	墩、台帽混凝土(钢模非泵送)	10m³实体	0.144	
4-6-2-3	轻型墩台混凝土(跨径8m内)	10m³	1.7	

续上表

定额代号	工程细目	单位	数量	定额调整或系数
4-6-1-2	轻型墩台基础混凝土(跨径8m内)	10m³	0.215	普C15-32.5-8,-10.2,泵C20-32.5-2,+10.2
4-1-3-3	基坑≤1500m³1.0m³内挖掘机挖土	1000m³	0.82	
1-1-11-3	8t内自卸汽车运土1.5km	1000m³天然密实方	0.82	+10×1
4-5-3-8	浆砌块石锥坡、沟、槽、池	10m³	4.75	M5,-2.7,M7.5,+2.7
4-11-11-3	混凝土搅拌机拌和(500L内)	10m³	98.16	

【例题5-16】 某钢筋混凝土拱涵,标准跨径4m,涵台高3m,洞口为八字墙,涵洞长度为54m,拱部的断面为半圆形。其施工图设计图纸工程量见表5-65。某造价工程师编制的施工图预算见表5-66,该造价文件存在哪些问题?根据你的理解改正这些问题,并在表中补充修改,需要时应列式计算或说明。

工 程 数 量 表5-65

项 目	单 位	工 程 量
挖基坑土方(干处)	m³	2800
挖基坑石方(干处)	m³	2300
M7.5浆砌片石基础	m³	600
M7.5浆砌片石涵底和洞口辅助	m³	80
2cm水泥砂浆抹面	m³	60
M7.5浆砌块石台、墙	m³	800
混凝土帽石	m³	3
拱C25混凝土	m³	120
拱钢筋	t	4.8
砂砾垫层	m³	450

定 额 组 价 表5-66

定额代号	工程子目	单位	数量
4-1-3-2	基坑≤1500m³0.6m³内挖掘机挖土	1000m³	2.8
4-1-3-5	基坑≤1500m³石方	1000m³	2.3
4-5-2-1	浆砌片石基础、护底、截水墙	10m³	60
4-5-2-1	浆砌片石基础、护底、截水墙	10m³	8
4-11-6-17	水泥砂浆抹面(厚2cm)	100m²	0.6
4-5-3-3	浆砌块石实体式墩高20m内	10m³	80
4-6-3-1	墩、台帽混凝土(钢模非泵送)	10m³实体	0.3
4-6-12-6	现浇双曲拱腹拱圈混凝土	10m³	12
4-6-12-8	现浇双曲拱钢筋	1t	4.8
4-11-5-1	填砂砾(砂)垫层	10m³	45

解:

(1) 该项目挖基工程量较大,达 5000m³ 以上,因此挖基工程按桥涵挖基定额计算不合适,应按路基土石方定额计价。

(2) 漏计拱涵拱盔及支架:$54 \times 4 = 216(m^2)$

(3) 漏计防水层:防水层采用沥青,其数量为 $54 \times 4 \times 3.14/2 = 339.3(m^2)$

(4) 漏计沉降缝(拱涵应计算全断面):按平均 5m 设一道沉降缝,填缝深按 10cm 考虑,$10 \times (4 \times 3.14/2 + 3 \times 2 + 4) \times 0.1 = 16.3(m^2)$

定额组价见表 5-67,表 5-66 中其余定额 4-6-3-1、4-6-12-8、4-11-5-1 组价正确。

定 额 组 价 表 5-67

定额代号	工程细目	单 位	数 量	定额调整或系数
1-1-6-2	人工挖运普通土 20m	1000m³ 天然密实方	2.8	
1-1-14-1	人工开炸运软石 20m	1000m³ 天然密实方	2.3	
4-5-3-3	浆砌块石实体式墩高 10m 内	10m³	8	
4-6-12-6	现浇双曲拱腹拱圈混凝土	10m³	12	普 C20-32.5-4, −10.2, 普 C25-32.5-4, +10.2
4-9-1-2	拱涵拱盔及支架(跨径 4m 内)	100m²	2.16	
4-11-4-5	涂沥青防水层	10m²	33.93	
4-11-1-1	沥青麻絮沉降缝	10m²	1.63	

思考题

1. 根据《公路工程标准施工招标文件》(2018 年版)分析计价工程子目"钻孔灌注桩"的计价内容和工程计量规则。

2. 在某公路桥梁工程中,设计采用装配式 T 梁桥先简支、后连续施工,纵向构造为 $30m \times 3 + 35m \times 4 + 30m \times 3$。T 梁在梁场集中预制,混凝土强度等级为 C50。横向联结采用现浇 C50 混凝土,纵向连续采用现浇 C50 混凝土并张拉负弯矩钢绞线。建设单位要求工程量清单计价中采用全费用综合单价形式。作为建设单位委托的招标代理人,在编制工程量清单时,根据《公路工程标准施工招标文件》(2018 年版)规定应如何列桥梁上部结构工程量?

3. 桥梁基础基坑的工程量清单计量方法与概预算的基坑土方数量确定方法有何差别?

4. 钢绞线的工程量清单计量方法与概预算的钢绞线数量确定方法有何差别?

5. 某公路拱桥为 5 孔净跨径 30m 混凝土连续箱梁桥,对应的工程量清单计价子目为"410-3-a 现浇箱梁结构 C50 混凝土 5500m³"。泵送混凝土,采用 60m³/h 混凝土集中拌和站拌和,6m³ 混凝土搅拌运输车运输 3km,已知该拌和站还供应墩台、基础混凝土和抗滑挡墙共 4500m³ 实体;施工采用满堂钢支架施工,设计要求一次连续浇筑,该桥墩台帽顶至地面高度平均为 9m,支架有效宽度 19m,假设原地面坚实,不需进行地基处理。根据工程量清单计量规则分析该清单计价子目下应列算哪几个定额子目?所对应的预算工程量是多少?综合取费所对应的工程类别分别是什么?各定额应如何调整(如需要)?

6. 某省拟修建一座预应力混凝土连续刚构大桥,桥跨组合为 $3 \times 30m + 60m + 2 \times 100m +$

60m+3×30m,桥梁全长505.50m,桥梁宽度为12.50m。其中30m跨径为现浇预应力混凝土连续箱梁。基础为钻孔灌注桩,采用回旋钻机施工,连续刚构桥主墩(单墩)为每排三根共6根桩径1.50m的桩、过渡墩(单墩)为每排两根共4根桩径1.20m的桩,桥台及现浇箱梁段均为2根桩径1.20m的桩,桩径1.50m的桩平均设计桩长为63.00m、桩径1.20m的桩平均设计桩长为28.00m。主墩承台尺寸为7.50m×11.50m×3m。除连续刚构主墩为水中施工(水深5m以内)外,其他均为干处施工。基础工程计划工期为4个月。各工程项目的数量见表5-68。

工程项目数量 表5-68

部位	标号	工程项目名称	单位	各工程项目数量
基础	1	φ1.50m桩径钻孔深度		
	(1)	砂、黏土	m³	69
	(2)	砂砾	m³	871.4
	(3)	软石	m³	175.5
	(4)	次坚石	m³	26.9
	2	φ1.20m桩径钻孔深度		
	(1)	砂、黏土	m³	66.8
	(2)	砂砾	m³	333.2
	(3)	软石	m³	160
	3	灌注桩混凝土	m³	2637.3
	4	灌注桩钢筋(Ⅰ/Ⅱ)	t	118.423
	5	承台封底混凝土	m³	341
	6	承台混凝土	m³	1376.3
	7	承台钢筋(Ⅰ/Ⅱ)	t	34.067

回答下列问题:

(1)列出该桥梁基础施工图预算所涉及的相关子目名称、编号和工程量,以及所涉及相关定额的名称、单位、定额代号、数量等内容,并填入表格中,需要时应列式计算。

(2)列出该桥梁基础涉及的清单子目、编号和工程量,进一步列出在进行清单组价时所涉及相关定额的名称、单位、定额代号和数量。

7. 某桥桥梁长度为360m,上部结构为现浇预应力混凝土箱梁,桥面宽24m,墩柱高8m,采用商品混凝土泵送施工。主要工程量见表5-69。列出相应该桥梁上部结构、桥面铺装工程量清单,写出工程量清单单价计算所涉及相关定额的单位、定额代号、数量及定额调整等内容,并填入表格中,需要时应列式计算或文字说明。

桥梁主要工程量 表5-69

项 目		单位	工程量	备 注
上部箱梁	现浇(强度等级:C50)	m³	6950	支架现浇
	钢筋	t	1009	Ⅰ级51t,Ⅱ级958t
	预应力钢绞线(15-22)(纵向预应力)	t	327	束长70m,束数264
	预应力钢绞线(15-3)(横向预应力)	t	31	束长15m,束数760

续上表

项 目		单位	工程量	备 注
桥面铺装	混凝土找平层(强度等级:C50)	m³	690	
	桥面防水剂	m²	7515	
支座	盆式橡胶支座 支座反力 6000kN	个	8	
	盆式橡胶支座 支座反力 15000kN	个	12	

8. 某大桥工程,桥梁全长1002m,上部构造为 $13\times30m+20\times30m$ 先简支后连续预应力混凝土(后张法)T形梁结构,每孔桥14片梁,梁高1.8m,梁顶宽1.5m,梁底宽48cm,上部构造预制安装总工期按8个月计算,每片梁预制周期按8d计算。主要工程量见表5-70。在不考虑构件运输的情况下,编制桥梁上部结构工程量清单,写出工程量清单单价计算所涉及相关定额的名称、单位、定额代号、数量、定额调整等内容,并填入表格中,需要时应列式计算或文字说明。

T形梁主要工程量表　　　　　表5-70

工 程 子 目		单 位	数 量	备 注
30m T形梁	C50混凝土 预制	m³	9243	锚具数量:OVM15-7,3234套
	C50混凝土 现浇	m³	2696	
	HPB300 钢筋	t	724.954	
	HRB400 钢筋	t	1224.839	
	钢绞线	t	296.136	

第6章 隧道工程清单计量与计价

6.1 隧道工程清单计量基本规则

6.1.1 隧道工程定额计量基本规则

1）总说明

本章定额包括开挖、支护、防排水、衬砌、装饰、照明、通风及消防设施、洞门及辅助坑道等项目。本定额是按照一般凿岩机钻爆法施工的开挖方法进行编制的,适用于新建隧道工程,改(扩)建及公路大、中修工程可参照使用。

(1)本章定额按现行隧道设计、施工技术规范将围岩分为六级,即Ⅰ~Ⅵ级。

(2)本章定额中混凝土工程均未考虑拌和的费用,应按桥涵工程相关定额另行计算。

(3)本章开挖定额中已综合考虑超挖及预留变形因素。

(4)洞内出渣运输定额已综合洞门外500m运距,当洞门外运距超过此运距时,可按照路基工程自卸汽车运输土石方的增运定额加计增运部分的费用。

(5)本定额中均未包括混凝土及预制块的运输,需要时应按有关定额另行计算。

(6)本定额未考虑地震、坍塌、溶洞及大量地下水处理,以及其他特殊情况所需的费用,需要时可根据设计另行计算。

(7)隧道工程项目采用其他章节定额的规定:

①洞门挖基、仰坡及天沟开挖、明洞明挖土石方等,应使用其他章节有关定额计算。

②洞内工程项目如需采用其他章节的有关项目,所采用定额的人工工日、机械台班数量及小型机具使用费,应乘以1.26的系数。

2）洞身工程

(1)本定额人工开挖、机械开挖轻轨斗车运输项目是按上导洞、扩大、马口开挖编制的,也综合了下导洞扇形扩大开挖方法,以及木支撑和出渣、通风及临时管线的工、料、机消耗。

(2)本定额正洞机械开挖自卸汽车运输定额是按开挖、出渣运输分别编制的,不分工程部位(即拱部、边墙、仰拱、底板、沟槽、洞室)均使用本定额。施工通风及高压风水管和照明电线路单独编制定额项目。

(3)本定额连拱隧道中导洞、侧导洞开挖和中隔墙衬砌是按连拱隧道施工方法编制的,除此以外的其他部位的开挖、衬砌、支护可套用本节洞身工程其他定额。

(4)格栅钢架和型钢钢架均按永久性支护编制,如作为临时支护使用,应按规定计取回收。定额中已综合连接钢筋的数量。

(5)喷射混凝土定额中已综合考虑混凝土的回弹量;钢纤维混凝土中钢纤维掺入量按喷射混凝土重量的3%掺入。当设计采用的钢纤维掺入量与本定额不同或采用其他材料时,可进行抽换。

（6）洞身衬砌项目按现浇混凝土衬砌,石料、混凝土预制块衬砌分别编制,不分工程部位（即拱部、边墙、仰拱、底板、沟槽、洞室）均使用本定额。定额中已综合考虑超挖回填因素,当设计采用的混凝土强度等级与定额采用的不符时或采用特殊混凝土时,可根据具体情况对混凝土配合比进行抽换。

（7）本定额中凡是按不同隧道长度编制的项目,均只编制到隧道长度5000m以内。当隧道长度超过5000m时,应按以下规定计算：

①洞身开挖：以隧道长度5000m以内定额为基础,与隧道长度5000m以上每增加1000m定额叠加使用。

②正洞出渣运输：通过隧道进出口开挖正洞,以换算隧道长度套用相应的出渣定额计算。换算隧道长度计算公式为：

换算隧道长度 = 全隧长度 − 通过辅助坑道开挖正洞的长度

当换算隧道长度超过5000m时,以隧道长度5000m以内定额为基础,与隧道长度5000m以上每增加1000m定额叠加使用。

通过斜井开挖正洞,出渣运输按正洞和斜井两段分别计算,两者叠加使用。

③通风、管线路定额,按正洞隧道长度综合编制,当隧道长度超过5000m时,以隧道长度5000m以内定额为基础,与隧道长度5000m以上每增加1000m定额叠加使用。

（8）混凝土运输定额仅适用于洞内混凝土运输,洞外运输应按桥涵工程有关定额计算。

（9）洞内排水定额仅适用于反坡排水的情况,排水量按$10m^3/h$以内编制,超过此排水量时,抽水机台班按表6-1中的系数调整。

台 班 调 整 系 数　　　　　　　　表6-1

涌水量(m^3/h)	10以内	15以内	20以内	50以内	100以内	150以内	200以内
调整系数	1.00	1.20	1.35	1.7	2	2.18	2.3

正洞内排水是按全隧道长度综合编制的,当隧道长度超过5000m时,以隧道长度5000m以内定额为基础,与隧道长度5000m以上每增加1000m定额叠加使用。

（10）工程量计算规则：

①本定额所指隧道长度均指隧道进出口（不含与隧道相连的明洞）洞门端墙墙面之间的距离,即两端端墙面与路面的交线同路线中线交点间的距离。双线隧道按上、下行隧道长度的平均值计算。

②洞身开挖、出渣工程量按设计断面数量（成洞断面加衬砌断面）计算,包含洞身及所有附属洞室的数量,定额中已考虑超挖因素,不得将超挖数量计入工程量。

③现浇混凝土衬砌中浇筑、运输的工程数量均按设计断面衬砌数量计算,包含洞身及所有附属洞室的衬砌数量。定额中已综合因超挖及预留变形需回填的混凝土数量,不得将上述因素的工程量计入计价工程量中。

④防水板、明洞防水层的工程数量按设计敷设面积计算。

⑤止水带（条）、盲沟、透水管的工程数量,均按设计数量计算。

⑥拱顶压浆的工程数量按设计数量计算,设计时可按每延长米$0.25m^3$综合考虑。

⑦喷射混凝土的工程量按设计厚度乘以喷射面积计算,喷射面积按设计外轮廓线

计算。

⑧砂浆锚杆工程量为锚杆、垫板及螺母等材料质量之和；中空注浆锚杆、自进式锚杆的工程量按锚杆设计长度计算。

⑨格栅钢架、型钢钢架、连接钢筋工程数量按钢架的设计质量计算。

⑩管棚、小导管的工程量按设计钢管长度计算，当管径与定额不同时，可调整定额中钢管的消耗量。

⑪横向塑料排水管按每侧隧道设计的铺设长度计算；纵向弹簧管按隧道纵向每侧铺设长度之和计算；环向盲沟按隧道横断面敷设长度计算。

⑫正洞高压风水管、照明、电线路的工程量按隧道设计长度计算。

3）洞门工程

（1）隧道和明洞洞门，均采用本定额。

（2）洞门墙工程量为主墙和翼墙等圬工体积之和。仰坡、截水沟等应按有关定额另行计算。

（3）本节定额的工程量均按设计工程数量计算。

4）辅助坑道

（1）斜井项目按开挖、出渣、通风及管线路分别编制，竖井项目定额中已综合了出渣、通风及管线路。

（2）斜井相关定额项目是按斜井长度1500m以内综合编制的，已含斜井建成后，通过斜井进行正洞作业时，斜井内通风及管线路的摊销部分。

（3）斜井支护按正洞相关定额计算。

（4）工程量计算规则：

①开挖、出渣工程量按设计断面数量（成洞断面加衬砌断面）计算，定额中已考虑超挖因素，不得将超挖数量计入工程量。

②现浇混凝土衬砌工程数量均按设计断面衬砌数量计算。

③喷射混凝土工程量按设计厚度乘以喷射面积计算，喷射面积按设计外轮廓线计算。

④锚杆工程量为锚杆、垫板及螺母等材料质量之和。

⑤斜井洞内通风、风水管照明及管线路的工程量按斜井设计长度计算。

5）瓦斯隧道

（1）隧道工程预算定额第四节中瓦斯隧道包括瓦斯隧道超前探测钻孔、瓦斯排放钻孔、瓦斯隧道正洞机械开挖、瓦斯隧道现浇混凝土衬砌、瓦斯隧道正洞通风、瓦斯隧道施工监测监控等项目。

（2）格栅钢架和型钢钢架均按永久性支护编制，如作为临时支护使用，应按规定计取回收。

（3）喷射混凝土定额分为气密性混凝土和钢纤维混凝土，定额中已综合考虑混凝土的回弹量。气密性混凝土考虑了气密剂费用，气密剂掺量按水泥用量的7%掺入，钢纤维混凝土中钢纤维掺入量按喷射混凝土质量的3%掺入。当设计采用的气密剂、钢纤维掺入量与本章定额不同或采用其他材料时，可进行抽换。

（4）洞身衬砌项目按现浇混凝土衬砌编制，定额中已综合考虑超挖回填因素，当设计采用的混凝土强度等级与定额采用的不符或采用特殊混凝土时，可根据具体情况对混凝土配合比进行抽换。

（5）本章定额中凡是按不同隧道长度编制的项目,均只编制到隧道长度5000m以内,当隧道长度超过5000m时,应按以下规定计算：

①洞身开挖：以隧道长度5000m以内定额为基础,与隧道长度5000m以上每增加1000m定额叠加使用。

②正洞出渣运输：通过隧道进出口开挖正洞,以换算隧道长度套用相应的出渣定额计算。换算隧道长度的计算公式为：

$$换算隧道长度 = 全隧长度 - 通过辅助坑道开挖正洞的长度$$

当换算隧道长度超过5000m时,以隧道长度5000m以内定额为基础,与隧道长度5000m以上每增加1000m定额叠加使用。

③通风、管线路定额按正洞隧道长度综合编制；当隧道长度超过5000m时,以隧道长度5000m以内定额为基础,与隧道长度5000m以上每增加1000m定额叠加使用。

（6）瓦斯隧道采用对向平行施工时,套用隧道工程预算定额第四节定额,隧道长度按单向施工长度计；若仅有单向为瓦斯隧道,则瓦斯隧道一侧套用隧道工程预算定额第四节定额,另一侧套用隧道工程预算定额第一节相应定额。

（7）本节未包括的其他内容,套用本章相应定额。

6.1.2　隧道工程清单计量基本规则

（1）本章隧道工程工程量清单包括洞口与明洞工程、洞身开挖、洞身衬砌、防水与排水、洞内防火涂料和装饰工程、监控量测、地质预报等。

（2）有关问题的说明及提示：

①场地布置,核对图纸、补充调查,编制施工组织设计、试验检测、施工测量、环境保护、安全措施、施工防排水、围岩类别划分及监控、通信、照明、通风、消防等设备、设施预埋构件设置及保护,所有准备工作和施工中应采取的措施均为各节、各子目工程的附属工作,不另行计量。

②风、水、电作业及通风、照明、防尘为不可缺少的附属设施和作业,均应包括在本章各节有关工程子目中,不另行计量。

③隧道名牌、模板装拆、钢筋除锈、拱盔、支架、脚手架搭桥、养护清场等工作均为各子目的附属工作,不另行计量。

④连接钢板、螺栓、螺母、拉杆、垫圈等作为钢支护的附属构件,不另行计量。

⑤混凝土拌和场站、储料场的建设、拆除、恢复均包括在相应工程项目中,不另行计量。

⑥洞身开挖包括主洞、竖井、斜井。洞外路面、洞外消防系统土石开挖、洞外弃渣防护等计量规则见有关章节。

⑦材料的计量尺寸为设计净尺寸。

6.2　隧道洞口、明洞工程清单计量与计价

6.2.1　隧道洞口、明洞工程清单工程量计量与计价

1）计量

（1）洞口、明洞开挖工程量清单计量规则见表6-2。

洞口、明洞开挖工程量清单计量规则　　　　　　　表 6-2

子目号	子目名称	单位	工程量计量	工 程 内 容
502	洞口与明洞工程			
502-1	洞口、明洞开挖	m³	依据设计图纸所示位置及尺寸，按图示开挖的体积，不分土、石的种类，只区分为土方和石方，以立方米为单位计量	1. 石方爆破； 2. 挖、装、运输、卸车； 3. 填料分理、弃土整型、压实； 4. 坡面临时支护及排水； 5. 坡面修整

（2）防水与排水工程量清单计量规则见表6-3。

防水与排水工程量清单计量规则　　　　　　　表 6-3

子目号	子目名称	单位	工程量计量	工 程 内 容
502-2	防水与排水			
-a	石砌截水沟、排水沟	m³	依据图纸所示位置及尺寸，按图示砌体体积分不同砂浆强度等级以立方米为单位计量	1. 沟槽开挖； 2. 基底检查； 3. 铺设垫层； 4. 砂浆拌制； 5. 浆砌片石、勾缝、抹面、养护； 6. 回填； 7. 场地清理
-b	现浇混凝土沟槽	m³	依据图纸所示位置及尺寸，按图示混凝土体积分不同强度等级以立方米为单位计量	1. 沟槽开挖； 2. 基底检查； 3. 铺设垫层； 4. 模板制作、安装、拆除； 5. 混凝土拌和、运输、浇筑、养护； 6. 回填； 7. 场地清理
……	……			

（3）洞口坡面防护工程量清单计量规则见表6-4。

洞口坡面防护工程量清单计量规则　　　　　　　表 6-4

子目号	子目名称	单位	工程量计量	工 程 内 容
502-3	洞口坡面防护			
-a	浆砌片石护坡	m³	依据图纸所示位置及尺寸，按图示砌体体积分不同砂浆强度等级以立方米为单位计量	1. 清理边坡，坡面夯实，基础开挖； 2. 铺设垫层； 3. 砌筑片石； 4. 勾缝、抹面、养护； 5. 回填
-b	现浇混凝土护坡	m³	依据图纸所示位置及尺寸，按图示混凝土体积分不同强度等级以立方米为单位计量	1. 清理边坡，坡面夯实，基坑开挖； 2. 模板制作、安装、拆除； 3. 混凝土拌和、运输、浇筑、养护； 4. 泄水孔及其滤水层、沉降缝设置； 5. 回填
……	……			

(4)洞门建筑工程量清单计量规则见表6-5。

洞门建筑工程量清单计量规则 表6-5

子目号	子目名称	单位	工程量计量	工程内容
502-4	洞门建筑			
-a	现浇混凝土	m³	依据图纸所示位置及尺寸,按图示混凝土体积分不同强度等级以立方米为单位计量	1. 基坑开挖、清理、平整、夯实; 2. 模板制作、安装、拆除; 3. 混凝土拌和、运输、浇筑、养护; 4. 清理现场
-b	预制安装混凝土块	m³	依据图纸所示位置及尺寸,按图示预制安装混凝土体积分不同强度等级以立方米为单位计量	1. 基坑开挖、清理、平整、夯实; 2. 构件预制; 3. 预制件安装,设置泄水孔及其滤水层; 4. 接缝处理; 5. 勾缝、抹面; 6. 场地清理
……	……			

(5)明洞衬砌工程量清单计量规则见表6-6。

明洞衬砌工程量清单计量规则 表6-6

子目号	子目名称	单位	工程量计量	工程内容
502-5	明洞衬砌			
-a	现浇混凝土	m³	依据图纸所示位置及尺寸,按图示混凝土体积分不同强度等级以立方米为单位计量	1. 搭拆作业平台; 2. 模板制作、安装、拆除; 3. 混凝土拌和、运输、浇筑、养护; 4. 接缝处理; 5. 场地清理
-b	钢筋	kg	1. 依据图纸所示及钢筋表所列钢筋质量以千克为单位计量; 2. 固定钢筋的材料、定位架立钢筋、钢筋接头、吊装钢筋、钢板、铁丝作为钢筋作业的附属工作,不另行计量	1. 钢筋的保护、储存及除锈; 2. 钢筋整直、接头; 3. 钢筋截断、弯曲; 4. 钢筋安设、支承及固定

(6)遮光棚(板)工程量清单计量规则见表6-7。

遮光棚(板)工程量清单计量规则 表6-7

子目号	子目名称	单位	工程量计量	工程内容
502-6	遮光棚(板)	m²	依据图纸所示位置及规格,按照不同材质棚板的面积以平方米为单位计量	1. 安装、拆除工作平台; 2. 支架设置; 3. 遮光棚(板)制作; 4. 遮光棚(板)安装

(7)洞顶回填工程量清单计量规则见表6-8。

洞顶回填工程量清单计量规则 表6-8

子目号	子目名称	单位	工程量计量	工程内容
502-7	洞顶回填			
-a	防水层			
-a-1	黏土防水层	m³	依据图纸所示的位置及规格,按图示铺设的防水层体积,以立方米为单位计量	1.场地清理; 2.填筑; 3.平整、夯实
-a-2	土工合成材料	m²	1.依据图纸所示的位置及规格,按图示铺设的防水材料面积,分不同材质以平方米为单位计量; 2.接缝的重叠面积和边缘的包裹面积不予计量	1.场地清理; 2.防水材料铺设、固定; 3.接缝处理(搭接、缝接、黏结); 4.边缘处理
-b	回填	m³	依据设计图纸所示的位置及尺寸,按图示回填体积,分不同材质以立方米为单位计量	1.场地清理; 2.填筑; 3.平整、夯实

2)支付

按上述规定计量,经监理人验收的列入工程量清单的以下支付子目的工程量,其每一计量单位,将以合同单价支付。此项支付包括材料、劳力、设备、运输等及其为完成洞口及明洞工程所必需的费用,是对完成工程的全部偿付。

3)支付子目

隧道洞口、明洞工程量清单支付子目见表6-9。

隧道洞口、明洞工程量清单支付子目 表6-9

子目号	子目名称	单位
502	洞口与明洞工程	
502-1	洞口、明洞开挖	
-a	土方	m³
-b	石方	m³
502-2	防水与排水	
-a	石砌截水沟、排水沟	m³
-b	现浇混凝土沟槽	m³
……	……	
502-3	洞口坡面防护	
-a	浆砌片石护坡	m³
-b	现浇混凝土护坡	m³
……	……	
502-4	洞门建筑	
-a	现浇混凝土	m³
-b	预制安装混凝土块	m³
……	……	m³

续上表

子目号	子目名称	单位
502-5	明洞衬砌	
-a	现浇混凝土	m³
-b	钢筋	kg
502-6	遮光棚(板)	m²
502-7	洞顶回填	
-a	防水层	
-a-1	黏土防水层	m³
-a-2	土工合成材料	m²
-b	回填	m³

6.2.2 例题分析

【例题6-1】 为保护生态环境,某公路施工图设计有一明洞工程,长51m,其主要工程量见表6-10。

隧道主要工程量　　　　　　　　　　　　　　表6-10

隧道洞身开挖（m³）	现浇拱墙		现浇拱部		回填碎石(m³)
	混凝土(m³)	钢筋(t)	混凝土(m³)	钢筋(t)	
8780	2500	103	1700	131	1959

隧道断面面积为156m²,其中拱部面积为88m²。隧道洞身开挖中Ⅴ级围岩占90%,Ⅱ级围岩占10%,弃渣平均运距为3km。根据上述资料列出该隧道工程造价所涉及相关定额的名称、单位、定额代号、数量等内容,并填入表格中,需要时应列式计算或文字说明。

分析:本题主要考查明洞的施工工艺过程及定额应用的方法,明洞开挖按路基工程开挖套用定额计价。

解:开挖土质数量:8780×0.9=7902(m³)

开挖石质数量:8780×0.1=878(m³)

定额组价见表6-11。

定额组价　　　　　　　　　　　　　　表6-11

工程子目			定额代号	单位	数量	定额调整系数
开挖	土质	2m³挖掘机挖装	1-1-9-8	1000m³	7.902	
		12t自卸汽运输　第一个1km	1-1-11-7	1000m³	7.902	
		每增运0.5km	1-1-11-8	1000m³	7.902	4
	石质	机械打眼开炸次坚石	1-1-14-5	1000m³	0.878	
		135kW推土机推渣	1-1-12-32	1000m³	0.878	
		2m³装载机装	1-1-10-8	1000m³	0.878	
		12t自卸汽运输　第一个1km	1-1-11-21	1000m³	0.878	
		每增运0.5km	1-1-11-22	1000m³	0.878	4

续上表

工程子目		定额代号	单位	数量	定额调整系数
明洞修筑	混凝土	3-1-18-4	10m³	420	
	钢筋	3-1-18-5	1t	234	
	混凝土拌和	4-11-11-1	10m³	420	1.02
	混凝土运输	4-11-11-20	100m³	42	1.02
回填	回填碎石	3-1-19-3	10m³	195.9	

注：推土机选用105~165kW进行施工均为正确；自卸汽车选用12~15t；装载机选用2~3m³斗容量使其为自卸汽车配套。

【例题6-2】 根据表6-12列出该隧道工程中洞口坡面工程造价所涉及相关定额的名称、单位、定额代号、数量等内容，并填入表格中，需要时应列式计算或文字说明。

洞口坡面工程数量　　　　表6-12

坡面防护(锚喷网)			
名称	钢筋网	C20混凝土	φ22mm锚杆
单位	kg	m³	kg
工程量	3772.2	185.9	13454.7

解：清单子目及定额组价分别见表6-13和表6-14。

清单子目　　　　表6-13

子目号	子目名称	单位	清单数量
502-3	洞口坡面防护		
-d	喷射混凝土护坡	m³	185.9
-i	锚杆	kg	13454.7
-j	钢筋	kg	3772.2

定额组价　　　　表6-14

定额编号	定额名称	定额单位	工程量	取费类别	调整状态
1-4-8-8	喷混凝土边坡(高20m内)	10m³	18.590	构造物Ⅰ	
1-4-8-11	锚杆埋设边坡(高20m内)	1t	13.455	钢材及钢构造	
1-4-8-2	钢筋挂网边坡(高20m内)	1t	3.772	钢材及钢构造	

6.3 隧道洞身开挖与支护工程清单计量与计价

6.3.1 隧道洞身开挖与支护工程清单工程量计量与计价

1）计量

(1)洞身开挖工程量清单计量规则见表6-15。

洞身开挖工程量清单计量规则 表 6-15

子目号	子目名称	单位	工程量计量	工程内容
503-1	洞身开挖			
-a	洞身开挖(不含竖井、斜井)	m^3	1. 依据图纸所示成洞断面(不计允许超挖值及预留变形量的设计净断面)计算开挖体积,不分围岩级别,只区分为土方和石方,以立方米为单位计量; 2. 含紧急停车带、车行横洞、人行横洞以及设备洞室的开挖	1. 钻孔爆破; 2. 风、水、电作业及通风防尘; 3. 粉尘、有害气体、可燃气体量测监控及防护; 4. 临时支护及临时防排水; 5. 装渣、运输、卸车; 6. 填料分理、弃土整型、压实
-b	竖井洞身开挖	m^3	依据图纸所示成洞断面(不计允许超挖值及预留变形量的设计净断面)计算开挖体积,不分围岩级别,只区分为土方和石方,以立方米为单位计量	
-c	斜井洞身开挖	m^3	依据图纸所示成洞断面(不计允许超挖值及预留变形量的设计净断面)计算开挖体积,不分围岩级别,只区分为土方和石方,以立方米为单位计量	

(2)洞身支护工程量清单计量规则见表6-16。

洞身支护工程量清单计量规则 表 6-16

子目号	子目名称	单位	工程量计量	工程内容
503-2	洞身支护			
-a	管棚支护			
-a-1	基础钢管桩	m	依据图纸所示位置和断面尺寸,按图示不同规格的钢管桩长度以米为单位计量	1. 场地清理; 2. 打桩机定位; 3. 沉管; 4. 混凝土(水泥浆)拌制; 5. 灌注混凝土(水泥浆); 6. 打桩机移位
-a-2	套拱混凝土	m^3	依据图纸所示位置及尺寸,按图示混凝土体积分不同强度等级以立方米为单位计量	1. 场地清理; 2. 模板制作、安装、拆除; 3. 混凝土拌和、运输、浇筑、养护
……	……			

2)支付

按上述规定计量,经监理人验收并列入了工程量清单的以下支付子目的工程量,其每一计量单位,将以合同单价支付。此项支付包括材料、劳力、设备、运输及其他为完成洞身开挖工程所必需的费用,是对完成工程的全部偿付。

3)支付子目

隧道洞身开挖与支护清单支付子目见表6-17。

隧道洞身开挖与支护清单支付子目 表6-17

子目号	子目名称	单位
503	洞身开挖	
503-1	洞身开挖	
-a	洞身开挖(不含竖井、斜井)	m³
-b	竖井洞身开挖	m³
-c	斜井洞身开挖	m³
503-2	洞身支护	
-a	管棚支护	
-a-1	基础钢管桩	m
-a-2	套拱混凝土	m³
……	……	
-b	注浆小导管	m
……	……	

6.3.2 例题分析

【例题6-3】 隧道某合同段长4500m,洞身开挖横截面面积为100m²（Ⅲ级围岩）,弃渣至洞门的运距为2000m,洞身开挖按全断面机械开挖、汽车运输计算,不考虑辅助坑道开挖及通风、照明费用。计算清单工程量、定额工程量。

分析:本题主要考查隧道洞身开挖定额的运用、弃渣运距的计算:一是隧道开挖及出渣按隧道的总长度来选用定额子目,二是洞外弃渣运距应扣除定额中已包含的洞口外500m的运距,且运输车辆的选择应与隧道出渣定额车辆选型相同。

解:清单子目见表6-18。

清单子目 表6-18

清单编号	名称	单位	清单数量
503-1	洞身开挖		
-a	洞身开挖(不含竖井、斜井)	m³	450000

定额组价见表6-19。

定额组价 表6-19

定额编号	定额名称	定额单位	工程量	调整状态
3-1-3-27	正洞Ⅲ级围岩隧长5000m内开挖	100m³天然方	4500.000	
3-1-3-55	Ⅰ~Ⅲ级围岩隧长5000m内出渣	100m³天然方	4500.000	
1-1-11-21	12t内自卸汽车运石1.5km	1000m³天然方	450.000	+22×1

【例题6-4】 隧道超前支护消耗 $\phi 22mm$ 砂浆锚杆8583m、$\phi 108mm$ 管棚3438m、$\phi 42mm$ 注浆小导管6704m、工字钢1639kg(消耗接头锚杆232kg)、C25混凝土97m³(洞内运输距离为1km,洞外运输距离为1km)、$\phi 127mm \times 4mm$ 孔口管1941kg、HPB300钢筋177kg、HRB400钢筋2100kg。计算清单工程量、定额工程量。

解: 清单子目见表 6-20。

清单子目　　　　　　　　　　　　　　　　　　　　　表 6-20

清单编号	名称	单位	清单数量
503-2	洞身支护		
-a-2	套拱混凝土	m³	97
-a-3	孔口管	m	31.9
-a-5	钢筋	kg	2277
-a-6	管棚	m	3438
-b	注浆小导管	m	6704
-c-1	砂浆锚杆	m	8583
-e-1	型钢支架	kg	1639

503-2-a-2 对应定额见表 6-21。

503-2-a-2 对应定额　　　　　　　　　　　　　　　　表 6-21

定额编号	定额名称	定额单位	工程量	调整状态
3-1-7-1	套拱混凝土管棚	10m³	9.7	
4-11-11-14	混凝土搅拌站拌和(40m³/h 内)	100m³	97×1.02/100 =0.899	人、机、小型机具×1.26
3-1-9-11	8m³ 内混凝土搅运车洞内运 1km	100m³	97×1.02/100 =0.899	
4-11-11-24	6m³ 内混凝土搅运车运 1km	100m³	97×1.02/100 =0.899	人、机、小型机具×1.26

503-2-a-3 对应定额见表 6-22。

503-2-a-3 对应定额　　　　　　　　　　　　　　　　表 6-22

定额编号	定额名称	定额单位	工程量	调整状态
3-1-7-2	套拱孔口管	10m	1941÷6.08÷10 =31.924	

$\phi 127mm \times 4mm$ 孔口管单位重量为 6.08kg/m。

503-2-a-5 对应定额见表 6-23。

503-2-a-5 对应定额　　　　　　　　　　　　　　　　表 6-23

定额编号	定额名称	定额单位	工程量	调整状态
3-1-9-7	集中加工衬砌钢筋	1t	0.177	2001001 量 1.02,2001002 量 0
3-1-9-7	集中加工衬砌钢筋	1t	2.1	

503-2-a-6 对应定额见表 6-24。

503-2-a-6 对应定额　　　　　　　　　　　　　　　　表 6-24

定额编号	定额名称	定额单位	工程量	调整状态
3-1-7-4	管棚 $\phi 108mm$	10m	343.8	

503-2-b 对应定额见表6-25。

503-2-b 对应定额　　　　　　　　　　　　　　　　　表6-25

定额编号	定 额 名 称	定额单位	工程量	调整状态
3-1-7-5	超前小导管	100m	67.04	

503-2-c-1 对应定额见表6-26。

503-2-c-1 对应定额　　　　　　　　　　　　　　　　表6-26

定额编号	定 额 名 称	定额单位	工程量	调整状态
3-1-6-1	砂浆锚杆	1t	8583×2.98/1000 =25.577	

ϕ22mm 砂浆锚杆单位重量为 2.98kg/m。

503-2-e-1 对应定额见表6-27。

503-2-e-1 对应定额　　　　　　　　　　　　　　　　表6-27

定额编号	定 额 名 称	定额单位	工程量	调整状态
3-1-5-1	制作安装型钢钢架	1t	1.639	
3-1-6-1	砂浆锚杆	1t	0.232	

6.4　隧道洞身衬砌工程清单计量与计价

6.4.1　隧道洞身衬砌工程清单工程量计量与计价

1）计量

(1) 洞身衬砌工程量清单计量规则见表6-28。

洞身衬砌工程量清单计量规则　　　　　　　　　　　表6-28

子目号	子目名称	单位	工程量计量	工程内容
504-1	洞身衬砌			
-a	钢筋	kg	1.依据图纸所示及钢筋表所列钢筋质量以千克为单位计量; 2.固定钢筋的材料、定位架立钢筋、钢筋接头、吊装钢筋、钢板、铁丝作为钢筋作业的附属工作,不另行计量	1.钢筋的保护、储存及除锈; 2.钢筋整直、接头; 3.钢筋截断、弯曲; 4.钢筋安设、支承及固定
-b	现浇混凝土	m³	依据图纸所示位置及尺寸,按图示混凝土体积分不同强度等级以立方米为单位计量	1.场地清理; 2.基底检查; 3.模板制作、安装、拆除; 4.混凝土拌和、运输、浇筑、养护; 5.设置施工缝、沉降缝

(2) 仰拱、铺底混凝土工程量清单计量规则见表6-29。

仰拱、铺底混凝土工程量清单计量规则 表6-29

子目号	子目名称	单位	工程量计量	工程内容
504-2	仰拱、铺底混凝土			
-a	现浇混凝土仰拱	m³	依据图纸所示位置及尺寸，按图示混凝土体积分不同强度等级以立方米为单位计量	1.场地清理； 2.基底检查； 3.模板制作、安装、拆除； 4.凝土拌和、运输、浇筑、养护； 5.设置施工缝、沉降缝
-b	现浇混凝土仰拱回填			1.场地清理； 2.基底检查； 3.混凝土拌和、运输、浇筑、养护

（3）边沟、电缆沟混凝土工程量清单计量规则见表6-30。

边沟、电缆沟混凝土工程量清单计量规则 表6-30

子目号	子目名称	单位	工程量计量	工程内容
504-3	边沟、电缆沟混凝土			
-a	现浇混凝土沟槽	m³	依据图纸所示位置及尺寸，按图示混凝土体积分不同强度等级以立方米为单位计量	1.沟槽开挖； 2.基底检查； 3.模板制作、安装、拆除； 4.混凝土拌和、运输、浇筑、养护； 5.设置施工缝、沉降缝
-b	预制安装混凝土沟槽	m³	依据图纸所示位置及尺寸，按图示预制安装混凝土体积分不同强度等级以立方米为单位计量	1.沟槽开挖； 2.预制场地建设； 3.模板制作、安装、拆除； 4.构件预制； 5.构件安装； 6.设置施工缝、沉降缝
-c	预制安装混凝土沟槽盖板			1.预制场地建设； 2.模板制作、安装、拆除； 3.构件预制、安装
-d	钢筋	kg	1.依据图纸所示及钢筋表所列钢筋质量以千克为单位计量； 2.固定钢筋的材料、定位架立钢筋、钢筋接头、吊装钢筋、钢板、铁丝作为钢筋作业的附属工作，不另行计量	1.钢筋的保护、储存及除锈； 2.钢筋整直、接头； 3.钢筋截断、弯曲； 4.钢筋安设、支承及固定
-e	铸铁盖板	kg	按设计图纸所示位置及尺寸，按制作安装铸铁盖板的质量以千克为单位计量	1.盖板的加工制作及防腐处理； 2.盖板安装

(4)洞室门工程量清单计量规则见表6-31。

洞室门工程量清单计量规则　　　　　　　　　表6-31

子目号	子目名称	单位	工程量计量	工 程 内 容
504-4	洞室门	个	按设计图纸所示位置及尺寸,按安装就位的洞室门数量以个为单位计量	1. 洞室门制作; 2. 洞室门安装

(5)洞内路面工程量清单计量规则见表6-32。

洞内路面工程量清单计量规则　　　　　　　　　表6-32

子目号	子目名称	单位	工程量计量	工 程 内 容
504-5	洞内路面			
-a	钢筋	kg	1. 依据图纸所示及钢筋表所列钢筋质量以千克为单位计量; 2. 含拉杆、补强钢筋、传力杆; 3. 钢筋接头、铁丝作为钢筋作业的附属工作,不另行计量	1. 钢筋的保护、储存及除锈; 2. 钢筋整直、接头; 3. 钢筋截断、弯曲; 4. 钢筋安设、支承及固定
-b	现浇混凝土	m³	依据图纸所示位置及尺寸,按图示混凝土体积分不同强度等级以立方米为单位计量	1. 基底检查; 2. 模板制作、安装、拆除; 3. 混凝土拌和、运输、浇筑、养护; 4. 接缝处理

2)支付

按上述规定计量,经监理人验收并列入了工程量清单的以下支付子目的工程量,每一计量单位,将以合同单价支付。此项支付包括材料、劳力、设备、机具等及其他为完成隧道衬砌工程所必需的费用,是对完成工程的全部偿付。

3)支付子目

隧道洞身衬砌工程清单支付子目见表6-33。

隧道洞身衬砌工程清单支付子目　　　　　　　　　表6-33

子 目 号	子 目 名 称	单 位
504	洞身衬砌	
504-1	洞身衬砌	
-a	钢筋	kg
-b	现浇混凝土	m³
504-2	仰拱、铺底混凝土	
-a	现浇混凝土仰拱	m³
-b	现浇混凝土仰拱回填	m³
504-3	边沟、电缆沟混凝土	
-a	现浇混凝土沟槽	m³
-b	预制安装混凝土沟槽	m³
-c	预制安装混凝土沟槽盖板	m³

续上表

子 目 号	子 目 名 称	单 位
-d	钢筋	kg
-e	铸铁盖板	kg
504-4	洞室门	个
504-5	洞内路面	
-a	钢筋	kg
-b	现浇混凝土	m³

6.4.2 例题分析

【例题6-5】 某隧道洞身衬砌采用C25防水混凝土和钢筋,模架消耗30324.4m³混凝土,仰拱消耗1545.7m³混凝土,混凝土需要洞外运输1km,洞内运输1km。消耗HPB300钢筋和HRB400钢筋分别为12190kg和140025kg。求清单工程量、定额工程量。

解: 清单子目见表6-34。

清单子目　　　　　　　　　　　表6-34

清单编号	名 称	单 位	清单数量
504-1	洞身衬砌		
-a	钢筋	kg	152215
-b	混凝土	m³	30324.4
504-2	仰拱、铺底混凝土		
-a	现浇混凝土仰拱	m³	1545.7

504-1-a 对应定额见表6-35。

504-1-a 对应定额　　　　　　　　表6-35

定额编号	定 额 名 称	定额单位	工程量	调整状态
3-1-9-7	集中加工衬砌钢筋	1t	12.19	2001001量1.02,2001002量0
3-1-9-7	集中加工衬砌钢筋	1t	140.025	

504-1-b 对应定额见表6-36。

504-1-b 对应定额　　　　　　　　表6-36

定额编号	定 额 名 称	定额单位	工程量	调整状态
3-1-9-2	现浇混凝土(模架)	10m³	3032.44	泵C25-32.5-4,-11.7,防C25-32.5-4,+11.7
4-11-11-14	混凝土搅拌站拌和(40m³/h内)	100m³	303.244×1.02=309.309	人、机、小型机具×1.26
3-1-9-11	8m³内混凝土搅运车洞内运1km	100m³	303.244×1.02=309.309	
4-11-11-26	8m³内混凝土搅运车运1km	100m³	303.244×1.02=309.309	人、机、小型机具×1.26

504-2-a 对应定额见表 6-37。

504-2-a 对应定额　　　　　　　　　　　　　表 6-37

定额编号	定 额 名 称	定额单位	工程量	调整状态
3-1-9-3	现浇混凝土仰拱	10m³	154.57	泵 C25-32.5-4，-10.4，防 C25-32.5-4，+10.4
4-11-11-14	混凝土搅拌站拌和(40m³/h 内)	100m³	15.457×1.02 =15.766	人、机、小型机具×1.26
3-1-9-11	8m³ 内混凝土搅运车洞内运 1km	100m³	15.457×1.02 =15.766	
4-11-11-26	8m³ 内混凝土搅运车运 1km	100m³	15.457×1.02 =15.766	人、机、小型机具×1.26

【例题 6-6】 仰拱混凝土的运输定额如何调整？选用哪个定额？

解：首先，确定仰拱混凝土运输量，需要将所需消耗量乘以 1.02(运输和搅拌需要消耗 2% 的混凝土)。其次，分清洞内运输和洞外运输距离，洞外运输选择 4-11-11-24，洞内运输选择 3-1-9-11(8m³ 内，可根据实际情况选择)。且洞外运输 4-11-11-24 不是隧道章节，洞内工程项目如需采用其他章节的有关项目，所采用定额的人工工日、机械台班数量及小型机具使用费，应乘 1.26 的系数，所以洞外运输定额需要乘以 1.26。

【例题 6-7】 隧道边沟的修建所消耗的现浇混凝土、级配碎石、钢筋、垫层混凝土等，应该选择哪些对应子目及定额进行调整？

解：子目应该选择 504-3 边沟、电缆沟混凝土。504-3-a 现浇混凝土沟槽对应定额应选择 3-1-13-1(现浇混凝土沟槽)，拌和和洞内外运输等 4 个定额(参考前面例题)；混凝土垫层对应定额应选择 4-11-5-6(混凝土垫层)，拌和和洞内外运输等 4 个定额(同前)；级配碎石作为沟槽的填充层，对应定额应选择 4-11-5-2(填碎石垫层)。504-3-d 钢筋消耗用于沟槽，对应定额应选择 3-1-13-4(沟槽钢筋)。

具体调整应根据原则进行，若涉及其他章节的，所采用定额的人工工日、机械台班数量及小型机具使用费，应乘以 1.26 的系数。不同等级的混凝土进行相应替换。

【例题 6-8】 某隧道洞内路面，消耗光圆钢筋 950kg、带肋钢筋 8720kg，C30 埋板混凝土消耗 13m³(厚 20cm)，水泥混凝土底层厚 250mm，摊铺面积为 28928m²。求清单工程量、定额工程量。

解：清单子目见表 6-38。

清 单 子 目　　　　　　　　　　　　　表 6-38

清单编号	名　　称	单　位	清单数量
504-5	洞内路面		
-a	钢筋	kg	950+8720=9670
-b	混凝土	m³	28928×0.25+13=7245

504-5-a 对应定额见表 6-39。

504-5-a 对应定额 表 6-39

定额编号	定额名称	定额单位	工程量	调整状态
2-2-17-15	钢筋	1t	0.950	2001001 量 1.138,2001002 量 0、人、机、小型机具×1.26
2-2-17-15	钢筋	1t	8.72	2001001 量 0,2001002 量 1.138、人、机、小型机具×1.26

504-5-b 对应定额见表 6-40。

504-5-b 对应定额 表 6-40

定额编号	定额名称	定额单位	工程量	调整状态
2-2-17-1	人工铺筑混凝土厚25cm	1000m²	28.928	人、机、小型机具×1.26,+2×5
2-2-17-1	人工铺筑混凝土厚20cm	1000m²	0.065	人、机、小型机具×1.26
3-1-9-11	8m³ 内混凝土搅运车洞内运1km	100m³	28928×0.25×1.02/100+13×1.02/100=73.899	
4-11-11-24	6m³ 内混凝土搅运车运1km	100m³	28928×0.25×1.02/100+13×1.02/100=73.899	人、机、小型机具×1.26
4-11-11-14	混凝土搅拌站拌和(40m³/h 内)	100m³	28928×0.25×1.02/100+13×1.02/100=73.899	人、机、小型机具×1.26

6.5 隧道防水与排水工程清单计量与计价

6.5.1 隧道防水与排水工程清单工程量计量与计价

1)计量

隧道防水与排水工程工程量清单计量规则见表 6-41。

隧道防水与排水工程工程量清单计量规则 表 6-41

子目号	子目名称	单位	工程量计量	工程内容
505-1	防水与排水			
-a	金属材料	kg	1.依据图纸所示位置及规格,按金属材料的质量,分不同材质以千克为单位计量; 2.接头、固定、定位材料作为附属工作,均不另行计量	1.金属材料的保护、储存及除锈; 2.材料加工,整直、截断、弯曲; 3.接头; 4.安设、支承及固定; 5.盖板安设
-b	排水管	m		

续上表

子目号	子目名称	单位	工程量计量	工程内容
-b-1	钢筋混凝土排水管	m	依据设计图纸所示位置,按图示排水管的长度,分不同管径以米为单位计量	1. 管材预制、运输; 2. 布管、接缝; 3. 回填; 4. 现场清理
-b-2	PVC排水管			1. 场地清理; 2. 搭拆移作业平台; 3. 排水管制作; 4. 土工布包裹、绑扎; 5. 水管布设、连接; 6. 水管定位锚固
……	……			
505-2	保温			
-a	保温层	m²	1. 依据图纸所示位置、尺寸及保温材料类型,按图示保温层面积以平方米为单位计量; 2. 保温板的重叠面积不予计量	1. 选备保温板材(聚氨酯板等); 2. 保温板下料、拼接、就位、焊接、拉紧、锚固
-b	洞口排水保温			
-b-1	洞口排水沟保温层	m²	1. 依据图纸所示位置、尺寸及保温材料类型,按图示保温层面积以平方米为单位计量; 2. 保温板的重叠面积不予计量	1. 选备保温板材(聚氨酯板等); 2. 保温板下料、拼接、就位、焊接、拉紧、锚固
-b-2	保温出水口暗管	m	依据图纸所示位置、材料、尺寸及埋设深度,按图示不同材料的保温出水口暗管长度以米为单位计量	1. 场地清理; 2. 开挖管沟; 3. 边坡临时防护; 4. 铺设垫层; 5. 敷设排水管、连接、固定; 6. 砌(浇)筑检查井; 7. 回填土、覆盖表土护坡
……	……			

2)支付

按上述规定计量,经监理人验收并列入了工程量清单的以下支付子目的工程量,其每一计量单位,将以合同单价支付。此项支付包括材料、劳力、设备、运输等及其他为完成防排水工程所必需的费用,是对完成工程的全部偿付。

3)支付子目

隧道防水与排水工程清单支付子目见表6-42。

隧道防水与排水工程清单支付子目 表6-42

子目号	子目名称	单位
505-1	防水与排水	
-a	金属材料	kg
-b	排水管	

续上表

子目号	子目名称	单位
-b-1	钢筋混凝土排水管	m
-b-2	PVC 排水管	m
-b-3	U 形排水管	m
-b-4	Ω 形排水管	m
-c	防水板	m²
-d	止水带	m
-e	止水条	m
-f	涂料防水层	m²
-g	注浆	
-g-1	水泥	t
-g-2	水玻璃原液	m³
505-2	保温	
-a	保温层	m²
-b	洞口排水保温	
-b-1	洞口排水沟保温层	m²
-b-2	保温出水口暗管	m
-b-3	保温出水口	处

6.5.2 例题分析

【例题 6-9】 某隧道防水与排水系统建设中,消耗复合式防水板 89330m²、无纺布 90602m²、橡胶止水带 878m、止水条 8003m、Ω 弹簧排水管 8450m。求清单工程量、定额工程量。

解: 清单子目见表 6-43。

清单子目　　　　　　　　　　　　　　　表 6-43

清单编号	名称	单位	清单数量
505-1	防水与排水		
-b	排水管		
-b-4	Ω 形排水管	m	8450
-c	防水板	m²	89330+90602=179932
-d	止水带	m	878
-e	止水条	m	8003

505-1-b-4 对应定额见表 6-44。

505-1-b-4 对应定额　　　　　　　　　　　表 6-44

定额编号	定额名称	定额单位	工程量	调整状态
3-1-12-1	纵向排水管(弹簧管)	100m	8450/100=84.5	

505-1-c 对应定额见表 6-45。

505-1-c 对应定额　　　　　　　　　　　表 6-45

定额编号	定额名称	定额单位	工程量	调整状态
3-1-11-1	复合式防水板	100m²	89330/100＝893.3	
3-1-11-4	土工布	100m²	90602/100＝906.02	

505-1-d 对应定额见表 6-46。

505-1-d 对应定额　　　　　　　　　　　表 6-46

定额编号	定额名称	定额单位	工程量	调整状态
3-1-11-2	橡胶止水带	10m	878/10＝87.8	

505-1-e 对应定额见表 6-47。

505-1-e 对应定额　　　　　　　　　　　表 6-47

定额编号	定额名称	定额单位	工程量	调整状态
3-1-11-3	橡胶止水条	100m	8003/100＝80.03	

6.6 隧道洞内防火涂料和装饰工程清单计量与计价

6.6.1 隧道洞内防火涂料和装饰清单工程量计量与计价

1）计量

隧道洞内防火涂料和装饰工程工程量清单计量规则见表 6-48。

隧道洞内防火涂料和装饰工程工程量清单计量规则　　　表 6-48

子目号	子目名称	单位	工程量计量	工程内容
506	洞内防火涂料和装饰工程			
506-1	洞内防火涂料	m²	依据设计图纸所示位置及尺寸，按图示面积分不同喷涂厚度以平方米为单位计量	1. 场地清理； 2. 搭、拆、移作业平台； 3. 基面拉毛、清洗； 4. 涂料制作； 5. 喷涂
506-2	洞内装饰工程			
-a	墙面装饰	m²	依据设计图纸所示位置及尺寸，按图示装饰面积分不同材质以平方米为单位计量	1. 场地清理； 2. 搭、拆、移作业平台； 3. 墙面拉毛、清洗； 4. 砂浆制作； 5. 镶贴装饰材料； 6. 抹平、养护

续上表

子目号	子目名称	单位	工程量计量	工程内容
-b	喷涂混凝土专用漆	m²	依据设计图纸所示位置及尺寸，按图示面积以平方米为单位计量	1. 场地清理； 2. 搭、拆、移作业平台； 3. 基面拉毛、清洗； 4. 涂料制作； 5. 喷涂
-c	吊顶			1. 场地清理； 2. 搭拆移作业平台； 3. 吊顶骨架安设； 4. 吊顶板面安装

2) 支付

按上述规定计量，经监理人验收的列入工程量清单的以下支付子目的工程量，其每一计量单位，将以合同单价支付。此项支付包括材料、劳力、设备、试验、运输等及其他为完成洞内防火涂料和装饰工程所必需的费用，是对完成工程的全部偿付。

3) 支付子目

隧道洞内防火涂料和装饰工程清单支付子目见表6-49。

隧道洞内防火涂料和装饰工程清单支付子目　　　表6-49

子目号	子目名称	单位
506	洞内防火涂料和装饰工程	
506-1	洞内防火涂料	m²
506-2	洞内装饰工程	
-a	墙面装饰	m²
-b	喷涂混凝土专用漆	m²
-c	吊顶	m²

6.6.2 例题分析

【例题6-10】 隧道洞内装饰工程进行涂料和瓷砖装饰，洞顶部分喷涂涂料，边墙贴瓷砖装饰。消耗涂料18952m²，消耗瓷砖35005m²。求清单工程量、定额工程量。

解：清单子目见表6-50。

清单子目　　　表6-50

清单编号	名称	单位	清单数量
506-1	洞内防火涂料	m²	18952
506-2	洞内装饰工程		
-a	墙面装饰	m²	35005

506-1 对应定额见表6-51。

506-1 对应定额　　　表6-51

定额编号	定额名称	定额单位	工程量	调整状态
3-1-21-2	喷涂防火涂料	100m²	189.52	

506-2-a 对应定额见表 6-52。

506-2-a 对应定额 表 6-52

定额编号	定 额 名 称	定额单位	工程量	调 整 状 态
3-1-21-1	镶贴瓷砖	100m²	350.05	

6.7 隧道监控量测工程清单计量与计价

6.7.1 隧道监控量测工程清单工程量计量与计价

监控量测是保障隧道安全施工必须采取的措施,监控量测除必测项目外,应根据具体情况确定选测项目,分别以总额报价及支付,其工程量清单计量规则见表 6-53。

隧道监控量测工程工程量清单计量规则 表 6-53

子目号	子目名称	单位	工程量计量	工 程 内 容
508-1	监控量测			
-a	必测项目	总额	依据图纸所示及《公路隧道施工技术规范》(JTG F60—2009)规定的必测项目进行监控量测,以总额为单位计量	1.选择量测仪器和元件; 2.埋设测试元件; 3.数据采集; 4.数据分析; 5.后续数据分析、处理
-b	选测项目	总额	依据图纸所示及《公路隧道施工技术规范》(JTG F60—2009)规定的选测项目进行监控量测,以总额为单位计量	

隧道监控量测工程清单支付子目见表 6-54。

隧道监控量测工程清单支付子目 表 6-54

子 目 号	子 目 名 称	单 位
508-1	监控量测	
-a	必测项目	总额
-b	选测项目	总额

6.7.2 例题分析

【例题 6-11】 重庆轨道交通 4 号线一期土建二标虾子蝙站—金山站区间虾子蝙车车站隧道施工监控量测项目包含必测项目和选测项目。必测项目:水平净空收敛(216 测点,单价 2400 元)、拱顶下沉(108 测点,单价 2400 元)、地表下沉(36 测点,单价 2400 元);选测项目:爆破振动监测为总价包干合同(5 万元)、冠梁水平位移(16 测点,单价 3000 元)、冠梁竖向位移(16 测点,单价 2400 元)。求清单报价。

解:因 508-1 子目不需要进行定额选择,直接进行清单报价,报价见表 6-55。

清单子目 表 6-55

清单编号	名 称	单 位	清单数量	清单单价(元)	金额(元)
508-1	监控量测				1000400
-a-1	必测项目(水平净空收敛)	总额	216	2400	518400

续上表

清单编号	名　　称	单　位	清单数量	清单单价(元)	金额(元)
-a-2	必测项目(拱顶下沉)	总额	108	2400	259200
-a-3	必测项目(地表下沉)	总额	36	2400	86400
-b-1	选测项目(冠梁水平位移)	总额	16	3000	48000
-b-2	选测项目(冠梁竖向位移)	总额	16	2400	38400
-b-3	选测项目(爆破振动观测)	总额	1	50000	50000

6.8 特殊地质地段施工与地质预报清单计量与计价

6.8.1 特殊地质地段施工与地质预报清单工程量计量与计价

隧道施工中遇到特殊地质地段时,承包人应采取的有关施工措施,不另予计量与支付。地质预报采用的方法手段应根据具体情况选用,不同的方法手段分别以总额报价及支付,其计量规则见表6-56。

特殊地质地段施工与地质预报工程量清单计量规则　　表6-56

子目号	子目名称	单位	工程量计量	工程内容
509	特殊地质地段的施工与地质预报			
509-1	地质预报	总额	依据需要预报的距离和内容,分不同的探测手段,以总额为单位计量	1. 按地质预报需要采用合适的探测手段进行探测; 2. 地质分析与推断; 3. 预报结果及施工建议

特殊地质地段施工与地质预报清单支付子目见表6-57。

特殊地质地段施工与地质预报清单支付子目　　表6-57

子目号	子目名称	单位
509-1	地质预报	总额

6.8.2 例题分析

【例题6-12】 某极高风险隧道采用超前地质预报,探测手段包括地质雷达、红外探水、75号超前探孔、加深炮孔,报价见表6-58。求清单报价。

项　目　报　价　　表6-58

项目名称	单　位	数　量	单价（元）
地质雷达	次	10	6000
红外探水	次	20	2500
75号超前探孔	m	50	300
加深炮孔	m	30	20

解：地质预报总额 $= 10 \times 6000 + 20 \times 2500 + 50 \times 300 + 30 \times 20 = 125600$（元）；清单子目见表 6-59。

清单子目   表 6-59

清单编号	名 称	单 位	清单数量	清单单价（元）	金额（元）
509-1	地质预报	总额	1	125600	125600

6.9 洞内机电设施预埋件和消防设施清单计量与计价

6.9.1 洞内机电设施预埋件和消防设施清单工程量计量与计价

洞内机电设施预埋件和消防设施工程量清单计量规则见表 6-60。

洞内机电设施预埋件和消防设施工程量清单计量规则   表 6-60

子目号	子目名称	单位	工程量计量	工程内容
510-1	预埋件	kg	1. 依据图纸所示位置和断面尺寸，按照材料表所列的金属结构预埋件质量以千克为单位计量； 2. 金属结构接头、螺栓、螺母、垫片、固定及定位材料作为金属结构预埋件的附属工作，不另行计量； 3. 非金属结构预埋件作为预埋件的附属工作，不另行计量	1. 预埋件加工与涂装； 2. 预埋件安装、固定； 3. 工地涂装
510-2	消防设施			
-a	供水钢管（φ…mm）	m	1. 依据图示要求材料、尺寸，按供水管管道中心线长度以米为单位计量； 2. 不扣除阀门、管件及各种组件所占长度	1. 管道定位，沟槽开挖、回填； 2. 钢管制作加工、防腐、运输、装卸； 3. 安装、就位、除锈、刷油、防腐； 4. 接头接续、定位、固定； 5. 管道吹扫，水压试验
-b	消防洞室防火门	套	1. 依据图示要求，按满足设计功能要求的隧道消防洞室防火门数量以套为单位计量； 2. 包含帘板、导轨、底座、电机、控制器、手动装置	1. 按配置要求提交隧道消防洞室防火门（含附件）； 2. 防火门及附件搬运、就位； 3. 钻孔、螺栓固定，电机测试，安装固定，校位； 4. 电缆保护套安装固定； 5. 电力电缆连接，控制电缆引出至电缆沟； 6. 调试，指标测试
-c	集水池	座	1. 依据图示结构、尺寸，按钢筋混凝土集水池数量以座计量； 2. 包含池内检查梯，池顶棚，人孔盖	1. 水池基础土石方开挖； 2. 基坑临时支护，临时排水； 3. 垫层铺筑、碾压； 4. 模板、支架架设、拆除； 5. 钢筋加工、安装； 6. 混凝土制作浇筑； 7. 检查梯制作安装，各管道、管件、仪表的安装配合； 8. 堵洞，水池防渗处理； 9. 基坑回填，现场清理，弃方处理

续上表

子目号	子目名称	单位	工程量计量	工程内容
-d	蓄水池	座	依据图示结构、尺寸,按蓄水池数量以座为单位计量	1.基坑开挖,混凝土或砂浆制作; 2.基底垫层铺筑,施工排水; 3.模板安设浇筑混凝土或池体砌筑; 4.清理场地,基坑回填,弃方处理
-e	泵房	座	1.依据图示规格、功能,按水泵房建筑以座为单位计量; 2.包含泵房防雷接地	1.配置泵房全部结构、装饰; 2.配电、排水、各种预埋件; 3.场地硬化

特殊地质地段施工与地质预报清单支付子目见表 6-61。

特殊地质地段施工与地质预报清单支付子目　　表 6-61

子目号	子目名称	单位
510	洞内机电设施预埋件和消防设施	
510-1	预埋件	
-a	通风设施预埋件	kg
-b	通信设施预埋件	kg
-c	照明设施预埋件	kg
-d	监控设施预埋件	kg
-e	供配电设施预埋件	kg
510-2	消防设施	
-a	供水钢管($\phi\cdots$mm)	m
-b	消防洞室防火门	套
-c	集水池	座
-d	蓄水池	座
-e	泵房	座

6.9.2 例题分析

【例题 6-13】 某隧道工程的通风设施预埋件,消耗 HPB300 钢筋 5722kg、HRB400 钢筋 12028kg、型钢 374kg、钢板 5885kg。求清单工程量、定额工程量。

解: 清单子目见表 6-62。

清单子目　　表 6-62

清单编号	名称	单位	清单数量
510-1-a	通风设施预埋件	kg	24009

对应定额见表 6-63。

定额组价　　表 6-63

定额编号	定额名称	定额单位	工程量	调整状态
5-4-2-1	风机预埋件	t	24.009	

注:需要时应根据金属材料质量比例调整定额材料消耗。

思考题

1. 某隧道工程全长2720m，主要工程量如下：设计开挖断面面积为150m²，开挖土石方数量为421560m³，其中Ⅱ类围岩20%、Ⅲ类围岩60%、Ⅳ类围岩20%；洞外出渣运距为1300m。列出隧道洞身开挖及回填工施工图预算所涉及相关定额的名称、单位、定额代号、数量等内容，并填入表格中，需要时应列式计算或文字说明。

2. 某分离式山区高速公路隧道，全长2924m，主要工程量如下：

(1) 洞门部分：开挖土石方12000m³，其中Ⅲ类围岩30%、Ⅳ类围岩70%；浆砌片石墙2056m³，浆砌片石截水沟150m³。

(2) 洞身部分：设计开挖断面面积162m²，开挖土石方494360m³，其中Ⅱ类围岩10%、Ⅲ类围岩70%、Ⅳ类围岩20%；钢支撑890t；喷射混凝土20110m³，钢筋网276t，ϕ25mm锚杆25200m，ϕ22mm锚杆227200m；拱墙混凝土50518m³，HPB300钢筋32t，HRB400钢筋290t。

(3) 洞内路面：43860m²，水泥混凝土面层厚26cm；洞外出渣运距1500m。

(4) 隧道防排水、洞内管沟、装饰、照明、通风、消防等不考虑。

列出该隧道工程工程量清单、清单单价计算所涉及的相关定额的名称、单位、定额代号、数量、定额调整等内容，并填入表格中，需要时应列式计算或文字说明。

3. 某施工标段分离式隧道工程全长5250m，采取双向开挖配合辅助坑道施工方法，其构成为30m(明洞)+5200m(正洞)+20m(明洞)，主要工程量如下：

(1) 洞门及明洞部分：设计开挖普通土方17000m³。

(2) 正洞部分：设计开挖断面面积160m²，Ⅲ级围岩，通过辅助坑道开挖正洞长度1000m，实际开挖量844800m³；格栅钢架支撑1744t(其中连接钢筋重25t)；C25模筑混凝土88450m³(其中超挖回填450m³)；施工顺坡排水20000m³，反坡排水5000m³(涌水量12m³/h)。

(3) 土石方采用12t自卸汽车运输，洞外出渣运距2000m。混凝土采用6m³混凝土运输车运输，洞内和洞外混凝土平均运距各为1000m，不计混凝土拌和站安拆费用。沿洞两侧纵向布设HPDE排水管，三处围岩地段有小股水需布设环向排水管200m。洞内施工排水和正洞开挖施工所需通风费按清单开挖量分摊。

填写清单工程量，列出清单预算所涉及相关定额的定额代号、单位、数量和定额调整等内容，并填入表格中，需要时应列式计算或文字说明。

第7章 安全设施及预埋管线工程清单计量与计价

7.1 安全设施及预埋管线工程清单计量基本规则

7.1.1 安全设施及预埋管线清单工程量计量规则

(1)本章内容包括护栏、隔离设施、道路交通标志、道路诱导设施、防眩设施、通信管道及电力管道、预埋(预留)基础、收费设施和地下通道工程。

(2)有关问题的说明及提示：

①护栏的地基填筑、垫层材料、砌筑砂浆、嵌缝材料、油漆以及钢缆索护栏的封头混凝土等，均不另行计量。

②隔离设施工程所需的清场、挖根、土地平整和设置地线等工程均为安装工程的附属工作，不另行计量。

③交通标志工程所有支承结构、底座、硬件和为完成组装而需要的附件，均不另行计量。

④道路诱导设施中路面标线玻璃珠包含在涂敷面积内，附着式轮廓标的后底座、支架连接件，均不另行计量。

⑤防眩设施所需的预埋件、连接件、立柱基础混凝土及钢构件的焊接，均作为附属工作，不另行计量。

⑥管线预埋工程的挖基及回填、压实及接地系统、所有封缝料和牵引线及拉棒检验等作为相关工程的附属工作，不另行计量。

⑦收费设施及地下通道工程：

a.挖基、挖槽及回填、压实等作为相关工程的附属工作，不另行计量。

b.收费设施的预埋件为各相关工程项目的附属工作，不另行计量。

c.凡未列入计量项目的零星工程，均含在相关工程项目内，不另行计量。

7.1.2 安全设施定额工程量计量规则

1)工程量计算规则

(1)钢筋混凝土防撞护栏中铸铁柱与钢管栏杆按柱与栏杆的总质量计算，预埋螺栓、螺母及垫圈等附件已综合在定额内，使用定额时不得另行计算。

(2)波形钢板护栏中钢管柱、型钢柱按柱的成品质量计算；波形钢板按波形钢板、端头板(包括端部稳定的锚定板、夹具、挡板)与撑架的总质量计算，柱帽、固定螺栓、连接螺栓、钢丝绳、螺母及垫圈等附件已综合在定额内，使用定额时不得另行计算。

(3)隔离栅中钢管柱按钢管与网框型钢的总质量计算，型钢立柱按柱与斜撑的总质量计算，钢管柱定额中已综合了螺栓、螺母、垫圈及柱帽钢板的数量，型钢立柱定额中已综合了各种连接件及地锚钢筋的数量,使用定额时不得另行计算。

钢板网面积按各网框外边缘所包围的净面积之和计算。

刺铁丝网按刺铁丝的总质量计算;铁丝编织网面积按网高(幅宽)乘以网长计算。

(4)中间带隔离墩上的钢管栏杆与防眩板分别按钢管与钢板的总质量计算。

(5)金属标志牌中立柱质量按立柱、横梁、法兰盘等的总质量计算;面板质量按面板、加固槽钢、抱箍、螺栓、滑块等的总质量计算。

(6)路面标线按画线的净面积计算。

(7)公共汽车停靠站防雨篷中钢结构防雨篷的长度按顺路方向防雨篷两端立柱中心间的长度计算;钢筋混凝土防雨篷的水泥混凝土体积按水泥混凝土垫层、基础、立柱及顶棚的体积之和计算,定额中已综合了浇筑立柱及篷顶混凝土所需的支架等,使用定额时不得另行计算。

(8)站台地坪按地坪铺砌的净面积计算,路缘石及地坪垫层已综合在定额中,使用定额时不得另行计算。

2)相关问题说明

(1)定额中波形钢板、型钢立柱、钢管立柱、镀锌钢管、护栏、钢板网、钢板标志、铝合金板标志、柱式轮廓标、钢管防撞立柱、镀锌钢管栏杆、预埋钢管等均为成品,编制预算时按成品价格计算。其中标志牌单价中不含反光膜的费用。

(2)水泥混凝土构件的预制、安装定额中均包括了混凝土及构件运输的工程内容,使用定额时不得另行计算。

(3)收费岛上涂刷反光标志漆和粘贴反光膜的数量,已综合收费岛混凝土定额中,使用定额时均不得另行计算。

(4)防撞栏杆的预埋钢套管的数量已综合在定额中,使用定额时不得另行计算。

(5)防撞栏杆的预埋钢套管及立柱填充水泥混凝土、立柱与预埋钢套管之间灌填水泥砂浆的数量,均已综合在定额中,使用定额时不得另行计算。

7.2 护栏工程清单计量与计价

7.2.1 护栏工程清单工程量计量与计价

1)计量

护栏工程工程量清单计量规则见表7-1。

护栏工程工程量清单计量规则   表7-1

子目号	子目名称	单位	工程量计量	工程内容
602	护栏			
602-1	混凝土护栏 (护墙、立柱)			
-a	现浇混凝土护栏	m³	1. 依据图纸所示位置和断面尺寸,按图示浇筑的不同强度的混凝土体积以立方米为单位计量; 2. 不扣除混凝土沉降缝、泄水孔所占体积; 3. 桥上混凝土护栏(护墙、立柱)在410-6中计量	1. 基槽开挖; 2. 铺筑垫层; 3. 模板制作、安装、拆除; 4. 混凝土制作、运输、浇筑、养护; 5. 沉降缝、泄水孔预留,灌缝处理; 6. 基坑回填,夯实; 7. 清理,弃方处理

续上表

子目号	子目名称	单位	工程量计量	工程内容
-b	预制安装混凝土护栏	m³	1. 依据图纸所示位置和断面尺寸,按图示预制并安装的不同强度等级的混凝土体积以立方米为单位计量; 2. 不扣除混凝土沉降缝、泄水孔和预埋件所占体积; 3. 桥上混凝土护栏(护墙、立柱)在410-7中计量	1. 混凝土护栏块预制、运输; 2. 基槽开挖; 3. 铺筑垫层; 4. 结合面凿毛; 5. 混凝土护栏块安装; 6. 接缝处理; 7. 基坑回填,夯实; 8. 清理,弃方处理
……	……			
602-2	石砌护墙	m³	1. 依据图纸所示位置和断面尺寸,按图示各类石砌体积以立方米为单位计量; 2. 不扣除砌体沉降缝、泄水孔所占体积	1. 基槽开挖; 2. 铺筑碎(砾)石垫层; 3. 砂浆制作、运输,石料清洗,块石修面,砌体砌筑; 4. 沉降缝、泄水孔预留,灌缝处理,勾缝抹面; 5. 基坑回填,夯实; 6. 清理,弃方处理
602-3	波形梁钢护栏			
-a	路侧波形梁钢护栏	m	依据图纸所示位置、防撞等级、构造形式代号,按图示长度以米为单位计量	1. 基础施工(成孔、埋入或预埋套筒或预埋地脚螺栓等); 2. 波形梁及其匹配件安装; 3. 场地清理,弃方处理; 4. 补涂防腐涂装
-b	中央分隔带波形梁钢护栏	m	依据图纸所示位置、防撞等级、构造形式代号,按图示长度(单柱)以米为单位计量	1. 基础施工(成孔、埋入或预埋套筒或预埋地脚螺栓等); 2. 波形梁及其匹配件安装; 3. 场地清理,弃方处理; 4. 补涂防腐涂装
……	……			
602-4	缆索护栏			
-a	路侧缆索护栏	m	依据图纸所示位置和断面尺寸,分不同类型,按图示护栏长度以米为单位计量	1. 基槽开挖; 2. 基础施工; 3. 缆索及各种匹配件安装; 4. 张拉、固定; 5. 场地清理,弃方处理; 6. 补涂防腐涂装
-b	中央分隔带缆索护栏	m	依据图纸所示位置和断面尺寸,分不同类型,按图示护栏长度(单柱)以米为单位计量	1. 基槽开挖; 2. 基础施工; 3. 立柱及支架设置; 4. 缆索及各种匹配件安装; 5. 张拉、固定; 6. 场地清理,弃方处理; 7. 补涂防腐涂装

续上表

子目号	子目名称	单位	工程量计量	工程内容
602-5	中央分隔带活动护栏			
-a	钢质插拔式	m	依据图纸所示位置和断面尺寸,按图示活动护栏长度以米为单位计量	1. 基础开挖; 2. 护栏固定型钢及插口型钢基槽埋设; 3. 护栏及其匹配件连接,防盗和开启装置设施安装,表面反射体安装
-b	钢质伸缩式	m	依据图纸所示位置和断面尺寸,按图示活动护栏长度以米为单位计量	1. 基础开挖; 2. 护栏固定型钢基槽埋设; 3. 护栏及其匹配件连接,防盗和开启装置设施安装,表面反射体安装
……	……			

2）支付

按上述规定计量,经监理人验收并列入了工程量清单的以下支付子目的工程量,其每一计量单位,将以合同单价支付。此项支付包括材料、劳力、设备、检验、运输等及其他为完成护栏、护柱安装工程所必需的费用,是对完成工程的全部偿付。

3）支付子目

护栏工程清单支付子目见表7-2。

护栏工程清单支付子目　　　　　表7-2

子 目 号	子 目 名 称	单　位
602	护栏	
602-1	混凝土护栏(护墙、立柱)	
-a	现浇混凝土护栏	m³
-b	预制安装混凝土护栏	m³
-c	现浇混凝土基础	m³
-d	钢筋	kg
602-2	石砌护墙	m³
602-3	波形梁钢护栏	
-a	路侧波形梁钢护栏	m
-b	中央分隔带波形梁钢护栏	m
-c	波形梁钢护栏端头	个
602-4	缆索护栏	
-a	路侧缆索护栏	m
-b	中央分隔带缆索护栏	m
602-5	中央分隔带活动护栏	
-a	钢质插拔式	m
-b	钢质伸缩式	m
-c	钢管预应力索防撞活动护栏	m

7.2.2 例题分析

【例题 7-1】 某新建公路,全长 1.871km,横断面结构如图 7-1 所示。该公路弯道多,所处地区天气状况恶劣。为了减轻交通事故带来的危害,需要在公路两侧安装波形梁钢护栏(图 7-2),采用 Grb-S-E 的护栏形式,立柱间距为 2m,采用打入式立柱。起始端头均采用圆头式端头,每个端头及其附件的质量为 35kg,且单个端头安设完成后的纵向长度为 0.5m。道路中央部分弯道段,采用钢筋混凝土防撞护栏(图 7-3),共计 0.5km。波形梁护栏的总工程量和钢筋混凝土防撞护栏的每延米工程量分别见表 7-3 和表 7-4。列出该公路交通安全设施涉及的清单子目、编号和工程量,进一步列出在进行清单组价时所涉及相关定额名称、单位、定额代号和数量。

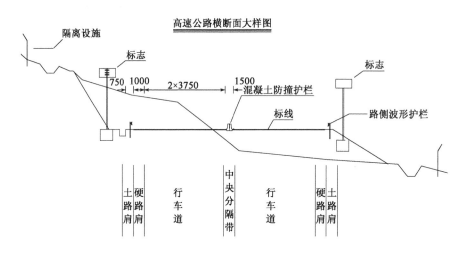

图 7-1 横断面图(尺寸单位:mm)

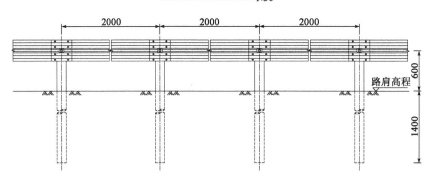

图 7-2 护栏立面图(尺寸单位:mm)

波形梁护栏总工程量   表 7-3

工程名称	立柱(kg)	端头及其附件(kg)	护栏板(kg)	其他附件(kg)
波形梁护栏	116332	140	95370	34752

路基段中央防撞护栏构造图

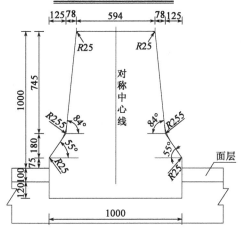

图 7-3 中央防撞护栏构造图(尺寸单位:mm)

钢筋混凝土防撞护栏每延米工程量　　　　　　　　　　　　表 7-4

材 料 名 称	种　类	合　计
φ12mm	HPB300	35.5kg
φ16mm	HPB300	63.9kg
混凝土	C30	0.95m³

解:

(1)C30 混凝土护栏工程数量的确定

钢筋的重量为:$(35.5 + 63.9) \times 500 = 49700(kg)$

C30 混凝土的数量为:$0.95 \times 500 = 475(m^3)$

(2)路侧波形梁钢护栏数量的确定

路侧波形梁钢护栏的清单工程量用其长度沿栏杆面(不包括起终端段)量取,故其长度为:$1871 \times 2 - 0.5 \times 4 = 3740(m)$

护栏板及其附件的总质量为:$95370 + 34752 = 130122(kg)$

清单子目及定额组价见表 7-5。

清单子目及定额组价　　　　　　　　　　　　　　　　　表 7-5

子目号或定额号	清单子目名称或定额名称	单位	工程量	定额调整
602-1	混凝土护栏(护墙、立柱)			
-a	C30 现浇混凝土护栏	m³	475	
5-1-1-5	现浇混凝土墙体防撞护栏	10m³	47.5	C25 替换为 C30
-d	钢筋	kg	49700	
5-1-1-6	墙体护栏钢筋	1t	49.7	
602-3	波形梁钢护栏			
-a	路侧波形梁钢护栏	m	3740	
5-1-2-5	单面波形钢板	1t	130.122	

续上表

子目号或定额号	清单子目名称或定额名称	单位	工程量	定额调整
5-1-2-3	立柱钢管柱打入	1t	116.332	
-c	波形梁钢护栏端头	个	4	
5-1-2-5	单面波形钢板	1t	0.14	

7.3 隔离设施清单计量与计价

7.3.1 隔离设施清单工程量计量与计价

1）计量

隔离设施工程量清单计量规则见表7-6。

隔离设施工程量清单计量规则　　　　表7-6

子目号	子目名称	单位	工程量计量	工程内容
603	隔离栅和防落物网			
603-1	钢板网隔离栅	m	1. 依据图纸所示位置和断面尺寸，按图示钢板网隔离栅沿路线展开长度以米为单位计量； 2. 不扣除钢管（型钢）所占沿路线长度，三角形起讫端按相应沿路线长度的1/2计量	1. 沿路线清理，基槽开挖； 2. 基础混凝土制作、运输，钢管（型钢）柱埋设、浇筑、振捣、养护，网框、网面安装，隔离栅门制作安装； 3. 场地清理，基坑回填，弃方处理
603-2	编织网隔离栅	m	1. 依据图纸所示位置和断面尺寸，按图示编织网隔离栅沿路线展开长度以米为单位计量； 2. 不扣除钢管（型钢）所占沿路线长度，三角形起讫端按相应沿路线长度的1/2计量	1. 沿路线清理，基槽开挖； 2. 基础混凝土制作，运输，钢管（型钢）柱埋设、浇筑、振捣、养护，网框、网面安装，隔离栅门制作安装； 3. 场地清理，基坑回填，弃方处理
……	……			

注：隔离栅高度指隔离栅上缘网面至地表面的铅直距离。

2）支付

按上述规定计量，经监理人验收并列入了工程量清单的以下支付子目的工程量，其每一计量单位，将以合同单价支付。此项支付包括材料、劳力、运输等及其他为完成隔离栅工程所必需的费用，是对完成工程的全部偿付。

3）支付子目

隔离设施清单支付子目见表7-7。

隔离设施清单支付子目　　　　表7-7

子目号	子目名称	单位
603	隔离栅和防落物网	
603-1	钢板网隔离栅	m

续上表

子目号	子目名称	单位
603-2	编织网隔离栅	m
603-3	焊接网隔离栅	m
603-4	刺钢丝网隔离栅	m
603-5	防落物网	m

7.3.2 例题分析

【例题7-2】 某新建高速公路附近,时常有动物活动,为了防止发生意外,需在公路两侧安装铁丝编制网隔离栅,隔离栅安设长度总计3.6km,主要工程量见表7-8。列出该工程的清单子目、编号和工程量,进一步列出在进行清单组价时所涉及相关定额的名称、单位、定额代号和数量。

工程量数量　　　　　　　　表7-8

工程名称	数量
挖基土方	540m³
基础混凝土 C25	450m³
基础钢筋 HPB300	8.1t
钢管立柱	23t
网框型钢	18t
铁丝编制网	8640m²

解: 根据定额工程量计算规则,隔离栅中钢管柱按钢管与网框型钢的总质量计算,故该工程钢管柱的定额工程量为 $23+18=41(t)$,清单子目及定额组价见表7-9。

清单子目及定额组价　　　　　　　　表7-9

子目号或定额号	清单子目名称或定额名称	单位	工程量	定额调整
603-2	编织网隔离栅	m	3600	
1-1-6-2	人工挖运普通土20m	1000m³ 天然密实方	0.54	
5-1-4-2	基础钢筋	1t	8.1	
5-1-4-1	基础混凝土	10m³	45	C20 替换为 C25
5-1-3-3	钢管立柱	1t	41	
5-1-3-7	铁丝编织网	100m²	86.4	

7.4 道路交通标志工程清单计量与计价

7.4.1 道路交通标志工程清单工程量计量与计价

1)计量

道路交通标志工程工程量清单计量规则见表7-10。

道路交通标志工程工程量清单计量规则　　　　表7-10

子目号	子目名称	单位	工程量计量	工程内容
604	道路交通标志			
604-1	单柱式交通标志	个	依据图纸所示位置和断面尺寸，分不同规格的标志板面，按安装就位的标志数量以个为单位计量	1. 基槽开挖； 2. 基础施工(钢筋与预埋件安装、混凝土浇筑等)； 3. 立柱、标志板及各种匹配件制作与安装； 4. 清理、弃方处理
604-2	双柱式交通标志	个	依据图纸所示位置和断面尺寸，分不同规格的标志板面，按安装就位的标志数量以个为单位计量	1. 基槽开挖； 2. 基础施工(钢筋与预埋件安装、混凝土浇筑等)； 3. 立柱、标志板及各种匹配件制作与安装； 4. 清理、弃方处理
……	……			

2) 支付

按上述规定计量，经监理人验收并列入了工程量清单的以下支付子目的工程量，其每一计量单位，将以合同单价支付。此项支付包括材料、劳力、设备、运输等及其他为完成交通标志安装工程所必需的费用，是对完成工程的全部偿付。

3) 支付子目

道路交通标志工程清单支付子目见表7-11。

道路交通标志工程清单支付子目　　　　表7-11

子目号	子目名称	单位
604	道路交通标志	
604-1	单柱式交通标志	个
604-2	双柱式交通标志	个
604-3	三柱式交通标志	个
604-4	门架式交通标志	个
604-5	单悬臂式交通标志	个
604-6	双悬臂式交通标志	个
604-7	附着式交通标志	个
604-8	里程碑	个
604-9	公路界碑	个
604-10	百米桩	个
604-11	防撞桶	个
604-12	锥形桶	个
604-13	道路反光镜	个

注：各式交通标志按其形状、尺寸、反光等级在该项目下以子项列出。

7.4.2 例题分析

【例题7-3】 某新建公路需设置标志牌，其中双柱式标志牌12个，单悬臂式标志牌4个，标志牌均为铝合金材质，其详细工程量见表7-12(其中垫层为素混凝土垫层)。此外，还需埋设预制混凝土里程碑 10 个,公路界碑 100 个,百米桩 100 个。标志立面图和连接图分别如图 7-4 和图 7-5 所示,图中尺寸除立柱直径以毫米计外,其余均以厘米计。列出该工程的清单子目、编号和工程量,进一步列出在进行清单组价时所涉及相关定额的名称、单位、定额代号和数量。

工程数量 表7-12

工程名称	立柱及立柱连接附件(kg)	板面及板面连接附件(kg)	C25 混凝土(m³)	钢筋(kg)	垫层(m³)
双柱式标牌	11236	2534	69	2136	12
单悬臂式标牌	3874	2754	41	1091	4.4

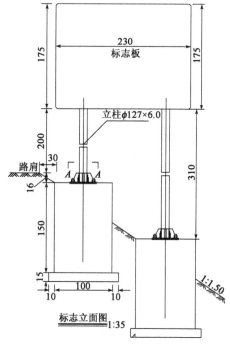

图 7-4　标志立面图　　　　图 7-5　标志板背面连接图

解:清单子目及定额组价见表 7-13。

清单子目及定额组价 表7-13

子目号或定额号	清单子目名称或定额名称	单位	工程量	定额调整
604-2	双柱式交通标志	个	12	
4-11-5-6	混凝土垫层	10m³	1.2	
5-1-4-1	标志牌混凝土基础	10m³	6.9	
5-1-4-2	标志牌基础钢筋	1t	2.136	
5-1-4-5	双柱式铝合金标志立柱	10t	1.1236	
5-1-4-6	双柱式铝合金标志面板	10t	0.2534	
604-5	单悬臂式交通标志	个	4	
4-11-5-6	混凝土垫层	10m³	0.44	

续上表

子目号或定额号	清单子目名称或定额名称	单位	工程量	定额调整
5-1-4-1	标志牌混凝土基础	10m³	4.1	
5-1-4-2	标志牌基础钢筋	1t	1.091	
5-1-4-7	单悬臂铝合金标志立柱	10t	0.3874	
5-1-4-8	单悬臂铝合金标志面板	10t	0.2754	
604-8	里程碑	个	10	
5-1-6-1	预制混凝土里程碑	100块	0.1	
604-9	公路界碑	个	100	
5-1-6-3	预制混凝土界碑	100块	1	
604-10	百米桩	个	100	
5-1-6-2	预制混凝土百米桩	100块	1	

7.5 道路标线工程清单计量与计价

7.5.1 道路标线工程清单工程量计量与计价

1) 计量

道路标线工程工程量清单计量规则见表7-14。

道路标线工程工程量清单计量规则　　　表7-14

子目号	子目名称	单位	工程量计量	工程内容
605	道路交通标线			
605-1	热熔型涂料路面标线	m²	依据图纸所示位置和断面尺寸，分不同类型，按图示标线面积以平方米为单位计量	1.路面清扫； 2.刮涂底油,涂料加热溶解,喷(刮)标线,撒布玻璃珠(反光标线),初期养护
605-2	溶剂型涂料路面标线	m²	依据图纸所示位置和断面尺寸，分不同类型，按图示标线面积以平方米为单位计量	1.路面清扫； 2.涂料拌和溶解,喷(刮)标线,撒布玻璃珠(反光标线),初期养护
……	……			

2) 支付

按上述规定计量,经监理人验收并列入了工程量清单的以下支付子目的工程量,其每一计量单位,将以合同单价支付。此项支付包括材料、劳力、设备、运输等及其他为完成交通标线工程所必需的费用,是对完成工程的全部偿付。

3) 支付子目

道路标线工程清单支付子目见表7-15。

道路标线工程清单支付子目 表7-15

子目号	子目名称	单位
605	道路交通标线	
605-1	热熔型涂料路面标线	
-a	……	m²
605-2	溶剂型涂料路面标线	
-a	……	m²
605-3	预成型标线带	
-a	……	m²
605-4	突起路标	个
605-5	轮廓标	
-a	柱式轮廓标	个
-b	附着式轮廓标	个
605-6	立面标线	处
605-7	锥形路标	个
605-8	减速带	m
605-9	铲除原有路面标线	m²

7.5.2 例题分析

【例题7-4】 某已建公路为双向双车道,路面为沥青混凝土路面,全长1.8km,由于通车时间较长,原有路面标线已模糊不清,现需重新涂敷路面标线。行车道与硬路肩之间采用白色热熔型涂料路面标线,标线为实线。两个反向车道之间采用白色热熔型涂料路面标线,标线为虚线,标线布置如图7-6和图7-7所示。道路下坡部分,为了保证行车安全,设置黄色震荡标线,共计28处,每处震荡标线的大样图如图7-8所示。另外,需要在道路两侧的波形梁钢护栏上,安装轮廓标共计1600个,轮廓标结构如图7-9所示。图中除轮廓标尺寸以毫米计外,其余均以厘米计。列出该工程的清单子目、编号和工程量,进一步列出在进行清单组价时所涉及相关定额的名称、单位、定额代号和数量。

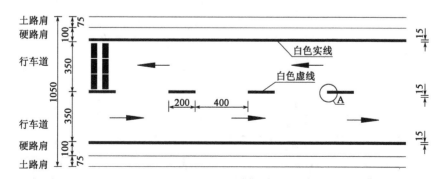

图7-6 车道标线布置图

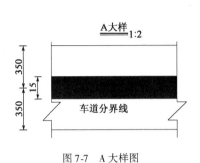

图 7-7　A 大样图

图 7-8　横向减速标线大样图

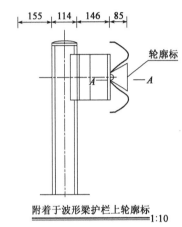

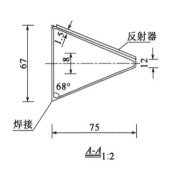

图 7-9　轮廓标展开图

解：

（1）白色热熔型涂料路面标线，实线部分工程量为：$1800 \times 2 \times 0.15 = 540(\mathrm{m}^2)$

（2）白色热熔型涂料路面标线，虚线部分工程量为：$(1800 \div 6) \times 2 \times 0.15 = 90(\mathrm{m}^2)$

（3）白色热熔型涂料路面标线的总工程量为：$540 + 90 = 630(\mathrm{m}^2)$

（4）黄色震荡标线的工程量为：$0.45 \times 1 \times 6 \times 28 = 75.6(\mathrm{m}^2)$

清单子目及定额组价见表 7-16。

清单子目及定额组价　　　　表 7-16

子目号或定额号	清单子目名称或定额名称	单位	工程量	定额调整
605-1	热熔型涂料路面标线	m²	630	
5-1-5-4	沥青路面热熔标线	100m²	6.3	
605-10	震荡标线			
-a	黄色震荡减速标线	m²	75.6	
5-1-5-8	振动标线	100m²	0.756	
5-1-5-9	彩色铺装	100m²	0.756	
605-6	轮廓标			
-b	附着式轮廓标	个	1600	
5-1-7-3	栏式轮廓标	100 块	16	

7.6 管线预埋工程清单计量与计价

7.6.1 管线预埋工程清单工程量计量与计价

1）计量

管线预埋工程工程量清单计量规则见表7-17。

管线预埋工程工程量清单计量规则　　　　表7-17

子目号	子目名称	单位	工程量计量	工程内容
607	通信和电力管道与预埋(预留)基础			
607-1	人(手)孔	个	依据图纸所示位置和断面尺寸，按图示现浇混凝土人孔的数量以个为单位计量	1. 基槽开挖； 2. 铺筑碎(砾)石垫层，立模； 3. 混凝土制作，运输，构造钢筋和穿钉、管道支架、拉力环的加工制作、装卸运输、预埋，浇筑，振捣，养护，拆模； 4. 钢筋混凝土上腹盖板预制或现浇的全部工序，井孔口圈和井盖制作安装； 5. 基坑回填，夯实； 6. 清理，弃方处理
607-2	紧急电话平台	个	依据图纸所示位置和断面尺寸，按图示电话平台的数量以个为单位计量	1. 基槽开挖； 2. 浆砌片石基础调整，铺筑碎(砾)石垫层，立模； 3. 混凝土制作，运输，钢管护栏加工制作、装卸运输、预埋，浇筑，振捣，接地母线预埋，养护，拆模； 4. 基坑回填，夯实； 5. 清理，弃方处理
……	……			

2）支付

按上述规定计量，经监理人验收并列入了工程量清单的以下支付子目的工程量，其每一计量单位，将以合同单价支付。此项支付包括材料、劳力、设备、运输等及其他为完成安装工程所必需的费用，是对完成工程的全部偿付。

3）支付子目

管线预埋工程清单支付子目见表7-18。

管线预埋工程清单支付子目　　　　表7-18

子目号	子目名称	单位
607	通信和电力管道与预埋(预留)基础	
607-1	人(手)孔	个
607-2	紧急电话平台	个
607-3	管道工程	m

7.6.2 例题分析

【例题 7-5】 某新建公路,全长 5km。根据设计要求,需在道路左侧硬路肩下埋设电缆保护管,电缆保护管规格为 $4\times\phi80$mm 镀锌钢管(外径为 90mm),详细横断面尺寸如图 7-10 所示。沿电缆保护管纵断面方向,每 50m 需设置一个手孔。手孔的规格为 $1.19m\times1.19m\times1.1m$,采用 C30 混凝土浇筑。列出该工程的清单子目、编号和工程量,进一步列出在进行清单组价时所涉及相关定额的名称、单位、定额代号和数量。

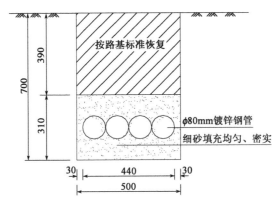

图 7-10 硬路肩预埋管道(尺寸单位:mm)

分析:首先考虑电缆保护管的施工工艺,开挖基坑→第 1 次回填细砂并夯实→钢管地埋敷设→第 2 次回填细砂并夯实→回填土并夯实→清理。然后考虑施工机械,由于基坑较窄较浅,因此宜采用小型机械。

解:
(1) 手孔的个数:$5000\div50+1=101$(个)
(2) 电缆保护管基坑开挖长度(应除去手孔的长度):$5000-101\times1.19=4879.81$(m)
(3) 电缆保护管基坑开挖方量:$0.7\times0.5\times4879.81=1707.9$(m³)
(4) 回填细砂方量:$(0.31\times0.5-3.14\times0.045^2\times4)\times4879.81=632.3$(m³)
(5) 回填土方量:$0.39\times0.5\times4879.81=951.6$(m³)
(6) 电缆保护管总长度:$4879.81\times4=19519.2$(m)

清单子目及定额组价见表 7-19。

清单子目及定额组价 表 7-19

子目号或定额号	清单子目名称或定额名称	单位	工程量	定额调整
607-1	人(手)孔			
-a	C30 混凝土手孔 1.19m×1.19m×1.1m	个	101	
5-3-13-6	现浇混凝土手孔 1.19m×1.19m×1.1m	1个	101	C25 替换为 C30
607-3	管道工程			
-a	铺设 4 孔 ϕ80mm 镀锌钢管管道	m	4879.81	
1-1-9-2	0.6m³ 内挖掘机挖装土方普通土	1000m³ 天然密实方	1.7079	定额×0.87
5-3-11-9	敷设镀锌钢管 24 孔(6×4)	1000m	19.5192	孔数调整

续上表

子目号或定额号	清单子目名称或定额名称	单位	工程量	定额调整
4-11-5-1	填砂砾(砂)垫层	10m³	63.23	
1-1-10-1	1m³内装载机装土方	1000m³天然密实方	0.9516	
1-1-7-1	人工夯实填土	1000m³压实方	0.9516	

7.7 收费设施及地下通道工程清单计量与计价

7.7.1 收费设施及地下通道工程清单工程量计量与计价

1) 计量

收费设施及地下通道工程工程量清单计量规则见表7-20。

收费设施及地下通道工程工程量清单计量规则　　表7-20

子目号	子目名称	单位	工程量计量	工程内容
608	收费设施及地下管道			
608-1	收费亭	个	依据设计图纸所示位置和尺寸,分不同类型,按图示材料材质制作安装收费亭数量,以个为单位计量	收费亭制作、防腐、粘贴反光标识、就位、固定
608-2	收费天棚	m²	依据图示位置和尺寸,按图示材料制作安装的收费天棚平面投影面积,以平方米为单位计量	1.基础施工; 2.立柱结构制作、架设; 3.天棚支撑系统结构制作、安装、固定; 4.刷防护油漆
……	……			

2) 支付

按上述规定计量,经监理人验收并列入工程量清单的以下支付子目的工程量,其每一计量单位,将以合同单价支付。此项支付包括材料、劳力、设备、工具、运输、安装和清理现场场地等及其他为完成工程所必需的费用,是对完成工程的全部偿付。

3) 支付子目

收费设施及地下通道工程清单支付子目见表7-21。

收费设施及地下通道工程清单支付子目　　表7-21

子目号	子目名称	单位
608-1	收费亭	
-a	单人收费亭	个
-b	双人收费亭	个
608-2	收费天棚	m²
608-3	收费岛	
-a	单向收费岛	个
-b	双向收费岛	个

续上表

子目号	子目名称	单 位
608-4	地下通道	m
608-5	预埋管线	
-a	（管线规格）	m
-b	（管线规格）	m
608-6	架设管线	
-a	（管线规格）	m
-b	（管线规格）	m

7.7.2 例题分析

【例题7-6】 某新建高速公路收费站共需建设8个单向收费岛,其中4个出口、4个入口,所有收费岛的规格相同,如图7-11和图7-12所示。单个收费岛的平立断面大样图如图7-13所示。工程量清单见表7-22。列出该工程的清单子目、编号和工程量,进一步列出在进行清单组价时所涉及相关定额的名称、单位、定额代号和数量。

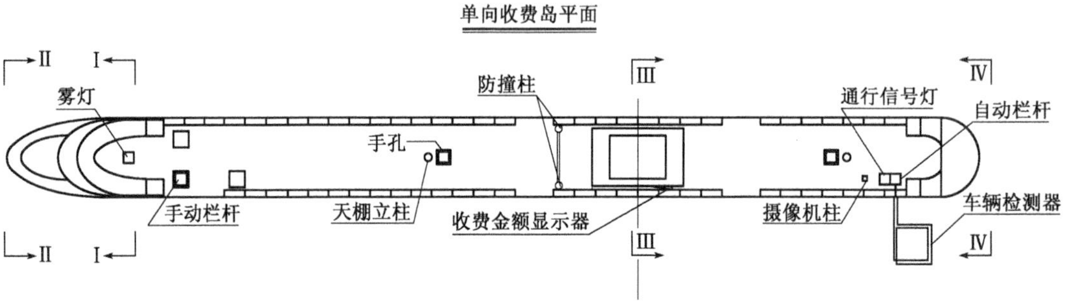

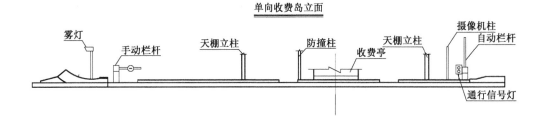

图 7-11 平面图

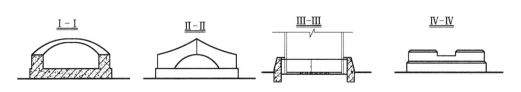

图 7-12 立体图

图 7-13 剖面图

单个单向收费岛工程量清单　　　　　　　　　　　　　　表7-22

工程部位	材料	数量	工程部位	材料	数量
岛身	C30混凝土	23.8m³	配电箱基础	C30混凝土	0.24m³
	钢筋	2.856t		预埋PVC管φ50mm	30m
收费亭基础	C30混凝土	2.2m³	穿线钢管垫层	C30混凝土	0.9m³
	钢筋	0.352t	敷设电线钢套管		0.26t
防撞柱基础	C30混凝土	0.38m³	控制箱基础	C30混凝土	0.2m³
钢管防撞柱		1.2t	设备基础	C30混凝土	1.3m³
镀锌防撞护栏		0.28t			

解：

（1）收费岛混凝土：$(23.8+2.2+0.9+0.38+0.24+0.2) \times 8 = 221.76(m^3)$

（2）收费岛钢筋：$(2.856+0.352) \times 8 = 25.664(t)$

清单子目及定额组价见表7-23。

清单子目及定额组价　　　　　　　　　　　　　　表7-23

子目号或定额号	清单子目名称或定额名称	单位	工程量	定额调整
608-3	收费岛			
-a	单向收费岛	个	8	
5-2-13-1	收费岛混凝土	10m³	22.176	C25替换为C30
5-2-13-2	收费岛钢筋	1t	25.664	
5-2-13-3	岛上设备基础混凝土	10m³	0.13	C25替换为C30
5-2-13-4	防撞护栏	1t	0.28	×8
5-2-13-5	钢管防撞柱	1t	1.2	×8
5-7-1-15	暗敷管径φ50mm以内PVC管	10m	3	×8
5-7-1-1	地埋敷设管径φ32mm以内钢管	1t	0.26	×8

第8章　绿化及环境保护工程清单计量与计价

8.1　绿化及环境保护工程清单计量基本规则

8.1.1　绿化及环境保护工程清单工程量计量规则

(1)本章包括撒播草种和铺植草皮、人工种乔木、灌木、声屏障工程。

(2)有关问题的说明及提示：

①本章绿化工程为植树及中央分隔带及互通立交范围内和服务区、管养工区、收费站、停车场的绿化种植区。

②除按图纸施工的永久性环境保护工程外，其他采用的环境保护措施已包含在相应的工程项目中，不另行计量。

③由于承包人的过失、疏忽或者未及时按设计图纸做好永久性的环境保护工程，导致需要另外采取环境保护措施，这部分额外增加的费用应由承包人负担。

④在公路施工及缺陷责任期间，绿化工程的管理与养护以及任何缺陷的修正与弥补，是承包人完成绿化工程的附属工作，均由承包人负责，不另行计量。

8.1.2　绿化及环境保护工程定额工程量计量规则

1)绿化工程

(1)死苗补植已包含在栽植子目中，使用定额时不得更改。盆栽植物均按脱盆的规格套用相应的定额子目。

(2)苗木及地被植物的场内运输已在定额中综合考虑，使用定额时不得另行增加。

(3)本章定额工作内容中的清理场地，是指工程完工后将树穴余泥杂物清除并归堆，若有余泥杂物需外运，其费用另按土石方有关定额子目计算。

(4)栽植子目中均已综合了挖树穴工程量，底肥费用计入其他材料费中，浇水按1次计算，其余内容按相应定额计算，但不得重复计算。栽植子目中均按土可用的情况进行编制；若需要换土，则按有关子目进行计算。

(5)当编制中央分隔带部分的绿化工程预算时，若中央分隔带内的填土没有计入该项工程预算，其填土可按路基土方有关定额子目计算，但应扣减树穴所占的体积。

(6)为了确保路基边坡的稳定而修建各种形式的网格植草或播种草籽等护坡，应并入防护工程内计算。

(7)测量放样均指在场地平整好，达到设计要求后进行的，场地平整费用另按场地平整定额子目计算。

(8)运苗木子目仅适用于自运苗木的运输。

（9）本章定额适用于公路沿线及管理服务区的绿化和公路交叉处(互通立交、平交)的美化绿化工程。

（10）本章定额中的胸径是指距地坪1.30m高处的树干直径；株高是指树顶端距地坪的高度；篱高是指绿篱苗木顶端距地坪的高度。

2）环境保护工程

（1）预算定额中环境保护工程定额包括声屏障基础、声屏障立柱安装和声屏障板材安装等定额项目。

（2）立柱安装定额中预埋件、H型钢立柱等均按成品镀锌构件编制。使用定额时，刷防腐油漆等工序不应另行计算。

（3）板材安装定额不包括板材的制作与运输。另外，本定额中板材是按定额表中所给出的结构形式及尺寸来编制的；若板材各单元的组合或尺寸有变，可根据设计按实进行调整。

8.2 公路撒播草种和铺草皮清单计量与计价

8.2.1 公路撒播草种和铺草皮清单工程量计量与计价

1）计量

公路撒播草种和铺草皮工程量清单计量规则见表8-1。

公路撒播草种和铺草皮工程量清单计量规则　　　　表8-1

子目号	子目名称	单位	工程量计量	工程内容
702	铺设表土			
702-1	开挖并铺设表土	m³	依据图纸所示位置和断面尺寸，按开挖并铺设的种植土体积以立方米为单位计量	1. 填前场地清理； 2. 回填种植土、清除杂物、拍实、耙细整平、找坡、沉降后补填； 3. 路面清洁保护，场地清理，废弃物装卸运输
702-2	铺设利用的表土	m³	依据图纸所示位置和断面尺寸，按铺设利用的种植土体积以立方米为单位计量	1. 填前场地清理； 2. 回填种植土、清除杂物、拍实、耙细整平、找坡、沉降后补填； 3. 路面清洁保护，场地清理，废弃物装卸运输
703	撒播草种和铺植草皮	m²		
703-1	撒播草种（含喷播）	m²	1. 依据图纸所示位置，按图示种植的面积以平方米为单位计量； 2. 扣除结构工程防护和密栽灌木所占面积，不扣除散栽苗木所占面积	1. 场地清理，耙细； 2. 种植及覆盖； 3. 浇水、施肥、除虫、除杂草、修剪、补种； 4. 清除垃圾、杂物
703-2	撒播草种及花卉、灌木籽（含喷播）	m²	1. 依据图纸所示位置，按图示种植的面积以平方米为单位计量； 2. 扣除结构工程防护和密栽灌木所占面积，不扣除散栽苗木所占面积	1. 场地清理，耙细； 2. 种植及覆盖； 3. 浇水、施肥、除虫、除杂草、修剪、补种； 4. 清除垃圾、杂物
……	……			

2)支付

按上述规定计量,经监理人验收并列入了工程量清单的以下支付子目的工程量,其每一计量单位,将以合同单价支付。此项支付包括材料、劳力、设备、运输和养护、管理等及其他为完成绿化工程所必需的费用,是对完成工程的全部偿付。

3)支付子目

公路撒播草种和铺草皮清单支付子目见表8-2。

公路撒播草种和铺草皮清单支付子目　　　　　表8-2

子目号	子目名称	单位
702	铺设表土	
702-1	开挖并铺设表土	m³
702-2	铺设利用的表土	m³
703	撒播草种和铺植草皮	
703-1	撒播草种(含喷播)	m²
703-2	撒播草种及花卉、灌木籽(含喷播)	m²
703-3	先点播灌木后喷播草种	m²
703-4	铺植草皮	
-a	马尼拉草皮	m²
-b	美国二号草皮	m²
703-5	三维土工网植草	m²
703-6	客土喷播	m²
703-7	植生袋	m²
703-8	绿地喷灌管道	m

8.2.2 例题分析

【例题8-1】 某新建高速公路互通立交和服务区需做绿化,根据设计要求,播撒草种绿化面积24380m²,铺植天堂草草皮面积25670m²,铺植台湾青草草皮面积36800m²,绿化区域地面均有一定坡度。种植土均利用路基施工时的清表土,清表土存放地至互通立交和服务区的平均运距为3km。整个绿化工程共需43425m³种植土。列出该绿化工程的清单子目、编号和工程量,进一步列出在进行清单组价时所涉及相关定额的名称、单位、定额代号和数量。

解:清单子目及定额组价见表8-3。

清单子目及定额组价　　　　　表8-3

子目号或定额号	清单子目名称或定额名称	单位	工程量	定额调整
702-2	铺设利用的表土	m³	43425	
1-1-9-4	1.0m³内挖掘机挖装土方松土	1000m³ 天然密实方	43.425	
1-1-11-9	15t内自卸汽车运土1km	1000m³ 天然密实方	43.425	

续上表

子目号或定额号	清单子目名称或定额名称	单位	工程量	定额调整
1-1-11-10	15t 内自卸汽车运土增 0.5km	1000m³ 天然密实方	43.425	定额×4
1-1-21-1	刷坡检底松土	1000m³	43.425	
703-1	撒播草种（含喷播）	m²	24380	
1-4-2-7	机械液压喷播植草（填方边坡）	1000m²	24.38	
703-2	铺植草皮			
-a	天堂草满铺	m²	25670	
1-4-1-1	满铺边坡（高 10m 内）	1000m²	25.67	"草皮"替换为"天堂草草皮"
-b	台湾青草满铺	m²	36800	
1-4-1-1	满铺边坡（高 10m 内）	1000m²	36.8	"草皮"替换为"台湾青草草皮"

说明："铺设利用的表土"清单项，编者考虑到绿化区域地面有一定的坡度，这与"刷坡检底松土"的工作内容比较接近，故套用定额 1-1-21-1。若读者有更好的建议，也可套用其他合适的定额。

8.3 人工种植乔木灌木清单计量与计价

8.3.1 人工种植乔木灌木清单工程量计量与计价

1）计量

人工种植乔木灌木工程量清单计量规则见表 8-4。

人工种植乔木灌木工程量清单计量规则　　表 8-4

子目号	子目名称	单位	工程量计量	工程内容
704	种植乔木、灌木和攀缘植物			
704-1	人工种植乔木	棵	依据图纸所示位置，按图示种植的不同规格的各类乔木数量以棵为单位计量	1. 开挖种植穴（槽）； 2. 换填种植土； 3. 苗木栽植； 4. 支撑、浇水、施肥、除虫、除杂草、修剪、补种； 5. 场地清理，废弃物装卸运输
704-2	人工种植灌木	棵	依据图纸所示位置，按图示种植的不同规格的各类灌木数量以棵为单位计量	1. 开挖种植穴（槽）； 2. 换填种植土； 3. 苗木栽植； 4. 支撑、浇水、施肥、除虫、除杂草、修剪、补种； 5. 场地清理，废弃物装卸运输

续上表

子目号	子目名称	单位	工程量计量	工程内容
704-3	人工种植攀缘植物	棵	依据图纸所示位置,按图示种植的不同规格的各类攀缘植物数量以棵为单位计量	1. 开挖种植穴(槽); 2. 换填种植土; 3. 苗木栽植; 4. 支撑牵引、浇水、施肥、除虫、除杂草、修剪、补种; 5. 场地清理,废弃物装卸运输
704-4	人工种植竹类	棵	依据图纸所示位置,按图示种植的不同类型的竹母数量以棵为单位计量	1. 开挖种植穴(槽); 2. 换填种植土; 3. 苗木栽植; 4. 支撑、浇水、施肥、除虫、除杂草、修剪、补种; 5. 场地清理,废弃物装卸运输

2) 支付

按上述规定计量,经监理人验收并列入了工程量清单的以下支付子目的工程量,其每一计量单位,将以合同单价支付。此项支付包括材料、劳力、设备、运输和养护、管理等及其他为完成绿化工程所必需的费用,是对完成工程的全部偿付。

3) 支付子目

人工种植乔木灌木清单支付子目见表 8-5。

人工种植乔木灌木清单支付子目　　　　表 8-5

子目号	子目名称	单位
704-1	人工种植乔木	
-a	香樟	棵
-b	大叶樟	棵
-c	杜英	棵
704-2	人工种植灌木	
-a	夹竹桃	棵
-b	木芙蓉	棵
-c	春杜鹃	棵
704-3	人工种植攀缘植物	棵
704-4	人工种植竹类	棵

8.3.2 例题分析

【例题 8-2】 某新建公路,路基两侧需种植小叶榕树,共计 2600 株。树苗的平均胸径为 8.9cm,所有树苗为土球树苗,需从附近苗场购买并自行运输至公路两侧,平均运距为 3km。每个树穴平均挖土量为 $0.5m^3$,由于树穴挖土土质较好,可直接作为种植土使用。植树后,所有树苗需养护 2 个月。列出该工程的清单子目、编号和工程量,进一步列出在进行清单组价时所涉及相关定额的名称、单位、定额代号和数量。

解:

(1) 挖树穴的工程量为: $2600 \times 0.5 = 1300(m^3)$

(2)乔木保养的工程量为:2600(株)×2(月)=5200(株·月)

清单子目及定额组价见表8-6。

清单子目及定额组价 表8-6

子目号或定额号	清单子目名称或定额名称	单位	工程量	定额调整
704-1	人工种植乔木			
-a	小叶榕树	株	2600	
6-1-7-1	乔木灌木土球φ10cm内1km	10000株	0.26	
6-1-7-2	乔木灌木土球φ10cm内增运1km	10000株	0.26	定额×2
6-1-1-1	植乔木带土球φ10cm内	100株	26	
6-1-5-3	人工浇15kg/株拖拉机运水1km	1000株	2.6	
6-1-6-1	乔木保养胸径10cm下	100株·月	52	
1-1-6-2	人工挖运土方	1000m³	1.3	

8.4 声屏障清单计量与计价

8.4.1 声屏障清单工程量计量与计价

1)计量

声屏障工程量清单计量规则见表8-7。

声屏障工程量清单计量规则 表8-7

子目号	子目名称	单位	工程量计量	工程内容
706	声屏障			
706-1	吸、隔声板声屏障	m	依据图纸所示位置和断面尺寸,分不同类型,按图示吸、隔声板声屏障的长度以米为单位计量	1. 场地清理; 2. 基础施工; 3. 声屏障制作; 4. 声屏障安装
706-2	吸声砖声屏障	m³	1. 依据图纸所示位置和断面尺寸,分不同类型,按图示吸声砖的体积以立方米为单位计量; 2. 基础作为附属工作,不另行计量	1. 场地清理; 2. 基础施工; 3. 吸声砖砌筑; 4. 压顶; 5. 装饰装修
706-3	砖墙声屏障	m³	1. 依据图纸所示位置和断面尺寸,分不同类型,按图示砖墙的体积以立方米为单位计量; 2. 基础作为附属工作,不另行计量	1. 场地清理; 2. 基础施工; 3. 砖墙砌筑; 4. 压顶; 5. 装饰装修

2)支付

按上述规定计量,经监理人验收并列入了工程量清单的以下支付子目的工程量,其每一计量单位,将以合同单价支付。此项支付包括材料、劳力、设备、运输等及其他为完成声屏障工程所必需的费用,是对完成工程的全部偿付。

3)支付子目

声屏障清单支付子目见表8-8。

声屏障清单支付子目　　　　　表8-8

子 目 号	子 目 名 称	单 位
706	声屏障	
706-1	吸、隔声板声屏障	m
706-2	吸声砖声屏障	m^3
706-3	砖墙声屏障	m^3

8.4.2 例题分析

【例题8-3】 某高速公路一侧经过居民区,根据设计要求,需建设声屏障,声屏障为砖墙声屏障,长度为630m,高度为2m,砖砌体积共计302m^3。每30m需设置一道沉降缝,沉降缝宽度为2cm,用沥青麻絮填充。列出该工程的清单子目、编号和工程量,进一步列出在进行清单组价时所涉及相关定额的名称、单位、定额代号和数量。

解: 根据题意可知,沉降缝的工程量为: $(630 \div 30 - 1) \times 2 \times 0.02 = 0.8(m^2)$

清单子目及定额组价见表8-9。

清单子目及定额组价　　　　　表8-9

子目号或定额号	清单子目名称或定额名称	单位	工程量	定额调整
706-3	砖墙声屏障	m^3	302	
4-5-7-2	青(红)砖墩、台、墙	$10m^3$	30.2	
4-11-7-11	沥青麻絮伸缩缝	$1m^2$	0.8	

第9章 公路工程费用结算

9.1 公路工程费用结算的作用与编制依据

9.1.1 公路工程结算定义

公路工程项目结算从广义来说,是合同双方按完成的合格工程量或工作量,依据协定的计价条款及有关规定,合理确定造价并办理支付的过程。公路工程项目结算按要求、作用、时间的不同可分为期中结算(按月结算)和竣工结算两种。

期中结算是工程还未完工,业主(建设单位)根据监理工程师签认的某一时期内中间证书中合格工程量及相应单价确定承包人(施工单位)应获取的工程款项,以及工程变更、工程索赔、价格调整等承包人应获得的其他款项,作为期中支付(进度款)的依据。期中结算要求不十分精确,仅要求达到承包人的累计进度款收入大致符合工程形象进度。如前一期支付证书中有错,可在下一期中予以纠正。

竣工结算是工程竣工后,业主与承包人之间对于承包工程内容进行的建筑安装工程费的结算,是根据合同条款、有关造价法规以及施工阶段发生的工程变更、工程索赔、价格调整等变动情况,对原合同协议价格进行调整修正总结性的技术经济文件,也是期中结算的最后汇总。竣工结算是在公路工程项目建筑安装工程费用部分的多次计价中,经过投资决策阶段估算价、设计阶段的设计概算价、预算价,招投标阶段的标底价、合同价之后最后一次准确确定的造价,是前几阶段"预计"造价的实际造价。公路工程项目根据路基、中小桥、大桥、特大桥、互通立交、路面、隧道、交通工程及安全设施、沿线房建等不同的施工技术特点和路线长度划分不同的标段(合同),分别由不同的承包人负责施工,每个合同的结算造价按各自的工程内容进行计算,整个项目的竣工结算是所有标段的竣工决算费用之和。

9.1.2 工程结算的作用

工程结算对建设单位和施工单位都是一项十分重要的工作,主要表现在以下几个方面:

(1)工程结算是反映工程进度的主要指标。在施工过程中,工程结算的依据之一就是按照已完成的工程进行结算,根据累计已结算的工程价款占总合同的价款的比例,能够近似地反映出工程进度情况。

(2)工程结算是加速资金周转的重要环节。施工单位尽快尽早地结算工程款,有利于偿还债务和资金回笼,降低内部运营成本。通过加速资金周转,可提高资金的使用效率。

(3)工程结算是考核经济效益的重要指标。对于施工单位来说,只有工程款能够如数结清,才意味着避免了经营风险,施工单位也能够获得相应的利润,进而达到良好的经济效益。

(4)工程结算是建设单位进行工程决算、确定固定资产投资额度的重要依据之一。

9.1.3　公路工程结算编制的依据

公路工程施工结算编制的主要依据包括国家和地方交通主管部门颁发的有关工程造价编制方面的文件,工程承包合同(协议书),专用合同条款、通用合同条款,技术规范,工程量清单,设计图纸,计量的工程量,日常施工记录等。

1)国家和地方交通主管部门颁发的有关工程造价编制方面的文件

有关文件规定包括:交通部颁发的现行《公路工程预算定额(上、下册)》(JTG/T 3832—2018)、《公路工程施工定额》、《公路工程基本建设项目概算预算编制办法》等文件及地方交通主管部门颁发的一些补充规定,它们既是设计阶段、招投标阶段工程造价编制依据,也是在一定条件下的工程施工结算编制包括单价测算的依据。

2)工程承包合同(协议书)

工程承包合同(协议书)文件中明确规定了合同双方应承担的责任、能行使的权利、应获得的利益,也明确了该工程的合同清单单价、合同总价等。施工结算编制时,要受合同(协议书)文件的制约,对总价承包合同更是如此。

3)专用合同条款、通用合同条款

《公路工程标准施工招标文件》(2018版)中"通用合同条款"采用《标准施工招标文件》的"通用合同条款";《中华人民共和国标准施工招标文件》(2007版)共有24条条款,其支付条款在第17条;"公路工程专用合同条款"是基于公路工程的专业特点对"通用合同条款"的细化和补充。从工程施工结算来看,《中华人民共和国标准施工招标文件》第17.3条(工程进度付款)直接规定了付款周期、进度付款申请单、进度付款证书和支付时间等方面的问题;此外,涉及费用支付的条款还有第15条(变更)、第16条(价格调整)、第17.2条(预付款)、第17.4条(质量保证金)、第23条(索赔)等。

4)技术规范

作为《公路工程标准施工招标文件》中的技术规范或业主根据本地区和项目实际情况编制的补充技术规范,其中除详细列有对工程的技术与质量要求外,还列有直接用于施工结算的实测项目、计量方法、支付细则与支付子表。因此,技术规范是施工结算的编制依据。

5)工程量清单

工程量清单作为合同文件的重要组成部分,其中列有支付子目编号、项目名称、计量单位、数量、单价、合价或金额。在施工结算中,子目编号、项目名称、计量单位、单价是施工结算与工程变更组价编制的重要依据。

6)计量的工程量

根据通用合同条款第17.1.4款的规定,已标价工程量清单中的单价子目工程量为估算工程量。结算工程量是承包人实际完成的,并按合同约定的计量方法进行计量的工程量。除合同另有规定外,监理工程师应根据《公路工程施工监理规范》(JTG G10—2016)和合同文件规定,对承包人提出的已完工程量通过计量来核实工程量并确定其价值。计量的工程量是确定承包人已完成工程价值的基础,是施工结算编制的基本依据。

7)日常施工记录

对于一些特定的费用支付项目,如索赔费用、工程变更费用等的核定,常常要根据承包人的现场施工记录、监理工程师的监理日志来确认不可抗力、意外风险、业主违约等对承包人造成的实际影响程度和责任的分担,据此核定应向承包人支付的费用。因此,日常施工记录是施工结算的编制依据。

9.1.4 工程价款的主要结算方式

1)按月结算

实行月中或旬末预支,月终结算,竣工后清算的方法。跨年度竣工的工程,在年终进行工程盘点,办理年度结算。我国的建筑安装工程价款结算中,相当一部分实行这种按月结算。

2)竣工后一次结算

公路工程项目或单项工程全部建筑安装工程建设期在 12 个月以内,或者工程承包合同价值在 100 万元以下的,可以实行工程价款每月月中预支,竣工后一次结算。

3)分段结算

即当年开工,当年不能竣工的单项工程或单位工程按照工程进度,划分不同阶段进行结算。分段结算可以按月预支工程价款。分段的划分标准,由各部门或省、自治区、直辖市、计划单列市规定。

4)目标结款方式

即在工程合同中,将承包工程的内容分解成不同的控制界面,以业主验收控制界面作为支付工程价款的前提条件。即将合同中的工程内容分解成不同的验收单元,当承包人完成单元工程内容并经业主(或其委托人)验收后,业主支付构成单元工程内容的工程价款。

5)结算双方约定的其他结算方式

施工企业在采用按月结算工程价款方式时,要先取得各月实际完成的工程数量,并按照工程预算定额中的工程直接费预算单价、简洁费用定额和合同中采用的利税率,计算出已完工程造价。实际完成的工程数量,由施工单位根据相关资料计算,并编制"已完成工程月报表",然后按照发包单位编制"已完成工程月报表",将各个发包单位的本月已经完工程造价汇总反映。再根据"已完成工程月报表"编制"工程价款结算账单",与"已完成工程月报表"一起,分送发包单位和经办银行,据以办理结算。

施工企业在采用分段结算工程价款方式时,要在合同中规定工程部位完成的月份,根据已完成部位的工程数量计算已完工程造价,按发包单位编制"已完成工程月报表"和"工程价款结算账单"。

对于工期较短、能在年度内竣工的单项工程或小型建设项目,可在工程竣工后编制"工程价款结算账单",按照合同中工程造价一次结算。

"工程价款结算账单"是办理工程价款结算的依据。工程价款结算账单中除所列应收工程款外,还应列明应扣预收工程款、预收备料款、发包单位供给材料价款等应扣款项,算出本月实收工程款。

为了保证工程按期收尾竣工,工程在施工期间,无论工程长短,其结算工程款通常不得超过承包工程价值的 95%,结算双方可以在 5% 的幅度内协商确定尾款比例,并在工程承包合同中注明。施工企业如以向发包单位出具履约保函或其他保证的,可以不留工程尾款。

9.2 公路工程费用结算项目

根据《公路工程标准施工招标文件》(2018 年版),施工正常结算的费用项目按其内容一般可以划分为两类:一类是工程量清单内的费用项目,它包括清单内各章、节、子目实际完成的工程数量按合同单价计算应支付的费用项目;另一类是清单以外、合同以内的费用项目,它包括开工预付款、材料预付款、保证金、工程变更费用、价格调整费用、索赔费用、拖期违约损失偿金、提前竣工奖金、迟付款利息等费用项目。合同终止后的费用结算有三种不同情况:承包人违约造成的合同终止、特殊风险造成的合同终止和业主违约造成的合同终止。

1)工程量清单内费用项目

《公路工程标准施工招标文件》(2018年版)中工程量清单内容包括:第100章总则、第200章路基、第300章路面、第400章桥梁涵洞、第500章隧道、第600章安全设施及预埋管线和第700章绿化及环境保护。

工程量清单所列工程数量是估算的或设计的预计数量,不能作为承包人最终结算和支付的依据。实际支付按应按实际完成的工程量,由承包人按技术规范规定的计量方法,以监理工程师认可的尺寸、断面计量,按工程量清单的单价和总额价计算支付金额;或者根据具体情况,按合同条款规定,由监理工程师确定的单价或总额价计算支付额。

2)工程量清单以外、合同以内的费用项目

(1)开工预付款

根据合同规定,承包人有权得到业主提供的一笔相当于合同价值一定比例(通常规定为合同价的10%)的无息开工预付款,用于支付开工初期各项准备工作的款项。具体数额根据报价中的选择或合同规定而定。一旦签订合同,该选择数据将作为开工预付款的支付依据,并且在施工期间按合同规定分批扣回。

(2)材料、设备预付款

材料、设备预付款是由业主预先支付给承包人的一定比例的材料、设备款项,以供购进将用于和安装在永久工程中的各种材料、设备。并在施工期间按合同规定方式予以扣回。

(3)保留金

保留金是在中期支付中将承包人已完工程应得的款项扣留一部分,用以促使承包人履行合同中规定的责任。

保留金的扣留是按投标书附录中规定的百分率(一般为10%)乘以规定的保留金计算基数。保留金从每期应支付给承包人的工程结算款额中扣留,直至金额达到投标书附录中规定的限额(一般为合同价的3%)为止。

约定的缺陷责任期满,且质量监督机构已按规定对工程质量检测鉴定合格,承包人向发包人申请到期应返还承包人剩余的质量保证金金额,发包人应在14天内会同承包人按照合同约定的内容核实承包人是否完成缺陷责任。如无异议,发包人应当在核实后将剩余保证金返还承包人。

(4)工程变更费用

工程变更是指在工程实施中,对某些工作内容作出修改或者追加或取消某一工作内容。由于勘测、设计、试验与实际的差异,在合同执行过程中,工程变更是不可避免的。为了更加合理地完成工程,工程变更也是很有必要的。

根据通用合同条款第15.2条的规定,业主或监理工程师如果认为有必要,可对合同工程或其任何部分的结构形式、质量、等级或数量发出变更指令,承包人必须执行。没有监理工程师的变更指令,承包人不得进行任何工程变更。

变更工程价格的增加或减少额,应以工程量清单中的单价或总额价为依据。如果工程量清单中未包含适用于变更工程的单价,则采用工程量清单中监理工程师认为适合的单价作为作价的依据。如果不合适,则由监理工程师和承包人协议一个合适的单价或总额并报业主审批。如果不能达成协议,则监理工程师应根据情况在报业主审批后,定出他认为合理的单价或总额价,并通知承包人,抄送业主。如果此单价或总额价一时不能议定,监理工程师可以确定暂时的单价或总额价,作为暂付账款列入期中支付证书中,待议定后再在其后的期中支付证书中调整。

(5) 计日工

在工程施工过程中,监理工程师如认为必要或可取,可以指令计日工完成任何需变更的工作。对于这种变更的工作,应按合同中包括的计日工明细表中所定的子目,和承包人在其投标书中对此所报的单价或总额价,向承包人付款。

(6) 价格调整费用

工程建设的周期往往都较长,在这样一个比较长的建设周期中,无论是业主还是承包人都必须考虑到与工程有关的各种价格变化。为了避免双方的风险损失,降低投标报价和合理确定工程造价,合同通用条款第16条对价格调整作出了专门规定。

因人工、材料和设备等价格波动影响合同价格时,根据投标书附录中的价格指数和权重表约定的数据,按以下公式计算差额并调整合同价格。

$$\Delta P = P_0 \left[A + \left(B_1 \times \frac{F_{t1}}{F_{01}} \right) + \left(B_2 \times \frac{F_{t2}}{F_{02}} \right) + \left(B_3 \times \frac{F_{t3}}{F_{03}} \right) + \cdots + \left(B_n \times \frac{F_{tn}}{F_{0n}} \right) - 1 \right] \quad (9\text{-}1)$$

式中： ΔP——需调整的价格差额；

P_0——根据《标准施工招标文件》(2007版)第17.3.3款、第17.5.2款和第17.6.2款约定的付款证书中承包人应得到的已完成工程量的金额,此项金额应不包括价格调整、不计质量保证金的扣留和支付、预付款的支付和扣回,第15条约定的变更及其他金额已按现行价格计价的,也不计在内；

A——定值权重(即不调部分的权重), $A = 1 - (B_1 + B_2 + B_3 + \cdots + B_n)$；

B_1、B_2、$B_3 \cdots B_n$——各可调因子的变值权重(即可调部分的权重),为各可调因子在投标书投标总报价中所占的比例；

F_{t1}、F_{t2}、$F_{t3} \cdots F_{tn}$——各可调因子的现行价格指数,指《标准施工招标文件》(2007版)第17.3.3款、第17.5.2款和第17.6.2款约定的付款证书相关周期最后一天的前42天的各可调因子的价格指数；

F_{01}、F_{02}、$F_{03} \cdots F_{0n}$——各可调因子的基本价格指数,指基准日期的各可调因子的价格指数。

在采用价格调整公式进行调价时,还应遵守以下规定：

①以上价格调整公式中的各可调因子、定值权重以及基本价格指数及其来源由发包人在投标书附录价格指数和权重表中约定。价格指数应首先采用国家或省、自治区、直辖市价格部门或统计部门提供的价格指数,缺乏上述价格指数时,可采用上述部门提供的价格代替。

②价格调整公式中的变值权重,由发包人根据项目实际情况测算确定范围,并在投标书附录价格指数和权重表中约定范围；承包人在投标时在此范围内填写各可调因子的权重,合同实施期间将按此权重进行调价。

(7) 索赔

索赔是当事人一方在工程承包合同履行过程中,由于另一方未履行合同所规定的义务或不可抗力因素而遭受损失,向另一方提出赔偿要求的行为。承包人向业主索赔为施工索赔,业主向承包人索赔为业主反索赔。索赔的内容包括工期索赔与费用索赔,费用索赔是索赔的最终目的,工期索赔最大限度上也是为了费用索赔。

如果承包人根据合同条款中任何条款提出任何附加支付的索赔,他应在该索赔事件首次发生的 28 天之内将其索赔意向书提交监理工程师,并抄送业主。在发出索赔意向书后的 28 天内,或监理工程师同意的另一期限内,承包人应送交监理工程师一份拟索赔款额的详细账目,并说明索赔所依据的理由。如果索赔的事件具有连续性,上述账目应认为是一笔暂时账目。承包人应在监理工程师要求的间隔时间内,送交继发的暂时账目和索赔理由,并在此索赔事件终止后的 28 天之内送出最后账目。承包人还应将送交监理工程师的全部账目复印件送交业主。监理工程师应对承包人根据合同条款规定提供的索赔证据和详细账目进行审查核实,在与业主和承包人协商后,确定承包人有权得到的全部或部分的索赔款额,并列入核签的期中支付证书或最后支付证书内予以支付。监理工程师应将此决定通知承包人,并抄送业主。

(8) 拖期损失偿金

如果承包人未能按照规定的工期完成合同工程,则必须向业主支付按投标书附录写明的金额,作为拖期损失偿金。时间自预定的交工日期起到合同工程交工证书中写明的交工日期或已批准的延长工期止,按天计算。拖期损失偿金应不超过投标书附录中写明的限额。业主可以从应付或到期支付给承包人的任何款项中扣除此偿金,但不排除其他扣款方法。扣除拖期损失偿金,并不解除合同规定的承包人对完成工程的义务和责任。

(9) 提前竣工奖励

如果合同中有此条款,而承包人比此规定的工期提前完工,则可以得到提前竣工奖。该奖金时间是按工程移交证书的签署日期与合同规定的完成时间之差,按天数计算,奖金的比率在合同中规定。

(10) 迟付款利息

这是合同赋予承包人的权利,即承包人有权要求业主在合同规定的时间期限内付款。如果业主不按合同规定时间付款,则应支付承包人迟付款额的利息。

思考题

某城市桥梁工程,合同价款为 1200 万元,合同原始报价日期为 2018 年 3 月,工程于 2019 年 9 月建成交付使用。根据表 9-1 所列工程人工费、材料费构成比例以及有关造价指数,计算工程实际结算款。

造 价 指 数　　　表 9-1

项目	人工费	钢材	水泥	集料	砂	木材	其他	不调值费用
比例	45%	11%	11%	6%	5%	4%	3%	15%
2018 年 3 月指数	100	100.8	105.7	98.6	104.2	95.6	93.5	
2019 年 9 月指数	108.6	103.9	112.9	95.9	98.9	91.1	118.9	

第10章 公路工程中期支付

工程项目通常都要进行中期支付和最终支付,在特殊情况下,还会遇到合同中止支付。中期支付在工程项目执行过程当中频繁发生(一般一个月一次),最终支付只有一次;合同中止支付在个别项目中可能会出现。

本章重点讲解中期支付及其案例分析。内容包括中期支付程序和支付常用表格类型,公路工程清单内费用支付项目支付,公路工程清单以外、合同以内费用项目支付。

按照《公路工程标准施工招标文件》(2018版)合同条款中的有关规定和已经完成或正在实施的公路工程项目的实际施工结算情况,施工结算的费用项目可以划分为两类:一类是清单内的费用项目,它包括清单内构成合同价格的第100章~第700章各工程子目、工程量清单汇总表中包含的计日工、暂定金额费用项目;另一类是清单以外、合同以内的费用项目,它包括开工预付款、材料预付款、保留金,工程实施中引起合同价发生变化的工程变更费用,价格调整费用,索赔费用,拖期违约损失偿金,提前竣工奖金,迟付款利息费用项目。施工结算费用项目构成如图10-1所示。

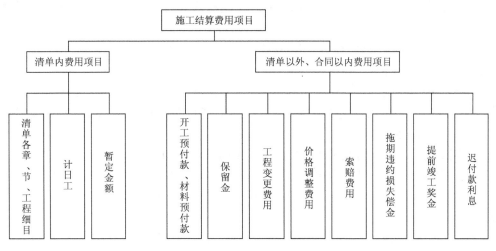

图10-1 施工结算费用项目构成图

10.1 中期支付程序和支付常用表格

10.1.1 支付程序

中期支付通常都要经过三个步骤完成:(1)承包人提出支付申请;(2)监理工程师审定并签发中期支付证书;(3)业主根据监理工程师中期支付证书付款。

1) 承包人提出支付申请

如果承包人没有提出中期支付申请,监理工程师则没有义务办理有关证明,因此承包人的申请是进行中期支付的前提条件。承包人在提交支付申请时要出具一系列的有效报表,以说明申请金额的准确性。其主要工作是填好月报或月结账单。

承包人的月报表应说明他在这个月应收取的金额。一般包括:已完成的永久性工程的价值;承包人的设备、临时工程、计日工等款额;材料和待安装工程装置的发票价值的分期付款,价格调整的款项(含物价与法规变更),按合同规定他有权获得的其他任何金额(如索赔和延期付款利息)。月报表应按照监理工程师指定的格式填写。

以上各种款项,应有一系列的附表以说明其价值。

2) 监理工程师审定并签发中期支付证书

监理工程师收到承包人的中期支付申请后,应先检查该申请是否满足以下基本要求:

(1)申请中已详细列明其认为有权得到的款项。即承包人应在其支付申请中,详细而不是笼统地,依据合同规定的内容而不是随意地要求业主付款,否则监理工程师可拒绝办理有关支付手续。

(2)申请所涉及的格式满足合同及监理工程师的要求。审定承包人支付申请的内容是一项艰巨的工作,也是最易发生矛盾的时候,并且合同对监理工程师的审定时间也有限定(通常14天左右)。因此,监理工程师要在合同规定的时间内,完成以下几个方面的审定:

①支付的项目、内容和单价应与工程量清单(包括变更修定的工程量清单)相应的项目、内容、单价一致,并与合同的有关规定相符。

②支付数量或金额均在质量合格的基础上,经过认真的计量,并且没有超出合同规定的限制。

③有关支付的证明资料,真实齐全,有承包人和驻地监理的签字。

④所有款项的计算与汇总无误。

上述审定内容在实际操作中工作量非常大,尤其是遇到经验不足、管理水平较差的承包人,许多环节都可能出问题。监理工程师需要花费许多的时间和精力,对其申请的支付额进行纠正。因此,一般合同还规定:

①中期支付证书中支付数量的计算应基本正确,不必过于精确。

②当工程支付款小于某个限额时,监理工程师可以不按月签发中期支付证明。

③监理工程师可通过任何一期中期支付证书,对以往已支付工程或已颁发的支付证书的错误进行纠正。

显然,这些规定有利于加快和简化监理工程师办理支付的过程。因为有合同数量和最终支付进行着控制,中期支付一旦发现问题,还可以通过下一次的中期支付进行纠正。监理工程师可在审核并修订承包人的支付申请后,即向业主签发中期支付证书,副本抄送承包人。常见的中期支付证书及其相关表格,见后文。

3) 业主根据监理工程师的中期支付证书付款

业主收到监理工程师签发的中期支付证书后,即可按证书付款。《公路工程标准施工招标文件》(2018年版)第17.3.3款规定,发包人应在监理人收到进度付款申请单且承包人提交了合格的增值税专用发票后的28天内,将进度应付款支付给承包人。发包人不按期支付的,按项目专用合同条款数据表中约定的利率向承包人支付逾期付款违约金。违约金计算基数为发包人的全部未付款额,时间从应付而未付该款额之日算起(不计复利)。

10.1.2 支付常用表格

计量支付工作中的表格有许多种,并且内容广泛,实际工程项目均应结合自身的特点设计各种表格。

1) 承包人用表

承包商的计量与支付报表应由监理工程师指定,并且,这些报表是计量与支付最基本的表格,在整个支付流程中称为丙表,应按要求和规定填写,并及时申报监理工程师审核。同时,这些报表也是监理工程师编报支付证书的直接基础。承包人用表一般包括:

(1) 计量支付申请表(丙-01 表);
(2) 进度完成情况汇总表(丙-02 表);
(3) 进度完成情况明细表(丙-03 表);
(4) 中间计量单(丙-04 表);
(5) 计日工支付申报表(丙-05 表);
(6) 材料到达现场报表(丙-06 表);
(7) 材料供应情况报表(丙-07 表);
(8) 材料预付款申报表(丙-08 表);
(9) 承包人的人员设备报表(丙-09 表);
(10) 外汇价格调整表(丙-10 表);
(11) 人民币价格调整表(丙-11 表);
(12) 价格调汇总表(丙-12 表);
(13) 索赔申请书(丙-13 表);
(14) 工程变更一览表(丙-14 表)。

各表之间的关系如图 10-2 所示。

2) 监理工程师用表

监理工程师用表在整个流程中称为乙表,由监理工程师填制,是计量支付工作中的主要表格。它来源于承包人用表,即乙表来源于丙表,一般包括:

(1) 计量支付证书(乙-01 表);
(2) 工程计划进度与实际完成情况表(乙-02 表);
(3) 工程投资支付月报(乙-03 表);
(4) 工程质量监理月报(乙-04、05 表)。

这些报表既是业主编制年(月)度支付月报的直接基础,也是业主进行支付的主要依据和凭证,还是监理工程师支付管理结果的集中表现。

3) 业主用表

业主同样必须自己编制有关计量支付的表格,以全面了解和掌握计量支付情况,并通过对计量支付的了解和控制,达到了解和控制整个工程进展情况的目的。业主所编制的计量支付表格在整个计量支付流程中称为甲表。甲表直接来源于乙表。如果是世界银行贷款项目,则业主还应向世界银行提交支付报表。

因此,有关三方(业主、监理、承包人)编制计量支付报表的过程,组成了一个完整的计量支付流程。这一系列表格反映了支付情况,并对支付进行了全面控制。这三类表格紧密相联,甲表来源于乙表,乙表来源于丙表。它们实质上是对同一工作内容从不同的角度反映其价值。

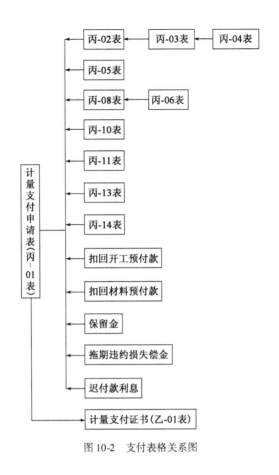

图 10-2 支付表格关系图

10.2 公路工程清单内费用支付项目支付

10.2.1 支付额的计算原则

第 100 章支付额应严格按照合同文件技术规范中的计量、支付细则进行计算。通常,保险费是按缴纳费用的收据(发票)进行计算并在合同清单该支付项金额内予以支付;其余费用项目是在满足合同文件要求后,按合同文件规定的百分比或总额进行计算并支付。其余各章各费用支付额按合同内该费用项目清单单价乘以计量的工程量计算;暂定金额、计日工支付项目应支付费用按工程量清单、合同条款的规定进行计算。

10.2.2 合同中工程量清单内的费用项目

工程量清单内的费用项目,即在工程量清单中有明确立项的项目。应将整个工程项目按照一定的划分原则和工程量计量规则进行分解计算工程量,并构成对应的工程子目表。

清单内的费用项目分为三种:①有具体工程内容、数量、单价的项目,即一般项目;②工程数量或内容或单价不够具体的项目,如计日工、专项暂定金额、不可预见费;③间接用于工程的费用项目,如保险费、施工环保费。

工程量清单的组成由说明、工程子目表、专项暂定金额汇总表、计日工明细表和工程量清单汇总表五部分组成。说明又称清单序言,它对工程项目的工作范围和内容、计量方式或方法、单价包括的费用、计算依据和范围、需要特别说明的问题等予以规定。它是承包人投标报价的依据，也是工程施工中费用结算的依据。按照《公路工程标准施工招标文件》(2018年版)中的工程量清单样表，工程子目表包括第100章总则、第200章路基、第300章路面、第400章桥梁与涵洞、第500章隧道、第600章安全设施及预埋管线、第700章绿化及环境保护。部分章的费用项目中已包括专项暂定工程量(如桩基钻取芯样)，清单汇总表中还包含计日工与不可预见费，该两项费用与第100章~第700章费用项之和构成投标价。该部分费用结算比较简单，是根据已计量的合格工程量或工作量与工程量清单上中相应子目单价相乘并汇总，结果列于有关支付表中。

1) 第100章总则

根据《公路工程标准施工招标文件》(2018年版)，第100章总则通常包括如下费用项目：保险费、竣工文件费、施工环保费、安全生产费、信息化系统(暂估价)、临时工程与设施费、承包人驻地建设费、施工标准化等费用项目。这些费用项目，承包人在投标时应按招标文件要求报价，施工期中按合同文件规定进行支付(结算)。

2) 第200章~第700章

第200章~第700章是将整个工程按一定的划分原则(单项工程→分部工程→分项工程)进行分解，列出工程子目；按技术规范中确定的工程量计算规则列出各工程子目工程量。这些费用项目，承包人在投标时应在清单中各工程子目工程量范围内报价；施工期间，按承包人实际完成的合格工程、并经按计量细则计量的工程数量和该工程子目的合同清单单价计算应支付的款额。

3) 工程量清单汇总表

工程量清单汇总表是将清单各章的汇总，加上计日工与暂定金额支付项目。

(1) 计日工

计日工是有别于工程概预算中的一类费用，是指工程实施中，在工程量清单子目表以外，有一些临时性的或新增的小型变更项目，为避免按工程变更处理的烦琐程序，通过监理工程师指示承包人按计日工方式完成，以计日(或计时、计量)使用人工、材料、施工机械所需的费用进行结算。计日工分计日工劳务、计日工材料、计日工机械设备三类。招标文件中的计日工数量一般是根据经验估计的数量，承包人投标时按给出的计日工数量填写单价、金额，并汇总得到合同价格中这一部分的金额，列于汇总表中。施工期中支付时，按承包人的计日工价格结算。

按通用合同条款第15.7款，计日工支付有如下规定：①承包人必须先有使用计日工的指令，才能使用计日工；②承包人应每天向监理工程师报送两份使用计日工的明细表并经监理工程师签认；③计日工的支付按监理工程师签认的计日工数量和工程量清单中承包人的计日工单价计算，或按发票、凭证、单据作为计算应支付的依据。

(2) 暂定金额

暂定金额以工程子目金额与计日工金额之和为基数，按招标文件确定的百分数计算(一般为5%~10%)，其作用与概预算中的预备费相似。通常，合同文件对暂定金额的使用都要做规定，例如：①暂定金必须经监理工程师(或业主)批准才能使用；②由承包人或指定分包人完成该项工作；③承包人应按监理工程师的要求，提交有关暂定金额使用支付的证明，包括报价单、凭证、发票及收据。

为合理地使用暂定金额，监理工程师既要控制工程数量，又要控制单价，因此当监理工程师确认需要动用暂定金额时,应做好以下几项工作:①要求并审批承包人提交的采用暂定金额进行的工程项目施工组织计划;②要求并审批承包人提交的对应其施工组织计划所需要的工、料、机的使用费及其计算;③与业主和承包人协商具体价格;④审核与暂定金额有关的费用凭证。

10.2.3 例题分析

【例题 10-1】 某高速公路工程量清单中,有一项称为"钻孔桩的 P.D.A 试验"的暂估价项目(P.D.A 即美国打桩分析仪)。"钻孔桩的 P.D.A 试验"即对部分钻孔灌注桩进行高应变动载试验,运用美国的打桩分析仪实测现场桩的各种参数,然后,用计算机采用 CAPWWAP 软件分析,得出单桩承载力和桩身完整性。承包人在施工中根据合同要求,向监理工程师提出使用该暂估价项目申请。监理工程师为做好该笔费用结算进行了以下几项工作:①确定 P.D.A 试验桩的根数与位置,以确定试验工作数量;②审查 P.D.A 试验的实施方案,以控制试验工作的质量;③审核承包人有关 P.D.A 试验费用的申请,以确定试验工作的费用。

以上几项工作的结果,监理工程师均以书面形式通知承包人。最终确认下述三种费用构成该暂估价项目发生的费用:①直接费用。该试验承包人委托给一家专门试验机构,考虑到该试验为非常规试验,监理工程师予以批准,并同意以委托合同作为支付有关试验的凭证。②辅助费用。在试验现场,承包人为委托人的试验提供了相应的辅助工作,这部分费用可以考虑,但以驻地监理认可的为准。③管理费用。承包人为该试验项目的实施索要一笔管理费用,监理工程师同意按承包人投标报价时填写的费率给付。

由以上几个部分的费用之和构成的合同价格,是以施工招标工程量清单预计数量为依据的,只是工程项目结算的基础性资料,工程项目结算要按照完成的准确数量及其他调整情况进行。

10.3 公路工程清单以外、合同以内费用项目支付

10.3.1 支付额的计算原则

清单以外、合同以内支付项目应支付费用应严格按照合同条款(专用条款、通用条款)的规定进行计算,特别要注意工程变更、价格调整、索赔等支付项目应支付费用的计算和确定。监理工程师应正确行使权利,站在公正的立场上,以维护合同双方的合法权益。各项费用的计算、款额的预付或扣回应严格按合同文件的规定进行,并在规定的计量支付表格中示明。

10.3.2 清单以外、合同以内的费用项目

一些项目没有包含在工程量清单内,但合同中有明确规定,一旦承包人根据合同条款履行其义务或者未履行其义务,监理工程师可按合同条款的有关规定向承包人办理结算或扣除有关费用事宜。清单以外、合同以内的费用项目,包括开工预付款、材料预付款,保留金,工程实施中引起合同价发生变化的工程变更费用,价格调整费用,索赔费用,拖期违约损失偿金,提前竣工奖金,迟付款利息费用项目,其构成见图 10-1。

1) 开工预付款

开工预付款是业主为了促使承包人尽快开工,帮助其解决在施工开始时资金比较紧张、周转困难,而预先支付给承包人的一笔无利息费用。随着工程施工的进行,再从应支付给承包人的进度款项中,逐步扣回该笔费用。

(1) 开工预付款的支付条件

①如果承包人已与业主签订了合同协议书;

②提供了履约保证金或业主认可的银行保函;

③提供了业主认可的开工预付款保函。

并审查保证金或保函所保的数量及其有效期。

(2) 开工预付款的金额

预付款的金额为合同文件投标书附录中规定的金额,通常为合同价格的10%。

(3) 开工预付款的担保

承包人无须向发包人提交预付款保函。发包人向承包人支付的预付款,应按照合同规定使用,承包人提交的履约保证金对预付款的正常使用承担保证责任。

(4) 开工预付款的支付

开工预付款的金额在项目专用合同条款数据表中约定。在承包人签订了合同协议书且承包人承诺的主要设备进场后,监理人应在当期进度付款证书中向承包人支付开工预付款。承包人不得将该预付款用于与本工程无关的支出,监理人有权监督承包人对该项费用的使用,如经查实承包人滥用开工预付款,发包人有权立即向银行索赔履约保证金,并解除合同。

(5) 开工预付款的扣回

预付款即意味着要从以后的支付中抵扣,常用的扣除方法有两种。

①限定在一定的工期内予以扣回。这是国际上惯用的方法。其规定如下:扣除时间开始于中期支付证书工程量清单累计支付金额到达合同价的20%,止于合同完工期前3个月的中期付款书;扣除方法为按月等值不计利息。这里"中期支付证书工程量清单累计支付金额"的含意是,不包括中期支付证书中其他支付项目,如价格调整费用、材料预付款、拖期违约损失偿金、迟付款利息等合同项下应支付的项目,但工程变更的支付应包括在内。

按该种扣回方式,有扣除额的计算式:

$$G = \frac{F}{E - (D - 1) - 3} \tag{10-1}$$

式中:G——月扣除开工预付款额(元/月);

F——已付开工预付款(元);

D——中期支付证书工程量清单累计支付金额达到合同金额20%的时间(月);

E——合同工期(月)。

【例题10-2】 某高速公路L合同段合同总价168453420元,开工预付款总额为合同总价的10%即16845342元,合同工期为36个月。到工程的第十个月,工程量清单中的工作量累计完成35629654元>168453420×20%=33690684(元),则开工预付款每月扣回额为:

$$G = \frac{16845342}{36 - (10 - 1) - 3} = 701889(元/月)$$

即开工预付款从工程的第十个月开始,每月按701889元扣除,直到工程的第33个月,共扣24个月。

注意:如果中期支付证书有时不是一个月一次,而是两个月一次,则需要相应扣除两个月的开工预付款金额。这种方法扣回额是不变的,和每期支付的工程款也没有直接关系,因此计算方法简单。

②限定在一定的工程支付金额范围内予以扣回。例如,扣除时间开始于工程支付证书工程量清单累计支付金额超过合同总价的30%,止于支付金额达到合同总价的80%;扣除原则按中期支付证书当期完成的工程款占合同总价的比例,以工程进度款的固定比例(即每完成合同价格的1%,扣回开工预付款的2%)分期从各月的中期支付证书中扣回。可用公式表示为:

$$G = M \frac{B}{50\%} \tag{10-2}$$

式中:G——本次中期支付中应扣回的开工预付款金额;

M——累计支付已达30%合同价后该中期支付中当期(本月)完成的清单支付金额;

B——所付开工预付款占合同价的比例(%)。

2)材料、设备预付款

(1)支付条件

①材料、设备符合规范要求,必须用于永久性工程并经监理工程师认可;②承包人要编制永久性工程材料到达现场计量表并出具材料、设备费用凭证或支付单据;③材料设备已在现场交货,且存储良好,监理工程师认为材料、设备的质量及其存储方法符合要求;④已得到预付款支付的材料与设备,所有权归业主。

(2)预付的金额

材料、设备预付款的预付金额为该工程投标书附录中写明的主要材料、设备单据所列(金额)费用(进口材料、设备为到岸价,国内采购的为出厂价或销售价,地方材料为堆场价)的某一百分比(一般为70%~75%,最低不少于60%)。

(3)支付

常用的方法是:用当期中期支付证书中的材料、设备预付款的金额减去上期中期支付证书中的材料、设备预付款的金额,若结果为正数,说明材料、设备到达施工现场,则此项金额计入到下一次的中期支付证书中进行支付;若结果为负数,说明材料、设备已被用于永久性工程中,则应扣回承包人已得到的预付款。

(4)材料、设备预付款的扣回

当材料、设备已用于或安装在永久工程之中时,材料、设备预付款应从中期支付证书中扣回,扣回时间不超过3个月。按合同条款,一旦材料用于永久工程后予以扣回。但应注意:

①待扣回的材料预付款的金额不应超过合同剩余工作量,否则部分预付款不能直接扣回。

②累计支付材料、设备预付款的数量,不应超过工程所需的实际总数量。这可能是由于材料需求估计不准造成的,例如:承包人在投标时对材料需求估计不准,为证明这一点,承包人需要出示凭证。或承包人有意多备料,即较多地获得预付款,减少资金压力,而材料可用于其他工程项目,该原因是不合理的。合同明确规定,给予的材料、设备预付款必须用于该永久性工程,否则不能得到相应的预付款。

③工程发生变更,引起材料需求的改变。例如:水泥混凝土路面变成沥青混凝土路面,这时水泥需求量变小,沥青需求量增加,两类材料的需求总量均发生改变;新增一座跨河桥,则相应钢筋、水泥、砂、石等材料的需求总量均增加。

④获得预付款的材料、设备，其品种应与工程计划进度相符合。

总之，虽然材料、设备预付款随着工程的进行，最终都要予以扣回，但是应该在总需求量上进行控制，以确保其合理性。

3）质量保证金

质量保证金是在中期支付中将承包人已完工程应得的款额扣留一部分，用以促使承包人履行合同中规定的责任。质量保证金的扣留和退还应严格按该工程合同文件的规定办理。《公路工程标准施工招标文件》(2018年版)通用合同条款第17.4条的规定如下：

(1) 质量保证金的扣留

监理人应从第一个付款周期开始，在发包人的进度付款中，按专用合同条款的约定扣留质量保证金，直至扣留的质量保证金总额达到专用合同条款约定的金额或比例为止。质量保证金的计算额度不包括预付款的支付、扣回以及价格调整的金额。

(2) 质量保证金的退还

在约定的缺陷责任期满时，承包人向发包人申请到期应返还承包人剩余的质量保证金金额，发包人应在14天内会同承包人按照合同约定的内容核实承包人是否完成缺陷责任。如无异议，发包人应当在核实后将剩余保证金返还承包人。承包人没有完成缺陷责任的，发包人有权扣留与未履行责任剩余工作所需金额相应的质量保证金余额，并有权要求延长缺陷责任期，直至完成剩余工作为止。

4）工程变更费用

在工程实施中，因各种技术、自然及社会因素变化，业主或监理工程师如认为有必要时，可对本合同工程或其任何部分的结构形式、质量、等级或数量作出变更。

(1) 工程变更的内容

《公路工程标准施工招标文件》(2018年版)通用合同条款第15.1条工程变更包括以下5个方面的内容：①取消合同中任何一项工作，但被取消的工作不能转由发包人或其他人实施；②改变合同中任何一项工作的质量或其他特性；③改变合同工程的基线、高程、位置或尺寸；④改变合同中任何一项工作的施工时间或改变已批准的施工工艺或顺序；⑤为完成工程需要追加的额外工作。合同工程量清单中的工程量自然增减不属于工程变更范畴。如果变更是因承包人的过错、承包人违反合同或承包人责任造成的，则这种违约引起的任何额外费用应由承包人承担。没有监理工程师的变更指令，承包人不能进行任何工程变更。工程变更费用的确定和支付应严格按该工程合同文件的规定进行。

(2) 工程变更程序及变更估价

变更程序：①变更的提出。其情形可能有三种，即承包人提出的变更需监理审查及业主同意、监理在业主授权内可决定部分工程的变更、由监理提出业主同意的变更及业主提出的变更。②监理工程师发出变更工程令。③(小型变更项目，指令按计日工完成变更工程)承包人组织施工、确定变更单价及金额。

除专用合同条款对期限另有约定外，承包人应在收到变更指示或变更意向书后的14天内，向监理人提交变更报价书，报价内容应根据合同约定的估价原则，详细开列变更工作的价格组成及其依据，并附必要的施工方法说明和有关图纸。变更工作影响工期的，承包人应提出调整工期的具体细节。监理人认为有必要时，可要求承包人提交要求提前或延长工期的施工进度计划及相应施工措施等详细资料。监理人收到承包人变更报价书后的14天内，根据合同约定的估价原则，商定或确定变更价格。

(3)变更工程费用估算

变更工程立项之后,应进行费用的估算。估算的费用并不是最终的结算,类似于编制的变更工程"工程量清单",变更工程与合同价格不变部分的结算一样,要经过计量、计价与支付等过程。变更的形式有:

①变更工程数量、工程项目内容及单价不变;变更单价,原项目内容及数量不变;
②项目内容、单价、数量全部变更(包括项目工作被取消);
③新增工程,即项目、单价、数量全部是增列的。

变更工程估算的主要工作包括:确定科目与子目、计算变更工程量、确定单价与金额。

①确定科目与子目。

通常按下列原则确定:变更工程如与工程量清单中有相同的项目和子目,则应按工程量清单中的子目划分及计量要求一致;工程量清单中没相同的新增项目,必须首先明确工程子目的计量要求、技术标准以及每个计量子目所包括的所有工作内容,避免漏计或重计。

②计算变更工程量。

按照变更工程项目、子目的划分内容,根据变更设计图纸及联测资料计算变更工程各项目、子目的预计工程数量。如新增人行天桥基础、墩台、上部构造、桥面及附属设施的数量。

变更工程的工程量也应按要求与程序进行计量,计量的结果汇总于中间计量证书和竣工计量证书等有关表格之中,结算按计量的工程量进行。

③确定单价与金额。

变更工程价格的增加或减少额,应以工程量清单中的单价或总额价或以国家、省(市)级机构颁布的概预算定额及价格参考文件或以承包人在投标时所提供的单价分析表及实际支出证明协商单价为依据,并按下述原则处理:如果工程量清单中未包含适用于变更工程的单价,则采用工程量清单中监理工程师认为适合的单价用于作价的基础依据;如果不适合,则由监理工程师和承包人协议一个合适的单价或总额价并报业主批准;如果不能达成协议,则监理工程师应根据情况在报业主批准后,定出他认为合理的单价或总额价,并通知承包人,抄送业主;如果此单价或总额价一时不能议定,监理工程师可以确定暂时的单价或总额价,作为暂付款列入中期支付证书中,待价格议定后再在其后的中期支付证书中进行调整。

变更工程单价的确定方法有以下三种:

a. 以合同单价为基础定价。

【例题 10-3】 设某合同中沥青路面原设计为厚度4cm,其单价为40元/m^2,现进行设计变更为厚度5cm。则按上述原则可求出变更后路面的单价为 $40 \times 5/4 = 50$(元/m^2)。

该方法的特点是简单且有合同依据。但如果原单价偏低,则得出的新单价也会偏低;反之,如果原单价偏高,则得出的新单价也会偏高。所以其确定的单价只有在原单价是合理的情况下才会相对合理,当原单价不合理(有不平衡报价)时,用该方法对增加的工程量部分来定价是不合理的。

b. 以概预算方法为基础定价。

仍以例题 10-3 说明。先确定沥青路面的施工方案和施工方法,进行资源价格的预算,之后按《公路工程预算定额(上、下册)》(JTG/T 3832—2018)及相应的编制办法,确定其预算单价。该方法的优点是有法律依据,产生的价格相对合理,能真实反映完成变更工程的成本和利润。其缺点是不同的施工方案会有不同的单价。另外,该方法无法反映竞争的作用以及原有招标成果的作用,特别是当承包人有不平衡报价时,会加剧总造价的不合理性。例如,假定本项变更发生后沥青路面(5cm)的预算单价为58元/m²,即比前述方法确定的单价(50元/m²)高出8元/m²,它表明原合同中沥青路面(4cm)的单价40元/m²偏低。其偏低的原因可能是承包人的报价普遍较低(即合同总价偏低),也有可能是承包人在该单价上采用了不平衡报价法(即合同总价不低,但单价偏低)。对于前一种情况,采用预算单价后会使投标竞争所产生的积极成果不能有效地发挥作用,使合同的结算价回复到预算价。对于后一种情况,不仅不能使投标竞争所产生的积极成果发挥作用,反而提高了合同的结算价格,使合同的总结算价超过预算总价。下面以例题10-4说明。

【**例题10-4**】 设某项目有挖方、填方以及路面三项工程,其工程量和招标控制价见表10-1。当承包人采用平衡报价或不平衡报价时,其报价结果有所不同(承包人采用不平衡报价是基于路基工程开工早,适当报高价有利于资金周转及提前受益)。现假定路面在施工中由4cm变更为5cm,则采用不同的定价方法时会有不同的结算结果。从表10-1中可以看出,如果未采用不平衡报价,则采用第一种方法定价时其结算总价为2470万元。该价格的不合理之处在于,对增加的路面(1cm)工程量同样要求承包人向业主让利(10%),而承包人在投标及签约时并未作此承诺。而采用第二种方法结算时,其结算总价为2600万元。该价格的不合理之处在于,由于采用路面的预算单价作结算价,使得承包人在投标及签约时作出的让利10%的承诺没有真实执行(承包人的路面报价是36元/m²,标底是40元/m²,故让利10%)。

如果合同单价是一种不平衡报价,则采用第一种方法结算时其结算总价为2590万元。其不合理之处在于,对增加的路面(1cm)工程量同样要求承包人以低于招标控制价20%的水平结算,而承包人在投标时并未作此承诺。当采用第二种方法结算时,其结算总价为2850万元,结算总价已远远高于预算(招标控制价)总价(2700万元)。其不合理之处在于,原合同路面(4cm)的降价和不平衡报价因素使得路面单价偏低的现象被新确定的路面单价完全消除,而挖方和填方报价偏高的现象仍在继续。

变更工程造价分析   表10-1

工程细目	单位	数量(万)	招标控制价 单价(元)	招标控制价 金额(万元)	平衡报价 单价(元)	平衡报价 金额(万元)	不平衡报价 单价(元)	不平衡报价 金额(万元)	备注
挖方	m³	100	8.5	850	8.0	800	9.5	950	
填方	m³	100	5.5	550	5.0	500	6.0	600	
路面(4cm)	m²	26	40.0	1040	36.0	936	32.0	832	投标时价格
合计				2440		2236		2382	
变更路面(5cm)	m²	26	50.0	1300	45.0	1170	40.0	1040	以第一种方法定价时
合计				2700		2470		2590	
变更路面(5cm)	m²	26	50.0	1300	50.0	1300	50.0	1300	以第二种方法定价时
合计				2700		2600		2850	
变更路面(5cm)	m²	26	50.0	1300	46.0	1196	42.0	1092	以加权定价法定价时
合计				2700		2496		2642	

c. 加权定价法。

以上两种方法均存在不足。合理的定价方法是在考虑路面(5cm)的单价时,在保持原有报价不受实质影响的前提下,对新增工程部分按概预算方法定价以此加权确定路面的单价。就例题 10-4 而言,其合理单价应为:

$$32 + \frac{50}{5} = 42 (元/m^2)$$

上述三种方法中第二种方法适用于新增工程量的定价,而第三种方法适用于原有合同工程设计修改(尺寸修改)时的定价。在造价管理实践中遇到的问题会比上述示例要复杂得多,但不管如何复杂,价格公平是单价变更的基本原则。可列入中期支付证书中,待价格议定后再在其后的中期支付证书中进行调整。

确定单价时应注意:

a. 有些项目取消,但由于被取消项目是承包人在不平衡报价中单价很高的项目,导致其他单价不合理,承包人提出单价或金额的调整要求,应合理地分析确定。

b. 有的项目规定第100章总则各子目属于包干项目,如变更工程引起工程量增加较大,承包人提出按其他部分工程造价增大的比例进行调整,也应酌情考虑。

(4) 对工程变更总额的限制与调整

变更本质上是工程中各种风险的综合表现,为体现公平和风险分担的原则,FIDIC 合同条款对这种实施中的变化给予数量限制及相应的调整价格方法。

① 由工程变更导致的对合同单价或总额价的调整。

涉及工程子目的工程变更可能导致需要对该工程子目的合同单价或总额价进行调整。合同单价或总额价的调整需要同时满足两个条件:a. 同工程量清单中某一个支付项(即工程子目)所列的"金额"或"合价"超过合同(总)价格的2%;b. 该支付项变更后的工程实际数量超过工程量清单中所列数量的25%,此时,当变更太大超出某一范围时,继续采用原单价结算会有悖公平性甚至出现显失公平的现象,所以此时单价应进行修订或调整,否则该支付项的单价或总额价不予调整。下面通过例题 10-5 来进行说明。

【例题 10-5】 设有一公路工程合同,其土方工程量为100万 m^3,在施工过程中,由于设计变更而使得土方的实际数量达到135万 m^3。试问增加的35万 m^3 怎样办理结算?

原土方工程量	原土方工程合同额	原合同总价	实际土方工程量
100万 m^3	1000万元	10000万元	135万 m^3

解:根据合同的单价确定原则,增加的35万 m^3 原则上应按合同中的相应单价来办理结算,除非该变更符合上述单价确定原则的情况。

现假定合同中土方工程的金额为1000万元,该合同的总价为1亿元。则通过分析可知,该变更符合上述单价确定原则的条件:

① 土方工程项目的合同金额为1000万元(占合同价格的10%),已超出合同总价(1亿元)的2%;

② 土方工程项目由于变更使得工程量增加了35万 m^3,其增幅已超出工程量清单中该项目工程量(100万 m^3)的25%。

所以土方的单价可以进行调整。但是否一定要进行调整,则应分析工程量清单中土方的单价是否真实地反映了承包人为完成变更工程所需要的成本和利润。

从成本和利润分析可知,承包人完成100万 m^3 土方的合理单价为9.5元/m^3。其价格组成是:a.直接成本7元/m³;b.间接成本2元/m³;c.利润0.5元/m³。

但由于多种原因,承包人的报价可能出现以下三种情况:

第一种情况:9.5元/m³及以上,即报价等于或高于合理单价。

第二种情况:9元/m³,即报价中采取了让利策略,利润为0。

第三种情况:7元/m³甚至更低,即在第二种报价的基础上采用了不平衡报价法或将管理费分摊到了其他工程子目的报价中,此时的单价为一亏损价。

对于第一种报价,由于工程量的增加,承包人会增大规模效益,其增加的工程量部分的直接成本和间接成本均会降低,因此,在对超出25%部分的增加工程量计价时,原有合同单价应予以降低,当单价因不平衡报价而超出9.5元/m³时更应如此。

对于第二种报价,尽管承包人并未承诺对变更工程继续向业主让利,但由于规模经济性会使得承包人的施工成本下降,承包人在完成变更工程中,可以从规模效益的增加中获利,因此其单价可维持不变。

对第三种报价,由于其单价为亏损价,因此继续使用合同单价对超出25%部分的增加工程量计价是不公平的,宜采用9.5元/m³或9元/m³的价格对超出25%部分的变更工程计价。

本题中,从已知数据知,合同中的土方单价为10元/m³,即承包人的报价高于合理单价,其利润较高。对超出25%部分的增加工程量计价时单价应予以降低为9.5元/m³或9元/m³。

②由工程变更导致的对合同总价的调整。

整个合同内的工程变更的结果可能导致需要对合同总价进行调整。如果在签发交工证书时发现合同价格的增加或减少总共超过"有效合同价格"的15%(有效合同价是指合同价格扣除暂定金额和计日工后的金额),这种超过或减少15%或以上是产生于:①重新作价过的全部变更工程的累计结果;②根据实际计量对工程量清单中的估算工程量所做的一切调整,但不包括暂定金额和物价因素价格调整。如果发生这种情况,监理工程师应与承包人协商并报业主批准后确定一笔管理费调整额,从合同价格中扣出或加到合同价格上。这笔调整金额应只依据上述增加或减少超过有效合同价格15%的那一部分款额(若为增加,因间接费并不随工程规模增大而增加,故管理费应调减;若为减少,管理费应调增)。

【例题10-6】 (合同总价的调整)设某执行FIDIC合同条款的承包工程有甲、乙两个主要分项工程,估计的工程量分别为甲分项工程20000m³、乙分项工程23000m³。某承包人据此报出了各个分项工程的单价:甲分项工程200元/m³,乙分项工程180元/m³,原有效合同价为814万元,在各项报价中管理费所占比例为15%。承包合同中规定,实际工程量与估计工程量相差15%时,超出部分可以调整单价。该承包人各月完成的且经监理工程师确认的各分项工程的工程量见表10-2。问该项目交工结算价为多少?

承包人实际完成工程量 表10-2

月 份	1	2	3	4	实际完成合计	估计工程量
甲分项工程量(m³)	5000	8000	7000	5000	25000	20000
乙分项工程量(m³)	7000	8000	8000	5000	28000	23000

该项目交工结算时,实际价格为25000×200+28000×180=1004(万元),超过190万元,超过部分为原有效合同价814万元的23.3%,应调价部分为:1004-814×(1+15%)=67.9(万元)。

设项目的利润率为 7.42%, 税率为 10%, 则应调价部分的工程成本为: 67.9÷[(1+15%)×(1+7.42%)×(1+10%)]=49.97(万元)。

调价部分的管理费用为: 49.97×15% = 7.5(万元), 即应调减 7.5 万元, 实际应该支付(结算价)为: 1004-7.5=996.5(万元)。

【例题 10-7】 (工程变更内容)某公路桥梁项目,由于原设计对桥梁地基的土质调查不清,原设计为石拱桥,开工后虽然承包人做了地基处理,但仍存在不均匀的地基基础沉降,可能造成拱圈开裂,危及工程安全可靠性能。经监理工程师与承包人一起现场调查分析后,监理工程师下工程变更令,改拱桥为板梁桥,并对桥台基础做了加固处理,对费用重新估价计算。变更工程通知单见表 10-3。

变更工程通知单(样表)　　　　　　　　　　表 10-3

合同段:02

变更令编号	2019-08	变更工程名称		钻孔桩:直径1.0m变更为1.20m			
清单编号	项目名称	原合同单价	原合同数量	重新核定的单价	单价(+/-)	变更后的数量	数量(+/-)	估计变更金额(+/-)
405-1	钻孔桩直径1.0m	850元	278m	1220元	+370元	268m	-10m	+90660元

监理工程师(签发人):　　　年　月　日

有关工程变更的提出方面和内容都是很多的,这要根据具体工程情况来决定,只要提出的工程变更在原合同规定的范围内,一般是予以认可的。若超出原合同,新增了很多工程内容和项目,则属于不合理的工程变更请求,监理工程师应和业主协商后酌情处理。

5)价格调整费用

对于工期较长、规模大的公路施工项目,由于:①价格影响因素的多样性;②价格影响因素变化的不可控性;③物价是影响价格变化的主要因素之一;④大型项目工期长,物价变化是必然的;⑤对明显的价格变化,不调整对业主是有风险的(因承包人的高报价对业主有损失,低报价有实施风险),因而,合同价格调整是必要的。该费用项目主要是考虑由于用于工程的资源(人工、材料、机械等)实际价格与承包人投标时的价格发生了变化而作的调整和由于后继法律、法规的影响而作的调整。调整方法有年度调价公式法、文件证明法。

(1)由于资源的价格变动而进行的调整

在合同执行期间,由于人工、机械使用和材料的价格涨落因素可按合同约定对合同价格进行调整。调价时,按规定的调价公式计算,每年进行一次调整,可升可降。

(2)由于后继法律、法规的变动而进行的调整

除非专用合同条款另有规定,如果在送交投标文件截止日期前 28 天之后,国家或省(自治区、直辖市)颁布的法律、法规出现修改或变更,因采用上述法律、法规使承包人在履行合同中的费用发生前述由于资源的价格变动而进行的调整以外的增加或减少,则此项增加或减少的费用应由监理工程师在与承包人协商并报业主批准后确定。增加到合同价格上或从合同价格中扣除,监理工程师应通知承包人并抄送业主。

(3)工程拖期以后的价格调整

工程拖期后的价格调整按以下原则处理:①如果承包人未能在合同工期内完成本合同工程的施工而产生了工程拖期,则在合同规定的交工日期以后施工的工程,其价格调整计算中的

当期价格指数应采用交工日期所在年份的价格指数;②如果存在监理工程师批准的延期,则在该延长工期后的交工日期到期以后施工的工程,其价格调整计算应采用该延期后的交工日期所在年份的价格指数作为当期价格指数。

6)索赔费用

索赔(Claim),即权利的索取,是指在施工中由于业主或其他非承包人的原因,使承包人在施工中付出了额外的费用,承包人根据合同文件的规定和正常、合法的途径,要求业主赔偿施工中损失的权利的一种行为。索赔类型:①按索赔目的来分,有索赔费用和索赔工期两类。这里主要涉及索赔费用。②按照索赔的依据来分,索赔费用可分为:a. 合同内索赔,其索赔的依据为按合同文件规定能成立的索赔。b. 合同外索赔,其索赔依据在合同文件中无法找到,但在国家的法律、法规中能找到依据的索赔。c. 道义索赔,又称优惠补偿,是指在合同文件内及国家的法律、法规中无法找到依据,业主也没有违约或违反法律、法规的规定,但承包人的确已尽了最大努力后仍亏了许多钱,这时承包人通常会寻求道义索赔。例如,承包人在施工中发现原投标时对施工的难度估计不足,报价实在太低,虽然尽了最大努力、亏了许多钱仍然不能完成工程施工,这时通常叫寻求道义索赔,谋求通情达理的业主为使工程项目顺利建成而能给予一定的补偿。这里所涉及的索赔只是合同内索赔。

在施工结算(中期支付)中处理索赔费用项目时,要严格遵守索赔程序、分清索赔事件的责任、注重索赔依据、注意索赔时效,对索赔项目进行全面审查,客观、公正确定索赔费用。

(1)索赔产生的原因

在公路工程索赔实践中,产生索赔的原因很多,较常见的原因有地质条件的变化;施工中非承包人的人为障碍;工程变更;合同文件的遗漏、错误或矛盾;不利的施工条件;意外的风险和人力不可抗力因素;暂时停工;额外的试验和检验;图纸错误;监理工程师指令错误;社会环境因素的干扰;业主违约导致的合同终止等。按《公路工程标准施工招标文件》(2018年版)通用合同条款,可以合理补偿承包人索赔的条款列于表10-4。承包人可索赔费用的组成通常包括直接工程费(人工费、材料费、施工机械使用费)、其他工程费、间接费(规费、企业管理费)、分包费、利润、税金等。具体索赔项目的费用组成不能一概而论,应根据索赔事件的具体情况确定。

**《公路工程标准施工招标文件》(2018年版)
通用合同条款中承包人可引用的索赔条款** 表10-4

序号	合同条款号	条款主题内容	可调整的项目
1	1.10.1	施工过程发现文物、古迹以及其他遗迹、化石、钱币或物品	工期+成本
2	4.11.2	承包人遇到不利物质条件	工期+成本
3	5.2.4	发包人要求向承包人提前交付材料和工程设备	成本
4	5.2.6	发包人提供的材料和工程设备不符合合同要求	工期+成本+利润
5	8.3	发包人提供资料错误导致承包人的返工或造成工程损失	工期+成本+利润
6	11.3	发包人的原因造成工期延误	工期+成本+利润
7	11.4	异常恶劣的气候条件	工期
8	11.6	发包人要求承包人提前竣工	成本
9	12.2	发包人原因引起的暂停施工	工期+成本+利润
10	12.4.2	发包人原因造成暂停施工后无法按时复工	工期+成本+利润
11	13.1.3	发包人原因造成工程质量达不到合同约定验收标准的	工期+成本+利润

续上表

序号	合同条款号	条款主题内容	可调整的项目
12	13.5.3	监理人对隐蔽工程重新检查,经检验证明工程质量符合合同要求的	工期+成本+利润
13	16.2	法律变化引起的价格调整	成本
14	18.4.2	发包人在全部工程竣工前,使用已接收的单位工程导致承包人费用增加的	工期+成本+利润
15	18.6.2	发包人原因导致试运行失败的	成本+利润
16	19.2	发包人原因导致的工程缺陷和损失	成本+利润
17	21.3.1	不可抗力	工期

(2)《公路工程标准施工招标文件》(2018年版)通用合同条款中关于索赔的规定

《公路工程标准施工招标文件》(2018年版)通用合同条款第23条对索赔作了如下规定：

①索赔意向通知。承包人应在索赔事件首次发生后的28天内将其索赔意向书提交监理工程师,并抄送业主。

②保持当时的同期记录。承包人应保持索赔事件当时的同期记录,作为申请索赔的凭证。

③索赔的证明。在发出索赔意向书后的28天内,或监理工程师同意的另一期限内,承包人应送交监理工程师一份拟索赔款额的详细账目,并说明索赔所依据的理由。若索赔的事件具有连续性,上述账目应认为是一笔暂时账目；承包人应在监理工程师要求的间隔时间内,送交后续的暂时账目和索赔理由,并在此索赔事件终止后28天之内送出最后账目；承包人还应将送交监理工程师的全部账目的复制件送交业主。

④索赔的审批。监理工程师应对承包人提供的索赔证据和详细账目进行审查核实,在与承包人协商并报经业主批准后,确定承包人有权得到的全部或部分的索赔款额,并列入核签的中期支付证书或最后支付证书内予以支付；监理工程师应将此决定通知承包人,并抄送业主。

⑤遵守规定。如果承包人提出的索赔要求未能遵守合同条款中的有关规定,则承包人无权得到索赔或只限于由监理工程师按当时记录予以核实的那部分款额。

申请索赔的程序如图10-3所示。

(3)承包人提出索赔要求成立应具备的条件和应提交的证据资料

承包人提出索赔要求成立必须同时具备4个条件：①与合同比较,已经造成了实际的额外费用或工期损失,如成本大大增加。②造成费用增加或工期损失的原因不是由于承包人的过失,如图纸延误、洪水等。③按合同规定,不应由承包人承担的风险,如战争、设计事故等。④承包人在事发后规定时间提出了书面的索赔意向通知。

承包人提出索赔应准备和提交的证据资料主要如下：

①工程进度计划；

②施工日志；

③有关政治经济的资料；

④来往文件与信函；

⑤投标报价时的基础资料；

⑥技术规范和工程图纸；

⑦工程报告及工程照片；

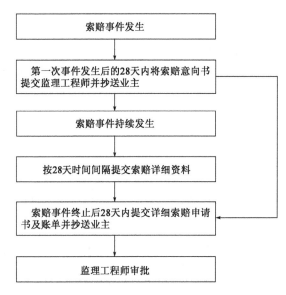

图 10-3 承包人申请索赔的程序图(以 FIDIC 合同条款为例)

⑧工程财务报告。

【**例题 10-8**】 某土方工程合同工程量 45000m³,土方基价(定额直接费)10 元/m³,综合费率 20%,人工单价 106.28 元/工日,租用 2 台机械,租金 850 元/台班。计划 11 月 11 日开工,12 月 10 日完工。其间发生如下事件:

①机械大修,晚开工 2 天,窝工 20 工日;②开挖中遇软土,11 月 15 日接令停工,复查地质,配合用工 15 工日;③11 月 19 日接令于 20 日复工,决定增挖 2m,增加工程量 9000m³;④11 月 20 日~22 日遇罕见大雨,窝工 35 工日;⑤11 月 23 日用 30 工日修复被大雨冲坏的道路,11 月 24 日恢复挖掘,12 月 24 日挖掘完毕。问就该分项工程而言,工期与费用怎样补偿?

解:事件①为承包人原因,为不可原谅延误,不能索赔;事件②为可补偿延误,可考虑工期与费用补偿,延期 15 日~19 日共 5 天,费用为机械闲置 $2×5=10$(台班)及配合用工 15 工日;事件③是增加工程量 9000m³,可考虑工期与费用补偿,工期延长 $9000÷45000×30=6$(天),费用增加 $9000×10×(1+20\%)$元;事件④是自然原因,只延期 3 天;事件⑤为可补偿延误,延期 1 天,费用为机械闲置 $2×1=2$(台班)及配合用工 30 工日。

故工期应延长,事件②5 天+事件③6 天+事件④3 天+事件⑤1 天=15 天;若为某一项目的分部工程,应视对总工期的影响程度(长短)而定。

费用补偿为 10 台班×850 元/台班+15 工日×106.28 元/工日 ×(1+20%)+9000×10×(1+20%)+2 台班×850 元/台班+30 工日×106.28 元/工日×(1+20%)=123939.12 元(本题假设机械无其他作业面可做)。

(4)处理索赔的阶段

处理索赔通常会经过 5 个阶段:

①承包人提出索赔。

②监理工程师对索赔报告的审查。

③监理工程师与承包人协商补偿额。

④业主审批。

⑤承包人是否接受最终索赔处理。

(5)索赔费用项目及计算方法

①索赔费用项目。

索赔费用项目是用来计算索赔额的费用内容,与合同报价包含的内容相似,包括:①成本项:a.人工费;b.材料费;c.机械使用费;d.现场管理费;e.其他费用,如总部管理费、保险费、利息等附加费等。②利润项:按合同条款在有些情况下可索赔利润。

②索赔费用项目的计算方法。

a.总费用法和修正的总费用法。

总费用法又称总成本法,就是计算出该项工程的总费用,再从这个已实际开支的总费用中减去投标报价时的成本费用,即为要求补偿的索赔费用额。总费用法并不十分科学,但仍被经常采用,原因是对于某些索赔事件,难以精确地确定由它们导致的各项费用的增加额。一般认为在具备以下条件时采用总费法是合理的:a)已开支的实际总费用经过审核,认为是比较合理的;b)承包人的原始报价是比较合理的;c)费用的增加是由于对方原因造成的,其中没有承包人管理不善的责任;d)由于该项索赔事件的性质以及现场记录的不足,难以采用更精确的计算方法。

修正总费用法是指对难以用实际总费用进行审核的,可以考虑能否计算出与索赔事件有关的单项工程的实际总费用和该单项工程的投标报价。若可行,可按其单项工程的实际费用与报价的差值来计算其索赔的余额。

b.分项法。分项法是将索赔的损失的费用分项进行计算,其内容如下:

a)人工费索赔。

人工费索赔包括额外雇佣劳务人员、加班工作、工资上涨、人员闲置和劳动生产率降低的费用。对于额外雇佣劳务人员和加班工作,用投标时的人工单价乘以工时数即可;对于人员闲置,一般折算为人工单价的0.75;工资上涨是指由于工程变更,使承包人的大量人力资源的使用从前期推到后期,而后期工资水平上调,因此应得到相应的补偿。有时工程师指令进行计日工,则人工费按计日工表中的人工单价计算。

对于劳动生产率降低导致的人工费索赔,一般可用如下方法计算:

实际成本和预算成本比较法。这种方法是对受干扰影响工作的实际成本与合同中的预算成本进行比较,索赔其差额。这种方法需要有正确合理的估价体系和详细的施工记录。如某工程的现场混凝土模板制作,原计划20000m^2,估计人工工日数为6000工日。直接人工成本294000元。因业主未及时提供现场施工的场地占有权,使承包人被迫在雨季进行该项工作,实际人工工日数6800工日,人工成本为333200元,使承包人造成生产率降低的损失为39200元。这种索赔,只要预算成本和实际成本计算合理,成本的增加确属业主的原因,其索赔成功的把握是很大的。

正常施工期与受影响期比较法。这种方法是在承包人的正常施工受到干扰,生产率下降时,通过比较正常条件下的生产率和干扰状态下的生产率,得出生产率降低值,以此为基础进行索赔。

例如:某工程吊装浇筑混凝土,前6天工作正常,第7天起业主架设临时电线,共有8天时间使吊车不能在正常角度下工作,导致吊运混凝土的方量减少。承包人有未受干扰时正常施工记录和受干扰时施工记录,如正常情况下吊运混凝土6.7m^3/h,受干扰时运混凝土4.7m^3/h。通过以上施工记录比较,劳动生产率降低值为2m^3/h。劳动生产率降低索赔费用的计算公式可表示为:索赔费用=计划台班×(劳动生产率降低值/预期劳动生产率)×台班单价。

b）施工机械费索赔。

机械费索赔包括增加台班数量、机械闲置或工作效率降低、台班单价上涨等费用。

台班单价按照有关定额和标准手册取值。对于工作效率降低，应参考劳动生产率降低的人工索赔的计算方法。台班量的计算数据来自机械使用记录。对于租赁的机械，取费标准按租赁合同计算。

对于机械闲置费，有两种计算方法：一是按公布的行业标准租赁费率进行折减计算。二是按定额标准的计算方法，一般建议将其中的不变费用和可变费用分别扣除一定的百分比进行计算，即机械闲置合计单价＝（折旧费＋大修理费）×50%＋经常修理费＋机上人员工资＋台班车船使用费（对水平运输机械按规定征收的车船使用费）。其中，折旧费、大修理费是指机械台班费用定额中每台班的折旧费和大修理费，百分数可查有关规定；机上人员工资按停工、窝工费的计算方法确定。

对于工程师指令进行计日工作的，按计日工作表中的单价计算。

c）材料积压费用（停工使工地材料积压）或材料加大库存费用。

合同中已支付材料预付款的，原则上不考虑材料积压损失费；合同中未支付材料预付款的，可根据材料费价格及积压材料的费用总额计算利息；对于有龄期材料，当材料积压时间太长时，应根据实际情况考虑材料超过龄期后报废的损失。材料加大库存费用：指业主或监理不合理的加快进度指令（赶工令），导致材料加大库存而增加的费用。

d）企业管理费索赔计算。

企业管理费是施工企业组织生产和经营管理所需的费用。一般仅在工程延期和工程范围变更时才允许索赔企业管理费。企业管理费索赔的计算方法是使用 Eichealy 公式。该公式是在获得工程延期索赔后进一步获得企业管理费索赔的计算方法。对于获得工程成本索赔后，也可参照本公式的计算方法进一步获得企业管理费索赔。

（a）对于已获延期索赔的 Eichealy 公式是根据日费率分摊的办法，其计算步骤如下：

延期的合同应分摊的企业管理费 A ＝ 被延期合同原价/同期公司所有合同价之和 × 同期公司计划企业管理费

单位时间（日或周）企业管理费费率 B ＝ A/计划合同工期（日或周）

企业管理费索赔值 C ＝ B × 工程延期索赔（日或周）

Eichealy 公式在工程拖期后的企业管理费索赔的前提条件是：若工程延期，相当于该工程占用了应调往其他工程合同的施工力量，这样就损失了在该工程合同中应得的企业管理费。也就是说，由于该工程拖期，影响了企业在这一时期内对其他合同收入，企业管理费应该从延期工程项目中索赔。

（b）对于已获得工程直接成本索赔的企业管理费的计算也可用 Eichealy 型的公式计算：

被索赔合同应分摊企业管理费 A_1 ＝ 被索赔合同原计划直接成本/同期所有合同直接成本总和 × 同期公司计划企业管理费

每元直接成本包含的企业管理费 B_1 ＝ A_1/被索赔合同计划直接成本

应索赔企业管理费 C_1 ＝ B_1 × 工程直接成本索赔值

e）融资成本、利润与机会利润损失的索赔。

融资成本又称资金成本，即取得和使用资金所付出的代价，其中最主要的是支出资金供应者的利息。由于承包人只有在索赔事件处理完结后一段时间内才能得到其索赔的金额，所以承包人往往需从银行贷款或以自有资金垫付，这就产生了融资成本问题，主要表现在额外贷款

利息的支付和自有资金的机会利润损失。在以下情况中,可以索赔利息:

(a)业主推迟支付工程款的保留金,这种金额的利息通常以合同约定的利率计算。

(b)承包人借款或动用自有资金弥补合法索赔事项所引起的现金流量缺口,在这种情况下,可以参照有关金融机构的利率标准,或者拟定把这些资金用于其他工程承包可得到的收益计算索赔金额,后者实际上是机会利润损失的计算。

(c)利润是完成一定工程量的报酬,因此在工程量的增加时可索赔利润。不同的国家和地区对利润的理解和规定有所不同,有的将利润归入总部管理费中,则不能单独索赔利润。

(d)机会利润损失是由于工程延期或合同终止而使承包人失去承揽其他工程的机会而造成的损失,在某些国家和地区,是可以索赔利润机会利润损失的。

f) 工期延期后的费用。

(a)承包人临时设施维修费,如已包含在现场管理费用之中,则不另行计算,否则可根据延长时间由业主、承包人、监理工程师协商确定维护费用;(b)工程保险费追加可根据保险单或调查所得的保险费率来确定保险费用(当合同规定由承包人办理工程保险时);(c)延长期间的临时租地费可根据租地合同或其他票据参考确定(当合同规定临时租地费用由业主承担时);(d)临时工程的维护费可根据临时工程的性质及实际情况由业主、承包人、监理工程师协商确定。

[例题 10-9] 某桥梁工程,合同金额是为 2000 万元,工期为 29 个月,合同条件以 FIDIC 合同条款第 4 版为蓝本。合同要求在河岸边修建一高架桥,承包人在进行桥梁的基础开挖时,遇到了业主的勘测资料中并未指明的流沙和风化岩层,为处理这些流沙和风化岩层,相应造成了承包人工程拖期和费用增加,为此,承包人要求索赔:①工期 17 天;②费用 125040 元。

解:(1)索赔论证

承包人在河岸进行清理的基础开挖时遇到了流沙,为处理流沙花了 10 天的时间,处理完流沙后,又遇到风化岩层,为了爆破石方又花了 7 天的时间。

按照业主提供的地质勘探资料,河岸的土基应为淤泥和泥碳土,并未提及有流沙和风化岩层。FIDIC 合同条款第 12.2 款规定,在工程施工中,承包人如果遇到了气候条件以外的外界障碍或条件,如果这些障碍和条件是一个有经验的承包人也无法预见到的,工程师应给予承包人相应的工期和费用补偿。

上述流沙和风化岩层,如果业主不在地质勘探资料中予以标明,在短短的投标期间,一个有经验的承包人也是无法预见到的。故承包人要求索赔相应的工期,多支出的人工费、材料费、机械费、措施费、规费、利润、税金。

(2)索赔计算

①工期索赔计算。

处理流沙 10 天,处理风化岩层 7 天,小计 17 天。由于上述事件,承包人在这 17 天除了处理流沙和风化岩层处,无法进行其正常施工,故要求补偿工期 17 天。

②费用索赔计算。

a. 处理流沙的费用。定额人工费 12400 元,定额施工机械费 11230 元,定额直接费小计 23630 元(假设等于直接费);15% 的措施费 3540 元,5% 的企业管理费 1360 元,规费 4985 元,7.42% 的利润 2117 元,10% 的税金 3563.2 元,共计 39195.2 元。

b. 处理风化岩层的费。定额人工费 8850 元,定额材料费 23890 元,定额施工机械费 14870 元,小计 36610 元(假设等于直接费);15% 的措施费 5490 元,5% 的企业管理费 2110 元,规费

3558元,7.42%的利润3280元,10%的税金5104.8元,共计56152.8元。

c. 延期的企业管理费:延期的企业管理费的计算采用Eichealy公式,分摊到被延误合同中的企业管理费 A = 被延误合同金额/合同期内公司所有合同总金额 × 合同期内企业管理费总额;被延误合同每天的企业管理费 $B = A/$合同期;索赔的延期企业管理费 $C = B ×$ 延期天数。

在本合同期的29个月内,承包人共承包了3个合同,3个合同的总金额为4250万元,3个合同的企业管理费总额为 $4250 × 5\% = 170$(万元)。

故 $A = 20000000/42500000 × 1700000 = 800000$(元);$B = 800000/881 = 910$(元);$C = 910 × 17 = 15470$(元);减去a.、b.项中包含的总部管理费 $15470 - 1360 - 2110 = 12000$(元)。

合计索赔费用 $= 39195.2 + 56152.8 + 12000 = 107348$(元)

7) 拖期违约损失偿金

拖期违约损失偿金是指承包人未能按合同工期完成工程施工或在监理工程师批准的延期内完成工程的施工而给予业主的补偿。《公路工程标准施工招标文件》(2018年版)通用合同条款第11条对此规定如下:

(1) 拖期违约损失偿金的计算

承包人应向业主支付按投标书附录中写明的金额,作为拖期违约损失偿金。时间为约定的交工日期起至合同工程交工证书中写明的交工日期或已批准的延长工期止,按天计算;拖期违约损失偿金应不超过投标书附录中写明的限额(合同价的10%)。

(2) 拖期违约损失偿金的减少

如果在合同工程完工之前,已对合同工程内按时完工的单项工程签发了交工证书,则合同工程的拖期违约损失偿金,应按已签发交工证书的单项工程的价值占合同工程价值的比例予以减少,但拖期违约损失偿金的最高限额不变。拖期违约损失偿金可按下式计算:

$$拖期违约损失偿金 = [实际交工日期 - (合同规定的交工日期 + 监理工程师批准的延期)](日) × 拖期工程价值 × 合同规定的百分数 \quad (10\text{-}3)$$

8) 提前竣工奖金

如果承包人在合同规定的竣工时间之前完工,业主应根据工程移交证书签署日期与合同规定的完工时间之间的天数,支付承包人每天金额为(填入数字)的奖金。

9) 迟付款利息

业主有按合同文件的规定时间准时付款给承包人的责任和义务,监理工程师应督促业主按合同规定办理。如果业主不按合同规定时间付款,则应支付承包人迟付款额的利息。

《公路工程标准施工招标文件》(2018年版)专用合同条款第17.3.3款作了如下规定:如果业主在规定期限内未能付款,则业主应按投标书附录中规定的利率向承包人支付全部未付款的利息,付息时间从应付而未付该款项之日算起(不计复利)。

利息计算公式为:

$$I = P × i × n \quad (10\text{-}4)$$

式中:I——迟付款利息;

P——迟付款的金额;

i——迟付款的日利率;

n——超过合同规定付款时间(迟付款)的天数。

按FIDIC合同条款,该项费用则要按日、按复利计算,计算公式如下:

$$I = P[(1+i)^{n-1}] \quad (10\text{-}5)$$

式中：I——迟付款利息；

P——迟付款的金额；

i——迟付款的日利率(世界银行推荐值为0.033%~0.04%，我国项目取值一般低于世界银行推荐值)；

n——超过合同规定付款时间(迟付款)的天数。

10.4 例题分析

【例题10-10】 某施工单位承包某工程项目，甲乙双方签订的关于工程价款的合同内容有：

(1)某公路总工程造价6600万元，建筑材料及设备费占施工产值的比重为60%。

(2)工程预付款为总工程造价的20%。工程实施后，工程预付款从未施工工程尚需的建筑材料及设备费相当于工程预付款数额时起扣，从每次结算工程价款中按材料和设备占施工产值的比重扣抵工程预付款，竣工前全部扣清。

(3)工程进度款逐月计算。

(4)工程质量保证金为总工程造价的3%，竣工结算月一次扣留。

(5)建筑材料和设备价差调整按当地工程造价管理部门有关规定执行(当地工程造价管理部门规定，上半年材料和设备价差上调10%，在6月一次调增)。

工程个月实际完成产值(不包括调查部分)见表10-5。

每月实际完成产值　　　　表10-5

月份	2	3	4	5	6	合计
完成产值(万元)	550	1100	1650	2200	1100	6600

回答下列问题：

(1)通常竣工结算的前提是什么？

(2)工程价款结算的方式有哪几种？

(3)该工程预付款、起扣点为多少？

(4)该工程2~5月每月拨付工程款为多少？累计工程款为多少？

(5)6月办理竣工结算，该工程结算造价为多少？甲方应付工程结算款为多少？

(6)该工程在保修期间出现路面裂缝等病害，甲方多次催促乙方修理，乙方一再拖延，最后甲方另请施工单位修理，修理费用15万元，该项费用如何处理？

分析：本题主要考核工程价款结算方式，按月结算工程进度款的计算，工程预付款及其起扣点的计算。

解：(1)工程竣工结算的前提条件是承包人按照合同规定的内容全部完成所承包的工程，并符合合同要求，经相关部门联合验收质量合格。

(2)工程价款的结算方式分为：按月结算、按形象进度分段结算，竣工后一次结算和双方约定的其他结算方式。

(3)工程预付款：6600×20% = 1320(万元)

工程起扣点：6600 - 1320/60% = 4400(万元)

(4)各月拨付工程款如下：

2月:工程款为550万元,累计工程款为550万元。

3月:工程款为1100万元,累计工程款 = 550 + 1100 = 1650(万元)

4月:工程款为1650万元,累计工程款 = 1650 + 1650 = 3300(万元)

5月:工程款 = 2200 - (2200 + 3300 - 4400) × 50% = 1540(万元)

累计工程款 = 3300 + 1540 = 4840(万元)

(5)工程结算总造价:6600 + 6600 × 60% × 10% = 6996(万元)

甲方应付工程结算款:6996 - 4840 - 6996 × 3% - 1320 = 626.12(万元)

(6)15万元的维修费应从扣留的质量保证金中支付。

【例题10-11】 某公路工程,承包人签订的合同总价为4800万元。工期为2年,第一年已完成2600万元,第二年应完成2200万元。承包合同规定:

(1)业主应向承包人支付当年合同价25%的工程预付款。

(2)工程预付款应从未施工工程所需的主要材料及构配件价值相当于工程预付款时起扣,以每月抵充工程款的方式陆续扣留,竣工前全部扣清;主要材料及设备费占工程款的比重按62.5%考虑。

(3)工程质量保证金为承包合同总价的3%,经双方协商,业主每月承包人的工程款中按3%的比例扣留。在保修期满后,保修金及保修金利息扣除已支出费用后的剩余部分退还给承包人。

(4)业主按实际完成工作量每月向承包人支付工程款,但当承包人每月实际完成的建筑安装工作量少于计划完成建筑安装工作量的10%及以上时,业主可按5%的比例扣留工程款,在工程竣工结算时将扣留工程款退还给承包人。

(5)除设计变更和其他不可抗力因素外,合同价格不作调整。

(6)由业主直接提供的材料和设备应在发生当月的工程款中扣回其费用。

经业主的工程师代表签任的承包人在第2年各月计划和实际完成的建筑安装工作量以及业主直接提供的材料、设备价值见表10-6。

工 程 结 算 数 据　　　　　　　　　　表10-6

月份	1~6	7	8	9	10	11	12
计划完成工作量(万元)	1100	200	200	200	190	190	120
实际完成工作量(万元)	1110	180	210	205	195	180	120
业主直供材料设备的价值(万元)	90.56	35.5	24.4	10.5	21	10.5	5.5

回答下列问题:

(1)工程预付款是多少?

(2)工程预付款从几月份开始起扣?

(3)1~6月以及其他各月业主应支付给承包人的工程款是多少?

(4)竣工结算时,业主应支付给承包人的工程结算款是多少?

分析:本题除了考核工程预付款、起扣点、按月结算款等知识点以外,还增加了对业主提供材料的费用,对承包人未按计划完成每月工作量的惩罚性扣款的处理方法。另外,还要注意建设部、财政部颁布的《关于印发〈建设工程质量保证金管理暂行办法〉的通知》[建质(2005)7号]对工程质量保证金的有关规定。

解：
(1) 工程预付款：2200×25% = 550(万元)
(2) 工程预付款的起扣点：2200 - 550/62.5% = 1320(万元)

开始起扣工程预付款的时间为8月，因为8月累计实际完成的工作量：1110 + 180 + 210 = 1500(万元) > 1320万元

(3)
1~6月：
业主应支付给承包人的工程款：1110×(1 - 3%) - 90.56 = 986.14(万元)

7月：
该月份工作量实际值与计划值比较，未达到计划值，相差(200 - 180)/200 = 10%，应扣留的工程款：180×5% = 9(万元)
业主应支付给承包人的工程款：180×(1 - 3%) - 9 - 35.5 = 130.1(万元)

8月：
应扣工程款预付：(1500 - 1320)×62.5% = 112.5(万元)
业主应支付给承包人的工程款：210×(1 - 3%) - 112.5 - 24.4 = 66.8(万元)

9月：
应扣工程款预付：205×62.5% = 128.125(万元)
业主应支付给承包人的工程款：205×(1 - 3%) - 128.125 - 10.5 = 60.225(万元)

10月：
应扣工程款预付：195×62.5% = 121.875(万元)
业主应支付给承包人的工程款：195×(1 - 3%) - 121.875 - 21 = 46.275(万元)

11月：
该月份工作量实际值与计划值比较，未达到计划值，相差(190 - 180)/190 = 5.26% < 10%，不扣留工程款。
应扣工程款预付：180×62.5% = 112.5(万元)
业主应支付给承包人的工程款：180×(1 - 3%) - 112.5 - 10.5 = 51.6(万元)

12月：
应扣工程款预付：120×62.5% = 75(万元)
业主应支付给承包人的工程款：120×(1 - 3%) - 75 - 5.5 = 35.9(万元)

(4) 工程竣工结算时，业主应支付给承包人的工程结算款：180×5% = 9(万元)

【例题10-12】 某工程项目业主与承包合同，合同中估算工程量为5300m³，全费用单价为180元/m³。合同工期为6个月。有关付款条款如下：

(1) 开工前业主应向承包人支付合同总价20%的工程预付款。

(2) 业主第一个月起，从承包人的工程款中按5%的比例扣除质量保证金。

(3) 当实际完成工程量增加(或减少)幅度超过估算工程量的10%时，可进行调价，调价系数为0.9或(1.1)。

(4) 每月支付工程款最低金额为15万元。

(5) 工程预付款从累计已完成工程款超过估算合同价30%以后的下一个月起，至第5个月均匀扣除。

承包人每月实际完成并经签证确认的工程量见表10-7。

每月实际完成工作量　　　　　　表10-7

月份	1	2	3	4	5	6
完成工程量(m^3)	800	1000	1200	1200	1200	500
累计完成工程量(m^3)	800	1800	3000	4200	5400	5900

回答下列问题：
(1)估算合同总价为多少？
(2)工程预付款为多少？工程预付款从哪个月起扣留？每月应扣工程预付款为多少？
(3)每月工程量价款为多少？业主应支付给承包人的工程款为多少？

分析：本题除与前两个案例有相同的知识点外，主要区别在于工程预付款的预付与扣留方法不同。根据合同约定处理工程预付款，比按照理论计算方法处理工程预付款操作方便，实用性强。本题还涉及采用估计工程量单价合同情况下，合同单价的调整方法等。

解：
(1)估算合同总价：$5300 \times 180 = 95.4$(万元)
(2)工程预付款：$95.4 \times 20\% = 19.08$(万元)
工程预付款应从第3个月起扣留，因为前两个月累计已完成工程款：$1800 \times 180 = 32.4$(万元) $> 95.4 \times 30\% = 28.62$(万元)
每月应扣工程预付款：$19.08 \div 3 = 6.36$(万元)
(3)第1个月工程量价款：$800 \times 180 = 14.40$(万元)
应扣留质量保证金：$14.40 \times 5\% = 0.72$(万元)
本月应支付工程款：$14.40 - 0.72 = 13.68$(万元) < 15万元
第1个月不予支付工程款。
第2个月工程量价款：$1000 \times 180 = 18.00$(万元)
应扣留质量保证金：$18.00 \times 5\% = 0.9$(万元)
本月应支付工程款：$18.00 - 0.9 = 17.10$(万元)
$13.68 + 17.1 = 30.78$(万元) > 15万元
第2个月业主应支付给承包人的工程款为30.78万元。
第3个月工程量价款：$1200 \times 180 = 21.60$(万元)
应扣留质量保证金：$21.60 \times 5\% = 1.08$(万元)
应扣工程预付款：6.36万元
本月应支付工程款：$21.60 - 1.08 - 6.36 = 14.16$(万元) < 15万元
第3个月不予支付工程款。
第4个月工程量价款：$1200 \times 180 = 21.60$(万元)
应扣留质量保证金：1.08万元
应扣工程预付款：6.36万元
本月应支付工程款：14.16万元
$14.16 + 14.16 = 28.32$(万元) > 15万元
第4个月业主应支付给承包人的工程款为28.32万元。

第 5 个月累计完成工程量为 5400m³,比原估算工程量超出 100m³,但未超出估算工程量的 10%,所以仍按原单价结算。

本月工程量价款:1200×180 = 21.60(万元)

应扣留质量保证金:1.08 万元

应扣工程预付款:6.36 万元

本月应支付工程款:14.16 万元 < 15 万元

第 5 个月不予支付工程款。

第 6 个月累计完成工程量为 5900m³,比原估算工程量超出 600m³,已超出估算工程量的 10%,对超出的部分应调整单价。

应按调整后的单价结算的工程量:5900 − 5300×(1 + 10%) = 70(m³)

本月工程量价款:70×180×0.9 + (500 − 70)×180 = 8.874(万元)

应扣留质量保证金:8.874×5% = 0.444(万元)

本月应支付工程款:8.874 − 0.444 = 8.43(万元)

第 6 个月业主应支付给承包人的工程款为 14.16 + 8.43 = 22.59(万元)。

思考题

1. 工程费用支付按时间分类和按支付内容分类各包括哪些内容?

2. 在公路工程计量支付表格中,承包人用表主要包括哪些内容? 各表之间的基本关系是怎样的? 最后形式的正式支付表格都有哪些?

3.《公路工程标准招标文件》(2018 年版)规定针对工程变更合同条件是如何规定的? 与 FIDIC 合同条款的工程变更有何区别?

4. 某项目合同金额为 5000 万元,承包人在完成 3000 万元合同金额后因违约而被解除合同。合同规定的误期损害赔偿费为 10 万元/天,最高限额为合同价的 10%。试分析承包人被解除合同后应向业主支付的赔偿费用有哪些? 若合同在完成 3000 万元合同额后,因业主不能按时付款而解除合同,则业主应向承包人支付的赔偿费有哪些?

5. 怎样理解"施工索赔有利于降低工程造价"?

6. 某公路工程业主与承包人签订了工程承包合同,合同约定工期 600 天,每提前一天奖励 1 万元,每推迟一天罚款 1.5 万元。当施工到 180 天时,监理工程师对某种工程材料检验,发现材料质量不合格,由此造成承包人整个工程停工 23 天。此后工程进行到 200 天时,业主提出变更设计,造成承包人部分工程停工 20 天。最终工期 597 天。根据上述背景情况分析说明承包人在何种合同规定下,通过何种办法,能够争取到多少补偿。

注:全部工程停工一天损失 3 万元,部分工程停工一天损失 1.2 万元。

7. 公路工程合同价 1200 万元,计划当年上半年内完工,主要材料金额占施工总产量的 62.5%,预付备料款占工程款的 25%,当年上半年各月实际完成施工产值见表 10-8。

各月实际完成施工产值(单位:万元) 表 10-8

1月	2月	3月	4月	5月	6月	合同调整额
120	160	200	240	240	240	160

回答下列问题:
(1) 工程价款结算的方式有哪些?
(2) 计算本工程的预付备料款和起扣点。
(3) 计算按月结算的工程进度款。
(4) 计算本工程竣工结算工程款。

第 11 章　公路工程交工结算与竣工结算

11.1　公路工程交工结算及编制

11.1.1　交工结算

1）工程交工

合同段范围内的全部工程已基本完成，监理工程师收到承包人的交工申请报告，并经过对工程的全面检查，认为符合合同文件要求时，由监理工程师向承包人签发全部工程的交工证书；若不符合合同文件要求，监理工程师应书面指出承包人尚应完成哪些工作。

2）交工结账单

按《公路工程标准施工招标文件》(2018 年版)通用合同条款第 17 条的规定，工程接收证书颁发后，承包人应按专用合同条款约定的份数和期限向监理人提交竣工付款申请单，并提供相关证明材料。除专用合同条款另有约定外，竣工付款申请单应包括下列内容：竣工结算合同总价、发包人已支付承包人的工程价款、应扣留的质量保证金、应支付的竣工付款金额。监理人对竣工付款申请单有异议的，有权要求承包人进行修正和提供补充资料。经监理人和承包人协商后，由承包人向监理人提交修正后的竣工付款申请单。

11.1.2　交工结算编制原则

交工结算仍然可用中期支付表格进行。只是有些费用支付项目，如开工预付款的预付与扣回、材料预付款的预付与扣回等支付项目均已结清。具体进行交工结算时，应按该工程项目规定的支付表格和合同文件规定的费用项目的具体计算方法进行计算。对于有的费用项目，如索赔费用、工程变更费用等费用项目，若金额、单价或合价未能协商一致，该类项目的支付可留待最终支付时，经协商一致再进行支付。

11.2　公路工程竣工结算及编制

11.2.1　竣工结算的含义及要求

工程竣工结算是指施工企业按照合同规定的内容全部完成所承包的工程，经验收质量合格，并符合合同要求之后，向发包单位进行的最终工程价款结算。《公路工程标准施工招标文件》(2018 年版)中对竣工结算作了详细规定：

(1)监理人在收到承包人提交的竣工付款申请单后的 14 天内完成核查，提出发包人到期应支付给承包人的价款送发包人审核并抄送承包人。发包人应在收到后 14 天内审核完毕，由监理人向承包人出具经发包人签认的竣工付款证书。监理人未在约定时间内核查，又未提出具体意见的,视为承包人提交的竣工付款申请单已经监理人核查同意;发包人未在约定时间内审核,又未提出具体意见的,监理人提出发包人到期应支付给承包人的价款视为已经发包人同意。

(2)发包人应在监理人出具竣工付款证书后的14天内,将应支付款支付给承包人。发包人不按期支付的,按合同的约定将逾期付款违约金支付给承包人。

(3)甲乙双方对工程竣工结算价款发生争议时,按争议的约定处理。

在实际工作中,当年开工、当年竣工的工程,只需办理一次性结算。跨年度的工程,在年终办理一次年终结算,将未完工程结转到下一年度,此时竣工结算等于各年度结算的总和。办理工程价款竣工结算的一般公式为:

$$竣工结算工程价款 = 合同价款或预算 + 合同价款调整数额 - 预付及已结算工程价款 \tag{11-1}$$

竣工结算与施工中进度款结算的关系如图11-1所示。

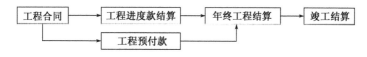

图11-1 竣工结算与施工中进度款结算的关系图

11.2.2 竣工结算编制原则和内容

1)竣工结算编制原则

竣工结算仍然可用结账单进行。只是有些费用支付项目,如开工预付款的预付与扣回、材料预付款的预付与扣回等支付项目均已结清。具体进行竣工结算时,应按该工程项目规定的结账单和合同文件规定的费用项目的具体计算方法进行计算。对于有的费用项目,如索赔费用、工程变更费用等费用项目,若金额、单价或合价未能协商一致,该类项目的支付可留待最终支付时,经协商一致再进行支付。

2)最终支付

最终支付,即最后一次支付。它要在承包人的缺陷责任期满,缺陷责任终止证书签发后才进行支付,是业主与承包人经济关系的结清及合同关系的终结。

(1)最终支付程序

①承包人提出最终支付申请报表草案,并附详细证实文件。

②监理工程师审查、协商,达成一致意见。

③承包人编制最终支付申请报表(结账单)。

④监理工程师审查,签发最终支付证书。

⑤业主在规定的时间内付款。

(2)最终结账单

通用合同条款对最后结账单作了如下规定:

在监理工程师签发缺陷责任终止证书后28天(FIDIC合同条款规定为56天)之内,承包人应按规定的格式向监理工程师提交一份最后结账单草案,并要附上详细的证实文件,供监理工程师审查、协商。

①承包人提交的最后结账单草案应表明:a.根据合同规定已经完成的全部工程的价值;b.根据合同规定承包人认为应该付给他的任何其他的款项。

②监理工程师审查。监理工程师在审查中,如果不同意或者不核证最后结账单草案的任一部分,承包人应按监理工程师的合理要求,提交进一步的资料,并对最后结账单草案作出他们之间协商同意的修改,然后由承包人按协商一致的意见编制最后结账单。

③若最后结账单草案中有的支付项目承包人、监理工程师或业主之间存在分歧而不能达成一致意见,监理工程师应对最后结账单草案中不存在分歧的部分(如果有)核证并用签发中期支付证书的方式对其进行支付;有分歧部分则按合同纠纷的解决按后天通用合同条款程序和方式进行处理。

(3)清账书

承包人在提交最后结账单的同时,应向业主提交一份书面清账书,并抄送监理工程师,确认最后结账单中的总金额代表了根据合同规定应付给承包人的全部款项的最后结算。该清账书只有在监理工程师签发的最终支付证书中的支付款额已经被业主支付,且原业主扣留的保留金已归还承包人后才生效。

(4)最终支付证书

在最后结账单和清账书收到14天之后,监理工程师应核签最终支付证书报业主审批,并抄送承包人。最终支付证书中应表明:

①监理工程师认为根据合同规定最后应付的款额:保留金的退还,缺陷责任期内剩余的工程价款,缺陷期内变更工程价款等。

②在对业主以前所付的全部款额和业主根据合同规定应得的全部款项予以确认后,证实业主欠承包人或承包人欠业主的差额(如有)。

业主应在监理工程师签发中期支付证书后21天内(FIDIC合同条款为工程师收到报表和证明文件后56天内)、签发最后支付证书后42天内(FIDIC合同条款为工程师收到报表和证明文件后56天内)付款给承包人;具体支付时间应按该工程合同文件的规定执行。

(5)合同终止后的支付

合同终止后的支付是指由于某种情况的发生导致合同无法履行而终止合同后的支付。通常,合同终止可能产生于承包人违约、业主违约和特殊风险的发生。

①承包人违约导致合同终止后的支付。

承包人违约导致合同终止后,监理工程师应通过协商和调查询问,尽快确定并认证:

a.在业主进驻工地和终止合同时,承包人根据合同实际完成的工程已经合理地得到的或理应得到的款额。

b.未使用或部分使用过的材料、承包人装备和临时工程的价值。合同终止后,业主应暂停向承包人支付任何款项,在本工程缺陷责任期满之后,再由监理工程师查清承包人实施和完成本工程与缺陷修复应结算的费用,应扣除的完工拖期损失偿金以及业主已实际支付的各项费用,并予以证实。按监理工程师的查清证实,承包人仅能得到原应支付给他的已完工程的款项,并扣除上述应扣款之后的余额。如果应扣款额超过承包人应得的原应支付他的已完工程的款额,此超出部分款额应被视为承包人欠业主的应还债务,由承包人偿还给业主。

②由于特殊风险而终止合同后的支付。

由于特殊风险的发生而终止合同后,业主应向承包人支付终止之日前已完成的全部工程费用,其范围限于在已给承包人的暂付款中尚未包括的款额与款项,其单价和总额价应按合同的规定。另外,还应支付下述费用:

a.合同终止之日前,承包人已按合同规定完成的第100章工作或服务的相应比例费用;

b. 承包人为本工程合理订购的材料、设备或货物的费用,此费用由业主支付后,其财产应归业主所有;

c. 承包人已合理开支的、确实是为了完成本合同工程而预期开支的任何款额,而该开支没有包括在其他支付项目内;

d. 由于特殊风险而产生的附加费用;

e. 承包人装备的撤离费;

f. 承包人雇员的合理遣返费。

除业主应向承包人支付上述费用外,对承包人应归还业主的各项预付款余额及业主应收回的任何其他款项,应根据合同文件的规定,在应支付的款额中扣除。

③业主违约导致合同终止后的支付。

业主违约导致合同终止后,业主对承包人的支付义务除同前述①、②项外,还应支付给承包人由于该项合同终止而引起的,或涉及对承包人的损失或损害的款额。该款额应由监理工程师与承包人和业主协商后确定,并通知承包人,抄送业主。

3)竣工结算内容

建设项目竣工结算要将实现建设项目所花费的全部费用,包括各合同段支付的费用以及在工程建设不同时期花费的费用,如征地拆迁、勘测设计、建设管理、可行性研究等所支出的全部费用进行计算、汇总并分析其经济效果,以考核项目建设管理成效,并作为编制项目竣工财务决算的基础。

竣工结算通常包括如下内容。

(1)工程及建设概况:工程概况包括工程名称、公路的起讫地点、里程、道路等级、技术标准等;独立大桥的桥型、荷载、跨径、桥宽、桥长、基础等;独立隧道的长度、宽度、衬砌、隧道内设施等;水文、气象、地形、地质情况等。建设概况包括建设过程,建设的组织管理;合同段的划分,施工条件,设计、施工、监理单位情况等;工程的质量、进度等。

(2)完成的主要工程量:包括路基土方、石方,特殊路基处理及防护工程等;桥梁涵洞混凝土、钢筋、圬工、基础处理等;路面水泥混凝土、沥青混凝土等;隧道开挖、衬砌等;安全设施及预埋管线、绿化及环境保护等的主要工程量。

(3)主要技术经济指标:可根据工程建设实际花费的资金与工程产品进行比较而求得,例如工程实际造价 x 万元/m,桥梁 y 万元/m,路面 z 元/m²。

竣工结算的编制基础是承包人的交工结算和最终支付证书等,应先按合同段编制,再行汇总;竣工结算表格可根据本工程支付和管理情况来设计。

11.3 例题分析

【例题 11-1】 某公路建设项目建筑安装工程投资中,桥梁工程投资 4558 万元,路线及其防护排水工程等投资为 18288 万元,需要安装设备价值为 1465 万元。待摊投资包括:征地、迁移补偿等费用 3550 万元,建设单位管理费 9055 万元。试计算路线工程、桥梁工程、需要安装设备各自应分摊的待摊投资。

解:

(1)计算分摊率

对建设单位管理费分摊的分摊率 = 9055 ÷ (4558 + 18288 + 1465) × 100% = 3.7246%

对征地、迁移补偿等费用分摊的分摊率 = 3550 ÷ (4558 + 18288) × 100% = 15.5388%

(2) 分摊额的计算

桥梁工程分摊额 = 4558 × (3.7246% + 15.5388%) = 878.03(万元)

路线工程分摊额 = 18288 × (3.7246% + 15.5388%) = 3522.89(万元)

需要安装设备分摊额 = 1465 × 3.7246% = 54.57(万元)

【例题 11-2】 某工程项目采用调值公式结算,其合同价款为 19000 万元。该工程的人工费和材料费占 85%,不调值费用占 15%,该合同的原始报价日期为 2017 年 6 月 1 日。2018 年 6 月完成的预算进度数为工程合同总价的 6%,结算月份的工资、材料物价指数见表 11-1。

则 2018 年 6 月工程款经过调整后为多少?

工资、材料物价指数 表 11-1

占合同价的比例	0.45	0.13	0.13	0.05	0.05	0.04
2017 年 6 月指数	100	133.4	144.8	122.6	174.3	162.1
2018 年 6 月指数	124	167.6	183.0	156.3	188.8	158.5

解:2018 年 6 月工程款经调整后为:19000 × 0.06 × (0.15 + 0.45 × 124/100 + 0.13 × 167.6/133.4 + 0.13 × 183.0/144.8 + 0.05 × 156.3/122.6 + 0.05 × 188.8/174.3 + 0.04 × 158.5/162.1) = 1358.88(万元)

思考题

某路基土石方工程,主要的分项工程包括开挖土方、填方等,按我国《建设工程施工合同(示范文本)》签订的施工承包合同规定按实际完成工程量计价。根据合同的规定,承包人必须严格按照施工图及承包合同规定的内容及技术规范要求施工,工程量由造价工程师负责计量,工程的总价款根据承包人取得计量证书的工程量进行结算。工程开工前,承包人向业主提交了施工组织设计和施工方案并得到批准。

回答下列问题:

(1) 根据该工程的合同特点,造价工程师提出了如下计量支付的程序要求。试改正其不恰当和错误的地方。

① 对已完成的分项工程向业主申请质量认证。

② 在协议约定的时间内向造价工程师申请计量。

③ 造价工程师对实际完成的工程量进行计量,签发计量证书给承包商。

④ 承包人凭质量认证和计量证书向业主提出付款申请。

⑤ 造价工程师复核申报资料,确定支付款项,批准向承包人付款。

(2) 在工程施工过程中,当进行到施工图所规定的处理范围边缘时,承包人为了使压实质量得到保证,适当扩大压实范围,待施工完成后,将扩大范围的施工工程量向造价工程师提出计量付款的要求,但遭到拒绝。试问造价工程师为什么会作出这样决定?

(3) 在工程施工过程中,承包人根据业主指示就部分工程进行了变更施工。试问变更部分合同价款应根据什么原则进行确定?

(4) 在土方开挖工程中,有两项重大原因使工期发生较大的拖延:一是土方开挖时遇到了一些地质勘探没有探明的孤石,排除孤石拖延了一定的时间;二是施工过程中遇到数天季节性小雨,由于雨后土壤含水率过大不能立即进行压实施工,从而耽误了部分工期。随后,承包人按照正常索赔程序向造价工程师提出延长工期并补偿停工期间窝工损失的要求。试问造价工程师是否该受理这两起索赔事件?为什么?

参 考 文 献

[1] 中华人民共和国交通运输部.公路工程标准施工招标文件(2018年版)[M].北京:人民交通出版社股份有限公司,2018.

[2] 中华人民共和国行业标准.公路工程预算定额(上、下册):JTG/T 3832—2018[S].北京:人民交通出版社股份有限公司,2019.

[3] 中华人民共和国行业标准.公路工程基本建设项目概算预算编制办法:JTG 3830—2018[S].北京:人民交通出版社股份有限公司,2019.

[4] 赵莹华.新编公路工程预算(定额计价与工程量清单计价)[M].北京:中国建材工业出版社,2009.

[5] 李锦华.工程计量与计价[M].北京:人民交通出版社,2008.

[6] 杨建宏,陈志强.透过案例学公路工程计量与计价[M].北京:中国建材工业出版社,2011.

[7] 张国栋,陈萍.公路工程工程量计算与定额应用实例导读[M].北京:中国建材工业出版社,2012.

[8] 崔艳梅.道路桥梁工程概预算[M].重庆:重庆大学出版社,2012.